...AINE ...

ou

BAIL A CONVENANT

Par René LE CERF

DOCTEUR EN DROIT.

PARIS

...ND ET PEDONE LAURIEL, LIBRAIRES ÉDIT...

RUE CUJAS, 9 (ANCIENNE RUE DES GRÉS)

1872

ÉTUDE

SUR

LE DOMAINE CONGÉABLE

OU BAIL A CONVENANT

ÉTUDE

SUR

LE DOMAINE CONGÉABLE

OU

BAIL A CONVENANT

Par René LE CERF

DOCTEUR EN DROIT.

<hr>

PARIS

A DURAND ET PEDONE LAURIEL, LIBRAIRES ÉDITEURS

RUE CUJAS, 9 (ANCIENNE RUE DES GRÉS)

—

1872

DU DOMAINE CONGÉABLE

OU BAIL A CONVENANT

PREMIÈRE PARTIE

**Notions générales sur le domaine congéable
ou bail à convenant.**

Le domaine congéable n'est usité que dans la Basse-Bretagne (Finistère, Morbihan, Côtes-du-Nord). De nos jours, il y est encore très-répandu ; autrefois c'était la tenure habituelle. Les coutumes locales ou *usements* de Rohan, de Brouërec et de Cornouaille allaient même jusqu'à établir une présomption légale que toutes les terres sont tenues à domaine congéable, s'il n'y a preuve par acte au contraire. Le détenteur d'un héritage, c'est-à-dire d'un bien qu'il prétend n'être pas à domaine congéable, est chargé de la preuve, et la possession n'est pas pour lui une preuve suffisante. La raison donnée par les rédacteurs de l'usement de Brouërec est que : « Le titre de convenant étant général et universel dans le canton, le seigneur est relevé de preuves, et a la présomption pour lui jusqu'à ce que le contraire soit prouvé. » Dans les autres provinces de France, et même dans la partie orientale de la Bretagne (Ille-et-Vilaine et Loire-Inférieure), on ne trouve aucune trace du domaine congéable.

CHAPITRE PREMIER.

HISTORIQUE DU DOMAINE CONGÉABLE.

Le domaine congéable est considéré en Bretagne comme existant de temps immémorial. Dufail prétend qu'il était déjà établi avant la conquête romaine : « C'est, dit-il, une nature de contrats introduite dès le temps que César était en ce pays-ci. » Un autre auteur, Roch le Bailli, médecin de Henri IV, cité par M. de Kerdanet, dans une notice sur les anciens usements à domaine congéable, prétend que ces usements nous viennent des Troyens, « desquels autrement ne sait-on l'origine. » Evidemment, ce ne sont là que de simples conjectures ; il est bien possible qu'en effet, le domaine congéable fût le mode de tenure usité chez les anciens habitants de la Bretagne, mais aucun document historique touchant ces époques n'est parvenu jusqu'à nous. En l'absence de toute preuve positive, la meilleure raison qui puisse faire considérer ce contrat comme existant dans des temps fort reculés, se tire de l'attachement que professent pour leurs antiques usages les populations des pays de domaine congéable. Leur langue n'a guère changé depuis bien des siècles, et les divisions territoriales indiquées par César dans ses *Commentaires* (liv. III, § 7) correspondent au ressort des usements, et sont encore reconnaissables par les différents dialectes qui y sont parlés de nos jours. Plusieurs coutumes d'origine celtique se retrouvent encore dans ce pays. De plus, le bail à convenant présente plusieurs caractères particuliers qu'on ne retrouve dans aucun contrat qui nous soit connu, et d'après lesquels les usements paraissent avoir leur origine dans une législation aujourd'hui disparue et assurément fort ancienne.

Ce qui contribue à rendre plus obscure cette matière, c'est que les usements de domaine congéable ne furent pas rédigés en même temps que les coutumes; ils ne nous sont transmis que par la tradition et les ouvrages de quelques praticiens modernes.

Les documents les plus anciens qui nous soient signalés sur cette matière sont des titres du ix⁰ siècle. Lobineau (*Histoire de Bretagne*, liv. I, p. 72) en a conclu que le domaine congéable avait dû être établi à cette époque. Baudouin de Maison

Blanche (*Inst. convenantières*, t. I, p. 2) affirme que « ces monuments supposent la préexistence du titre convenancier, sans en fixer la première origine. Dom Morice se contente de dire que cet usage n'est pas nouveau, et qu'on en trouve des titres dès le ixe siècle. (*Preuves*, t. I, préface, p. 17.) »

La plupart des auteurs qui ont traité cette question s'accordent pour reconnaître que l'époque de la dernière transmigration des Bretons insulaires dans la Domnonée, qui a reçu depuis le nom de Basse-Bretagne, est celle à laquelle le domaine congéable ou prit naissance, ou se généralisa dans cette province. Une première émigration avait eu lieu au ive siècle. Peu après, l'Armorique s'étant soulevée contre les Romains, s'érigea en Etat indépendant. A la fin du ve siècle, les Bretons restés dans l'île furent obligés, pour échapper à la domination des Saxons, qu'ils avaient appelés à leur secours dans une guerre contre les Scots et les Picts, de venir aussi chercher un refuge en Armorique, chez leurs compatriotes : « Venerunt « ad suos concives ad Armoricam. » (*Galfridus*, liv. V, ch. 16.) Là ils furent reçus charitablement par les habitants qui parlaient la même langue et avaient les mêmes mœurs. (*Hume*, t. I, p. 21, édit. in-8°.) On leur offrit les moyens de s'établir et de mettre en culture les terres sous landes ou bois. Or, à cette époque, les cultivateurs étaient presque

tous serfs; ceux qui étaient libres cultivaient généralement leurs propres terres. On ne pouvait évidemment pas offrir aux réfugiés de cultiver le sol
en qualité de serfs, puisque les chroniqueurs s'accordent à dire qu'on les accueillit comme des parents et des amis. D'un autre côté, ils n'avaient
point de ressources suffisantes pour acquérir des
terres. D'ailleurs, on consentait difficilement alors
à aliéner ses biens fonciers. Les propriétaires du
sol ne pouvaient pas non plus faire immédiatement
les dépenses nécessaires pour installer les nouveaux venus dans des constructions qu'ils leur auraient louées. En effet, il est certain qu'à cette
époque la Bretagne était peu habitée; par suite,
la propriété se trouvait entre les mains d'un petit
nombre d'individus; les terres, presque toutes
incultes, rapportaient peu; aucune industrie n'existait, les propriétaires ne pouvaient donc pas disposer de sommes importantes.

Le domaine congéable répond parfaitement aux
besoins de cette situation; il laisse le colon libre,
et lui permet de consacrer toutes ses ressources à
son installation, sans s'exposer à les perdre, puisqu'il est sûr que les améliorations par lui faites
seront remboursées lors du congément; il ne met
pas le propriétaire dans la nécessité de faire des
avances onéreuses, et lui donne pour garantie
l'intérêt que le colon a lui-même à bien administrer.

Selon Baudouin, le nom de convenant franc donné à ce contrat fait supposer aussi qu'il fut importé par les insulaires ou créé pour leur usage, car le terme « convenant est fait de l'anglais et fréquent dans les auteurs qui ont écrit l'histoire d'Angleterre ;» il était autrefois synonyme de convention. Le mot franc indique que cette tenure est libre ; elle résulte de la convention libre des parties.

Lorsque le domaine congéable fut attaqué, à la fin du siècle dernier, comme lié au système féodal, ses détracteurs présentèrent sur son origine tout un système historique dont nous devons dire quelques mots. Voici quelle serait, dans cette opinion, l'origine du domaine congéable : L'Armorique avait reçu une organisation romaine qu'elle conserva après s'être émancipée ; les habitants étaient divisés en quatre clases, comme l'indique la loi salique : 1° les convives du roi, qui formaient une aristocratie exerçant les fonctions publiques ; 2° les letes ou possesseurs libres, tenant leurs terres des Romains, à charge de service militaire; 3° les serfs ; 4° les colons tributaires, attachés au sol, et propriétaires de leur terre, moyennant une redevance annuelle. Les Bretons insulaires, lorsqu'ils émigrèrent, ne purent évidemment pas recevoir des terres létiques ; ils ne durent pas non plus se soumettre au servage; ils devinrent colons tributaires. Pendant l'anarchie féodale, les

possesseurs libres durent disparaître; il n'y eut
plus que des colons qui furent métamorphosés ensuite en motoyers, quevaisiers et domaniers.

Ce système ne repose sur aucune base solide.
Tout d'abord, il ne faut pas confondre les Armo-
riques en général avec l'Armorique qui forma la
Basse-Bretagne. Cette dernière ne fut que peu de
temps sous la domination romaine; au v⁰ siècle,
elle était indépendante. Alors comment peut-on
présenter comme s'appliquant à elle une division
des personnes tirée de la loi salique et s'appliquant aux Gaulois gouvernés par les Francs ?
Comment les Bretons insulaires, fuyant pour échapper à la servitude, auraient-ils consenti à devenir
colons tributaires, à accepter une condition qui
diffère bien peu de l'esclavage? L'existence de
terres létiques en Bretagne ne repose sur aucun
fondement. La notice de l'empire romain, rédigée
au commencement du v⁰ siècle, et énumérant tous
les letes, n'en désigne aucun dans l'Armorique.

Le système que nous critiquons a d'ailleurs le
tort de confondre les letes auxquels les Romains
concédaient des terres à charge de service militaire, avec les lides de la loi salique, qui étaient
libres, mais dans une condition un peu inférieure,
qui pouvaient bien servir dans les armées, mais
pour qui le service militaire n'était pas une conséquence nécessaire de leur condition.

Rien ne prouve que les propriétés n'étaient pas

exploitées par les modes ordinaires. La métamorphose des colons en domaniers est complétement inexplicable, d'abord parce qu'il n'y a aucune ressemblance entre un colon tributaire attaché au sol dont il est propriétaire, et un domanier qui est libre et n'a pas la propriété du sol, ensuite parce que le colonat a existé dans toutes les Gaules, et qu'il est difficile de comprendre qu'en Bretagne seulement il se soit transformé en domaine congéable. L'invraisemblance de ce système est du reste bien visible quand on lit la phrase embarrassée par laquelle Bohan, un des plus ardents défenseurs de cette opinion, présente cette transformation : « Il est *évident* que les anciens colons, et les letes possesseurs libres, qui *vraisemblablement* subirent, pendant l'anarchie, une première métamorphose en colons, ont tous été métamorphosés, les uns en hommes motoyers, les autres en hommes quevaisiers, et tout le reste en domaniers. » Ce raisonnement bizarre et laborieux n'est-il point la condamnation du système à l'appui duquel il est invoqué ? Comme l'observe Tronchet, dans son rapport au Conseil des anciens, séance du 12 vendémiaire au VI : « Vous vous êtes étonnés de voir, pour la première fois, mariées ensemble, deux idées aussi disparates que celles d'évidence et de vraisemblance ; vous avez peine à concevoir ce que c'est qu'une évidence vraisemblable , ou qu'une vraisemblance évidente, et vous vous êtes dit qu'une évidence vraisemble n'est point une vérité démontrée, mais un système. »

Le domaine congéable dut, comme toutes les tenures, subir ensuite l'influence de la féodalité, qui le modifia dans plusieurs de ses détails, mais les bases principales demeurèrent intactes. Les divers usements, quoique différant entre eux sur des questions souvent importantes, présentent tous certains caractères communs qui s'accordent parfaitement avec l'opinion que nous avons exposée d'abord sur l'origine du domaine congéable ; partout les édifices, certaines plantations et les clôtures appartiennent au colon, qui ne peut être expulsé qu'en recevant le remboursement de tous ses superfices. Le colon ne doit que la culture ; il n'est soumis à aucun service militaire ; aucun rapport de foi ne le lie au seigneur. Le domaine congéable est, suivant l'expression d'un ancien auteur, un simple contrat de ménagement et de labourage. Les futaies appartiennent au seigneur, ce qui s'explique parce que le pays était couvert de bois, et que par suite elles ne peuvent logiquement être présumées plantées par le colon ; le colon, ayant la jouissance du fonds, a le droit de couper les taillis et d'émonder les arbres. Le colon n'étant pas propriétaire du sol, son droit sur les constructions et améliorations est mobilier ; il conserva toujours ce caractère envers le seigneur. A l'égard de tous autres, on avait fini, dans le dernier état du droit, par le considérer comme immobilier. Le congément était facultatif pour le propriétaire foncier; il ne pouvait être exigé par le colon; sans cela, les colons auraient pu s'entendre pour ruiner le seigneur en demandant tous ensemble leur congément. Lors du congément, la valeur remboursable est fixée par experts.

Les principaux usements sont ceux de Tréguier et Goëllo, Cornouaille, Broërec ou Brouérec, Rohan. En dehors de ces usements, il y avait ceux de Corlay, Crozon, Léon et Daoulas, Poher, Porhoët et Relecq, qui s'appliquaient dans un territoire plus restreint, et souvent mal défini.

L'usement de Tréguier et Goëllo est le plus important, non-seulement parce qu'il s'applique à un territoire étendu, mais parce qu'il constitue le droit commun en matière de domaine congéable.

Les usements de Cornouaille et de Broërec offrent une grande analogie avec celui de Tréguier et de Goëllo.

L'usement de Rohan présente une singularité fort remarquable. Les droits superficiels, à la mort du colon, sont dévolus au plus jeune de ses fils, ou à la plus jeune de ses filles, s'il ne laisse pas de fils. Les collatéraux étaient exclus de la succession par le seigneur. Montesquieu a pensé que cette préférence accordée au juveigneur était une loi pastorale venue de quelque petit peuple bre-

ton ou germain. Baudouin en donne une explication qui tient à la nature du pays où cet usement
était en vigueur : « Dans l'intérieur de la Bretagne,
près du Vannetais et de la Cornouaille, où les
landes sont encore immenses, appelés de toutes
parts pour recevoir de nouvelles investitures à
domaine congéable, les colons, pères de famille,
y envoyaient leurs aînés, ou les occupaient à la
garde des troupeaux nombreux qu'ils nourris-
saient dans les vastes pâtis du pays. De sorte
que les plus jeunes recueillirent ordinairement la
tenue paternelle, où ils étaient restés. Cet ordre
de succession parut encore avantageux au seigneur ; il fut érigé en règle générale. Quant à
l'exclusion des collatéraux, elle s'expliquerait,
suivant le même auteur, parce que le pays de
Rohan, se trouvant séparé du reste de la Bretagne
par une grande étendue de forêts, les Bretons
insulaires, qui vinrent s'y établir, ne songèrent
pas à transmettre leur succession à des collatéraux avec lesquels ils ne pouvaient plus avoir aucune communication, et, ce droit une fois établi,
le seigneur ne voulut plus y renoncer.

C'est dans le pays de Léon et de Daoulas que le
domaine congéable s'introduisit le plus tard ; ce
pays avait été occupé par les Romains fortement
et plus longtemps que les autres ; la terre y était
cultivée par des esclaves, qui passèrent sous la
domination . des seigneurs indigènes, lorsque

ceux-ci restèrent seuls maîtres de la contrée; ce canton était plus peuplé et plus fertile que les autres; les Romains ayant achevé de le défricher, les seigneurs ne furent pas amenés à y favoriser l'établissement du domaine congéable, aussi cette tenure n'y apparut qu'assez tard, et n'y fut jamais bien fréquente.

L'usement de Poher présente une particularité digne de remarque; il met les frais du congément à la charge du colon. Cette disposition est évidemment inique; car le seigneur seul avait le droit de demander le congément, et le colon supportait ainsi les frais souvent considérables d'une expertise qu'il n'avait pas provoquée.

Ces usements ne furent point compris dans la rédaction des coutumes de Bretagne faite en 1539. Il est cependant certain que les commissaires en eurent connaissance; le temps leur manqua sans doute pour les recueillir; ils se contentèrent d'y faire allusion dans l'article 636, en décidant que les droits particuliers existant au profit de certaines personnes du duché, quoique non écrits ni contenus dans ce livre coutumier, « seront gardés et observés ainsi qu'ils l'ont été par le passé, nonobstant la rédaction, lecture et publication desdites coutumes. »

En 1556, Henri II abolit le domaine congéable par lettres patentes. Le Parlement de Bretagne fut très-opposé à cette mesure; elle n'avait pas en effet pour but de rendre meilleure la condition des domaniers. Tout au contraire, le roi trouvait que, si on remplaçait par des fiefs et censives les domaines congéables, les biens changeraient plus souvent de mains, par conséquent le fisc en retirerait plus de profits. L'enregistrement n'eut lieu que sur l'ordre exprès de Henri II, et avec cette restriction : que cette décision serait seulement applicable aux domaines congéables dont les droits fonciers appartenaient au roi lui-même.

En 1580, la coutume de Bretagne fut réformée ; des cahiers concernant le domaine congéable furent présentés aux commissaires réformateurs, leurs procès-verbaux en font mention ; cependant les usements ne furent pas encore rédigés ; l'article 684 en autorise simplement l'application dans tous les cas où ils ne sont pas contraires à une disposition expresse de la coutume. L'article 541, de la même coutume prouve aussi que les commissaires durent s'occuper du domaine congéable, car il énumère, parmi les immeubles qui peuvent composer une succession, les rentes des convenants.

Quoique les usements ne fussent pas revêtus d'un caractère officiel, on les considéra comme suffisamment autorisés par la coutume, et ils servirent de base à toutes les décisions judiciaires.

En 1789, plusieurs réclamations se produisirent contre le domaine congéable ; modérées pour la plupart, elles portaient sur quelques dispositions de détail introduites généralement sous l'influence féodale, et qui pouvaient être supprimées sans que la nature du domaine congéable fût en rien modifiée. Quelques pétitions allaient plus loin et attaquaient la base même de ce contrat en lui attribuant une origine exclusivement féodale et en cherchant à l'assimiler aux fiefs. La faculté, pour le propriétaire, de congédier quand il veut, était représentée comme tyrannique et barbare ; on demandait que le colon restât à perpétuité dans la tenue ; on présentait le domaine congéable comme imposé par la violence. Ces récriminations étaient injustes : en supprimant le congément et en laissant le colon à perpétuité dans la tenue, on forcerait le propriétaire foncier à renoncer pour toujours à la jouissance de son fonds, ce serait attaquer l'essence même de ses droits.

Les comités de féodalité, de constitution, des domaines, du commerce, se réunirent pour examiner les pétitions ; les intéressés furent admis à s'expliquer devant eux ; on consulta la Société d'agriculture, qui donna un avis favorable au maintien du domaine congéable. Le plus grand nombre des réclamants se contentait de demander qu'on supprimât plusieurs des charges imposées aux colons et qu'on leur permît de provoquer le congément. C'est en ce sens que l'Assemblée constituante, après un long examen de la question, réforma le domaine congéable par la loi du 6 août 1791. Elle maintient les baux à convenant déjà existants et permet d'en consentir de nouveaux, puis elle confirme ou rejette plusieurs dispositions des usements, tant pour les baux préexistants que pour ceux qui seront consentis à l'avenir.

A peine la loi de 1791 était-elle promulguée, que de nouvelles réclamations se produisirent ; au lieu d'agir ouvertement, on eut recours, cette fois, à des démarches secrètes ; les propriétaires fonciers ne furent pas prévenus de ce mouvement, ou ne jugèrent pas nécessaire d'y répondre, une loi venant de trancher récemment la question ; dans tous les cas, ils ne firent aucune démarche ; leurs adversaires, profitant de leur silence, firent voter l'urgence, et un décret du 27 août 1792 supprima le domaine congéable et les usements qui le régissaient ; le colon est déclaré propriétaire du sol aussi bien que des édifices, les redevances convenancières sont assimilées à une rente grevant la propriété, et le colon pourra rembourser cette rente quand il lui plaira ; quant aux futaies qui appartenaient au foncier, le colon peut se les réserver à condition de les faire estimer par experts, et de payer l'intérêt au denier vingt du prix d'estimation, jusqu'au remboursement, qu'il effectuera quand il voudra. Tous les autres droits des fonciers sont supprimés sans indemnité ; s'ils ont acheté de l'État, ils peuvent demander l'annulation de la vente et se faire restituer le prix qu'ils ont payé. Le motif donné par le législateur pour la suppression du domaine congéable, est que « cette tenure participe de la nature des fiefs, et qu'il est urgent de faire jouir les domaniers de l'abolition du régime féodal. »

Une loi du 17 juillet 1793 abolit sans indemnité toutes les rentes féodales ; le tribunal de Pontrieux ayant demandé si cette disposition s'appliquait aux rentes convenancières, un décret du 29 floréal an II déclara qu'il n'y avait pas lieu de délibérer sur cette question, attendu que, « par l'article 1er de la loi du 17 juillet 1793, toute redevance ou rente entachée de la plus légère marque de féodalité est supprimée sans indemnité, quelle que soit sa dénomination, quand elle aurait été déclarée rachetable par des lois antérieures, et qu'ainsi il ne peut y avoir de conservées que les rentes convenancières qui ont été créées originairement sans mélange et signe de féodalité. »

Cette décision permettait à un grand nombre de domaniers de devenir propriétaires de leurs tenues sans payer aucune indemnité. Beaucoup d'autres profitèrent de la dépréciation des assignats pour rembourser les propriétaires ; ceux-ci refusèrent généralement le remboursement, la somme offerte fut consignée. Les colons, détenteurs de biens dont la foncialité appartenait à l'Etat, cherchèrent à s'attribuer leurs tenues sans rien rembourser ;

les représentants , en mission dans les départements de l'Ouest, avaient grand'peine à leur faire
payer les rentes convenancières.

Le décret de 1792 souleva, dès son apparition,
la protestation de plusieurs propriétaires de Lorient et autres lieux voisins; la Convention nomma
un rapporteur pour examiner leur pétition ; mais
la Terreur arriva avant que le rapport fût terminé, et les propriétaires ne purent renouveler
leurs réclamations que vers le milieu de l'an III.
La Convention n'eut pas le temps de s'en occuper.
Ce fut seulement sous le Directoire que la question
put être remise en discussion.

Le ministre des finances constata que la loi
de 1792 faisait perdre au trésor cent millions, valeur de 1790, pour le prix des domaines congéables susceptibles d'être vendus, et lui imposait une
restitution de vingt millions pour le prix de ceux
déjà aliénés; il exposa cette situation au Directoire,
qui s'en émut et invita, par un message du 14 messidor an IV, le Corps législatif à revoir la loi
de 1792, aggravée par l'application du décret
de 1793 aux rentes convenancières. A la réception
de ce message, auquel était joint un mémoire du
ministre des finances, une commission fut nommée. La question fut longuement examinée; enfin,
le 17 thermidor an V, le conseil des Cinq-Cents
adopta la résolution suivante, qui, après avoir été

2

acceptée par le conseil des Anciens, est devenue la loi du 9 brumaire an VI :

« Art. 1ᵉʳ. Les décrets de l'Assemblée législative des 23 et 27 août 1792, sur la tenure convenancière ; celui du 29 floréal an II, rédigé définitivement le 2 prairial suivant, et toutes les autres lois qui seraient la suite de celle du 27 août 1792, sont abrogés.

Art. 2. Le décret rendu par l'Assemblée constituante, les 30 mai, 1ᵉʳ, 6 et 7 juin 1791, sera exécuté selon sa forme et teneur ; en conséquence, tous les propriétaires fonciers des domaines congéables sont maintenus dans la propriété de leurs tenues, conformément aux dispositions dudit décret. »

Le conseil des Cinq-Cents avait adopté, en même temps, une seconde résolution ayant pour objet de déclarer nuls tous les jugements rendus et les actes passés en vertu de la loi de 1792 ; mais cette résolution fut repoussée par le conseil des Anciens le 18 thermidor an VI ; le rejet n'est pas motivé ; mais il résulte de la discussion que le conseil des Anciens voulut sauvegarder les intérêts des tiers qui avaient acheté des colons et qui auraient été lésés par cette disposition rétroactive.

L'abrogation de la loi de brumaire an VI fut demandée l'année suivante, mais le conseil des Cinq-Cents la refusa dans les séances des 21 et 23 ventôse an VII ; et le gouvernement, par un

arrêté du 13 germinal an VII, invita l'administration et la justice à veiller à l'exécution pleine et
entière de la loi de brumaire an VI.

La législation sur le domaine congéable n'a, depuis cette époque, subi aucune modification ; c'est
donc la loi de 1791 qui, de nos jours, doit seule
servir de règle en cette matière. Mais cette loi ne
prévoit pas toutes les hypothèses qui peuvent se
présenter ; ne peut-on pas, dans les cas où elle est
inapplicable, se référer aux anciens usements ? La
question est délicate : les usements sont abolis par
l'article 1er, ils cessent d'avoir force de loi : « Les
baux à convenant continueront d'être exécutés,
mais seulement sous les modifications et conditions ci-après exprimées, et ce nonobstant les usements de Rohan, Cornouaille, Brouérec, Tréguier
et Goëllo, et tous autres qui seraient contraires
aux règles ci-après exprimées, lesquels usements
sont, à cet effet, et demeurent abolis. » Les usements ne pourront plus être invoqués toutes les
fois qu'ils seront en contradiction avec la loi, mais
peut-on au moins les appliquer dans un cas où la
loi est muette ? Peuvent-ils être invoqués pour
servir à expliquer une clause obscure dans un
contrat, pour régler une hypothèse non prévue
par le titre ? Malgré l'abrogation édictée par l'article 1er, plusieurs dispositions de la loi paraissent
bien le permettre ; ainsi les articles 5 et 7 ordon-
nent l'application des usements dans deux hypo-

thèses différentes : pour la livraison des redevances
en nature, pour la délimitation des droits respectifs du foncier et du domanier sur la distinction
du fonds et des édifices et superfices. L'article 1er
lui-même n'est pas conçu en termes si rigoureux
que les usements doivent être nécessairement laissés de côté dans tous les cas ; ils sont, après tout,
l'expression la plus sûre des usages locaux, et on
doit, dans les contrats, suppléer les clauses d'usage ;
l'article 1er semble seulement les abolir dans tout
ce qu'ils ont de contraire à la loi. Enfin, la loi
de 1792 abroge expressément les usements, c'est
donc que celle de 1791 leur laissait quelque valeur. On objecte que les orateurs qui ont demandé
le rétablissement de la loi de 1791, notamment Lemerer, dans son rapport du 23 frimaire an V, et
Tronchet, dans son rapport du 12 vendémiaire
an VI, paraissent considérer les usements comme
complétement abolis par elle ; ils disent bien, en
effet, que les usements ont été « supprimés ou
abolis, » ce qui est incontestable ; mais ils ne se
placent pas au point de vue qui nous occupe en
ce moment : ils constatent simplement l'existence
de l'article 1er, sans en rechercher la portée ; nous
reconnaissons parfaitement, avec eux, que les usements sont supprimés et abolis, c'est-à-dire qu'ils
n'ont plus force de loi ; mais nous croyons qu'on
peut encore les invoquer, dans le silence de la loi,
comme l'espression la plus vraie des usages locaux.

CHAPITRE II.

DÉFINITIONS ; CARACTÈRES ESSENTIELS DU DOMAINE CONGÉABLE.

Le bail à convenant, ou bail à domaine congéable, est un contrat par lequel le propriétaire d'un fonds concède à un tiers, moyennant une redevance, la jouissance de ce fonds avec le droit d'y faire certaines améliorations, et se réserve la faculté de congédier après un temps fixé, c'est-à-dire d'expulser le preneur en lui remboursant la valeur de ses travaux. Si, lors du bail, il existe déjà sur le fonds des édifices ou superfices (constructions, cultures, plantations, clôtures), la propriété en est transférée au preneur ; le propriétaire foncier ne conserve jamais que le sol, à l'état naturel.

Le bailleur est appelé propriétaire foncier, ou simplement foncier ; ses droits sont désignés par les mots : fonds, foncialité, ou droits fonciers. Le preneur est dit colon, domanier, tenancier, convenancier ou superficiaire ; ses droits sont appelés droits convenanciers, superficiels, superficiaires, réparatoires, ou édifices et superfices. L'immeuble, considéré dans son ensemble, est appelé tenue, convenant, tenue convenancière. Les anciens auteurs nomment souvent seigneur le propriétaire foncier ; ils appliquent quelquefois au domanier la qualification de seigneur ou de vassal.

D'après la définition que nous avons donnée du bail à convenant, nous pouvons dire que trois éléments essentiels doivent se rencontrer dans ce contrat :

1° Le foncier conserve la propriété du sol et en concède la jouissance moyennant une redevance.

2° Le colon devient propriétaire des édifices et superfices, ou acquiert le droit de construire, planter, etc., dans les limites fixées par le bail.

3° Le foncier se réserve la faculté de réunir les droits superficiaires à la foncialité par le congément.

I. Une question s'est élevée dans l'ancien droit sur le premier point : peut-on considérer comme bail à convenant l'acte par lequel le propriétaire d'un bien vend la foncialité et conserve les droits réparatoires moyennant une redevance annuelle ? Il paraît que le cas s'était présenté plusieurs fois ; un arrêt du 3 juillet 1756 décide que la propriété n'a pas été transférée par ce contrat. Baudouin (tome I, n° 34) approuve cette jurisprudence, parce que, dans ce contrat, « on ne trouve pas d'un côté la rétention du fonds et d'une rente..., on n'y voit pas l'acquisition des superfices, puisque le prétendu domanier les possédait déjà ; par conséquent, ce contrat manque des attributs essentiels au domaine congéable ; » il y a simplement là constitution d'une rente remboursable. Dans la même section (n° 38), Baudouin donne une décision contraire pour le cas où l'acte constitutif, au lieu d'être un acte à titre onéreux, est une libéralité, parce qu'on peut, en donnant, retenir l'usufruit, et changer ainsi sa détention en possession précaire ; il admet aussi que, dans le partage d'une tenue à héritage, on peut attribuer à l'un des cohéritiers le fonds, à l'autre les superfices. Évidemment, il y a contradiction entre ces deux décisions ; car, dans la seconde hypothèse, pas plus que dans la première, il n'y a, d'un côté, rétention du fonds, de l'autre acquisition des superfices. Le principe posé au n° 34 est faux ; le véritable motif de la première décision est que le contrat attaqué était considéré comme déguisant une convention illicite, car Baudouin la qualifie de contrat pignoratif. C'est donc à la seconde décision qu'il faut s'arrêter pour trouver le principe en ce qui concerne l'élément essentiel du domaine congeable. il n'est pas nécessaire qu'il y ait d'un côté rétention du fonds, de l'autre acquisition des superfices ; il suffit qu'il y ait séparation des droits fonciers et des droits réparatoires.

II. Le domaine congéable a pour utilité principale de permettre à un propriétaire de faire

défricher sa terre, sans avoir à s'occuper de l'installation du laboureur avec qui il contracte ; c'est
donc à des terres incultes et à des bois qu'il dut
être appliqué primitivement ; plus tard, le foncier
trouva ce régime commode en ce qu'il lui assurait
un revenu annuel sans l'obliger à aucune dépense,
il aima mieux, quand les droits réparatoires se
trouvèrent réunis au fonds par congément ou autre
mode, ne pas s'inquiéter des bâtiments, il les céda
à un nouveau colon, se réservant la faculté de les
reprendre, comme il avait fait avec le premier. Le
premier colon reçoit l'autorisation de mettre la
terre en culture, de la clore, de construire les bâtiments nécessaires à l'exploitation ; quand il sera
expulsé, toutes les améliorations lui seront remboursées, pourvu toutefois qu'elles ne dépassent pas
les limites fixées par le bail ou par une convention
postérieure. Si la tenue a déjà été exploitée, tous
les droits superficiaires sont abondonnés au colon
qui se trouve ainsi dans la même position que s'il
avait défriché lui-même. Les droits du domanier
sont mobiliers par rapport au foncier, mais ils
sont immobiliers dans les rapports des domaniers
entre eux, et à l'égard des tiers.

III. Le droit de congédier étant un des caractères essentiels du domaine congéable, si le propriétaire renonce à exercer ce droit, le contrat
primitif se trouve détruit, le colon reste propriétaire

de toute la terre, fonds et superfices, et le droit du propriétaire est remplacé par une simple rente; néanmoins la faculté de disposer des bois fonciers lui est conservée. (Baudouin I, 40.)

Le droit de congédier peut toutefois être limité, ainsi on peut stipuler qu'il sera incessible, c'est-à-dire que le foncier ne pourra pas céder à un tiers la faculté de congédier (Baudouin II, 489). On peut stipuler que le congément ne pourra pas être exercé pendant un certain temps; cette clause existe toujours dans le bail primitif; elle peut être renouvelée; il ne faudrait pas toutefois qu'elle fût conçue de telle façon que le droit de congément fût suspendu à perpétuité; ainsi on ne peut stipuler que le colon paiera perpétuellement telle somme, comme commission, de neuf en neuf ans, outre les charges annuelles, pour avoir l'assurance de n'être pas congédié pendant les neufs années suivantes (Baudouin I, 40). Cette stipulation pourrait être valable en droit, mais elle ne constituerait pas un bail à convenant. Néanmoins le colon peut s'engager à payer une commission tous les neuf ans, sans stipuler que le propriétaire renoncera au droit de congédier, c'est-à-dire pourvu que cette clause ne constitue pas une condition potestative de la part du colon (Girard, *Traité des usements ruraux*).

CHAPITRE III.

DE LA BAILLÉE ; DE LA TACITE RECONDUCTION ET DES ACTES RÉCOGNITOIRES.

La baillée est un acte par lequel le propriétaire foncier consent le renouvellement du bail primitif, en général pour six ou neuf ans, au profit soit du colon, soit d'un tiers qui se substituera au colon en le congédiant. Elle est dite baillée d'assurance ou de renouvellement quand elle est consentie au profit du colon détenteur actuel de la tenue ; ordinairement la redevance est augmentée par la baillée, ou tout au moins le foncier stipule une somme une fois payée qu'on désigne sous le nom de commission ou nouveauté. Quand elle est consentie au profit d'un tiers, cette convention s'appelle baillée de congément ou simplement baillée.

Si, à l'expiration du bail ou de la baillée, une baillée nouvelle n'est pas consentie, ou si le propriétaire, ayant voulu congédier, ne se trouve pas avoir la somme nécessaire pour effectuer le remboursement, la loi de 1791 (art. 14) décide que « le bail ou la baillée seront réputés continuer par tacite reconduction pour deux ou trois années, selon que l'usage du pays sera de régler l'exploitation des terres par deux ou trois années. » Cet article est évidemment conçu dans le même esprit que les articles 1774 et 1776 du Code civil, aux termes desquels « (art. 1774) : Le bail sans écrit d'un fonds rural est censé fait pour le temps qui est nécessaire afin que le preneur recueille tous les fruits de l'héritage affermé. Le bail de terres labourables, lorsqu'elles se divisent par soles ou saisons est censé fait pour autant d'années qu'il y a de soles (art. 1776). Si à l'expiration des baux ruraux écrits le preneur reste et est laissé en possession, il s'opère un nouveau bail dont l'effet est réglé par l'article 1774. » On admet généralement qu'il faut compléter la loi de 1791 par les articles du Code que non venons de citer ; quoique, d'après cette loi, la tacite reconduction n'ait lieu que pour deux ou trois ans, ce qui est effectivement la durée ordinaire des soles en Basse-Bretagne, on décide que, si une tenue est composée de terres dont les soles soient toutes ou annales, ou plus que triennales, la tacite reconduction aura lieu pour un an, ou pour quatre ans et plus. (Carré, *Commentaire de la loi de* 1791, p. 206 et 207.)

La jurisprudence et les auteurs reconnaissent que cette tacite reconduction n'est applicable qu'aux baux à convenant et baillées consentis postérieurement à la loi de 1791 ; les autres restent soumis aux principes de l'ancien droit, c'est-à-dire que le congément peut être demandé tous les ans ; la seule amélioration introduite en faveur des colons résulte de l'article 22 de la loi de 1791, en vertu duquel le congément, au lieu de pouvoir être poursuivi à toute époque de l'année, ne peut plus être exercé qu'à la Saint-Michel, 29 septembre.

En fait, un nombre considérable de colons sont restés depuis bien des années en possession de leurs tenues sans renouveler leurs baillées; les titres ont disparu, ou la tenue a été modifiée, par suite de défrichements, des arbres ont été abattus, d'autres ont poussé, il est difficile d'appliquer les titres au terrain. Dans l'ancien droit il était d'usage, sans doute pour obvier aux inconvénients résultant de l'ancienneté des titres, que le colon fournît à chaque mutation de propriétaire foncier un titre récognitoire. L'utilité de ces actes est incontestable, mais peut-on encore les exiger aujourd'hui? La question est controversée : selon les uns, les lettres récognitoires peuvent encore être exigées (Carré, p. 81 et suivantes); la loi de 1791 ne les supprime pas expressément ; elle renvoie aux usements dans plusieurs cas et ne les abolit que dans ce qu'ils ont de contraire à la législation actuelle; or tous les usements obligent le colon à fournir des lettres récognitoires, et cela n'a rien de contraire aux principes du droit moderne; ces lettres n'ont rien de féodal; elles n'ont de commun avec l'aveu du vassal que le nom d'aveu qui leur est donné par l'usement de Rohan; ce nom même ne leur est pas donné par les autres usements; en Cornouaille on les

appelle lettres récognitoires; en Brouërec, reconnaissances; en Tréguier, déclarations notarisées. Quel
est leur but? c'est de donner au nouveau foncier un
titre exécutoire pour se faire payer ses fermages, c'est
pourquoi elles ne sont dues que quand le propriétaire
change. Les descriptions que doivent contenir les
lettres récognitoires ne ressemblent en rien à celles
de l'aveu féodal; elles n'étaient pas présentées à
l'audience publique de la juridiction du seigneur;
le foncier, qui souvent n'était pas seigneur féodal,
donnait récépissé au pied d'un double. On comprend qu'un fermier ne soit pas tenu à fournir des
actes récognitifs, mais, pour le colon, il y a des
raisons bien différentes qui rendent ces actes nécessaires; le fermier ne peut pas bâtir des édifices et
en devenir propriétaire par prescription, le colon
peut bâtir, et, par ses améliorations, rendre le
congément impossible; le fermier peut être facilement changé, et, en fait, il est rare qu'un fermier
reste dans une ferme sans nouveau bail, pendant une longue suite d'années, au lieu que les
colons transmettent leurs tenues à leurs héritiers,
et que souvent un domaine se trouve depuis plusieurs siècles dans les mains de la même famille.
Il importe donc que l'état de la tenue soit constaté
de temps en temps, comment le faire sans lettres
récognitoires ?

Dans l'opinion contraire (Aulanier, pages 18 et
suivantes), on reconnaît l'utilité des actes réco-

gnitifs, mais on trouve que rien dans la loi ne peut les autoriser ; les anciens usements peuvent bien être invoqués pour régler des dispositions de détail, pour suppléer au silence des parties sur ce qui tient à l'essence du domaine congéable, mais les actes récognitoires ne tiennent pas à l'essence du domaine congéable ; du reste on est libre de convenir que le colon fournira des aveux ; le foncier est bien assez protégé, il peut consentir des baillées, congédier, demander pendant trente ans la destruction des innovations ; s'il n'use pas d'un de ces droits, il est trop négligent pour mériter la protection de la loi. D'ailleurs si on admet que les actes récognitoires sont encore dus, on devrait les exiger comme autrefois à chaque mutation de foncier, or presque tous ceux qui soutiennent que ces actes sont encore exigibles, reconnaissent qu'ils devront être fournis tous les vingt-neuf ans, comme le Code le permet pour les rentes (art. 2263); si les usements ne sont pas applicables pour fixer l'époque des déclarations, il n'y a pas plus de raison pour les appliquer lorsqu'il s'agit d'établir l'existence du droit pour le foncier d'exiger ces déclarations. La jurisprudence de la cour de Rennes est fixée en ce sens que le colon ne peut être contraint de fournir des déclarations s'il ne s'y est expressément obligé.

CHAPITRE IV.

DE LA CAPACITÉ REQUISE POUR BAILLER A CONVENANT.

Quelles sont les personnes qui peuvent bailler à convenant? Il faut tout d'abord établir une distinction : si le terrain qu'on veut acconvenancer est inculte, s'il n'y existe ni édifices ni superfices, le bail à convenant ne contient aucune aliénation, il suffit d'avoir pouvoir d'administrer pour être capable d'acconvenancer ; il faut observer toutefois que les baux consentis par une personne qui peut seulement administrer ne doivent pas excéder neuf ans, car c'est la durée extrême que le Code permet d'accorder dans cette hypothèse (art. 481, 595, 1429). Mais si, comme il arrive le plus souvent, il s'agit d'une terre sur laquelle existent des édifices et superfices, l'acconvenancement détache une partie intégrante de la propriété pour la transporter au colon, c'est un acte d'aliénation, il ne peut être accompli par un simple administrateur; en conséquence le tuteur ne peut acconvenancer qu'en suivant les règles prescrites pour les aliénations d'immeubles (Code, art. 457 et suivants); il faudra consulter le conseil de famille et obtenir l'homologation du tribunal; le mineur émancipé pourrait se faire restituer, s'il consentait un bail à convenant; le mari, administrateur des biens de sa femme pendant la communauté, ne peut non plus les acconvenancer.

Les baillées, n'étant qu'un renouvellement du bail du fonds, ne contiennent pas d'aliénation ; elles peuvent donc être consenties par quiconque a le pouvoir d'administrer ; les commissions ne sont pas considérées comme un capital, mais «elles sont *in fructu*, et forment une portion du revenu convenancier » (Baudouin, tome I, n° 75.) Dans l'ancien droit, on refusait généralement à l'héritier bénéficiaire le droit de consentir une baillée (Baudouin, I, 92); on lui permettait cependant de vendre sur simples bannies; or cette vente emportait de plein droit assurance pour l'acquéreur de jouir de la tenue pendant neuf ans ; cette prohibition tenait sans doute à ce que la loi avait entouré de certaines formalités les baux à ferme consentis par l'héritier bénéficiaire, on en conclut qu'elle voulait limiter le plus possible son administration, et la baillée sembla excéder ses pouvoirs. Baudouin refuse aussi au régisseur et au fermier la faculté de consentir une baillée (tome I, 78), sans un mandat spécial ou une clause formelle des baux. Ces prohibitions n'ont plus lieu d'être admises aujourd'hui : on ne met pas en doute que la baillée soit un acte de pure administration, et aucune loi moderne n'autorise à exiger de celui qui la consent des pouvoirs plus étendus que pour tout autre acte de même nature.

L'usufruitier, le mari administrateur des biens

de sa femme pendant la communauté, ne peuvent consentir de baillées plus de trois ans avant l'expiration du bail ou de la baillée courante. (Code, art. 595, 1430.)

En principe, s'il y a plusieurs cofonciers, un seul d'entr'eux ne peut consentir une baillée ; « néanmoins, dit Baudouin (tome I, 80), comme il est équitable que l'associé ne nuise pas par son fait au bien général, s'il se présentait quelque cessionnaire, l'un des propriétaires, après en avoir dénoncé les offres aux autres, serait licencié à consentir la faculté de congédier sur le défaut de surenchérir ou de fournir un preneur à des conditions plus avantageuses. » Lorsque le tiers, au profit de qui la baillée aura été ainsi consentie, se présentera pour congédier, le colon actuellement détenteur ne pourra argumenter de ce que tous les cofonciers n'ont pas figuré dans la baillée ; celui qui a accordé la faculté de congédier doit être présumé autorisé par ses copropriétaires ; cette présomption existerait s'il congédiait lui-même directement. (Aulanier, *Traité du domaine congéable*, n° 148.)

CHAPITRE V.

DE LA FORME DU BAIL A CONVENANT.

La forme du bail à convenant est régie par l'article 14 de la loi du 6 août 1791, ainsi conçu : « Tout bail à convenant ou baillée de renouvellement sera désormais rédigé par écrit. » Les anciens usements étaient en divergence sur ce point : les uns n'exigeaient pas d'écrit, nous avons même vu que dans plusieurs usements toute terre était présumée baillée à domaine congéable; dans d'autres au contraire, comme celui de Tréguier, la tenure convenancière ne se supposait pas de droit, il fallait, pour la constituer un contrat écrit, quelque modique qu'en fût l'objet. (Baudouin, tome I, 33.) Toutefois aucune formule spéciale n'était exigée ; il était indifférent dans quels termes les baux fussent conçus, pourvu que les clauses essentielles du titre convenancier existassent. (Hévin fils, consultation 71.)

Le législateur de 1791 a adopté la décision de l'usement de Tréguier; il résulte toutefois de la rédaction même de l'article 14 que c'est seulement pour les baux consentis à l'avenir qu'un écrit sera exigé : « Tout bail à convenant sera *désormais* rédigé par écrit. »

On n'exige pas un titre authentique, un acte sous seing privé est suffisant.

Le bail à convenant étant un contrat synallagmatique, nous appliquerons les règles des actes synallagmatiques au bail et à la baillée, il faudra, si le bail est sous seing privé, appliquer l'article 1325 du Code civil : les actes qui contiennent des conventions synallagmatiques ne sont valables qu'autant qu'ils ont été faits en autant d'originaux qu'il y a de parties ayant un intérêt distinct; il suffit d'un original pour toutes les personnes ayant le même intérêt; chaque original doit contenir la mention du nombre des originaux qui ont été faits; néanmoins le défaut de mention que les originaux ont été faits doubles, triples, etc., ne peut être opposé par celui qui a exécuté de sa part la convention portée dans l'acte. Il n'en était pas ainsi dans l'ancien droit, la forme synallagmatique n'était exigée que s'il agissait d'un premier détachement des droits convenanciers, mais l'usage s'était introduit dans les derniers temps que les baillées postérieures fussent consenties et souscrites par le foncier seul. (Baudouin I, 33).

Le bail à convenant peut aussi avoir lieu par acte de partage, de donation, de testament, d'échange, par contrat de mariage, de société; on peut y insérer, comme dans les autres contrats, toutes les clauses qui ne sont pas contraires aux lois, à l'ordre public et aux bonnes mœurs (Aulanier, *Traité du domaine congéable*, n° 19)

Nous avons observé que l'article 14 de la loi du 6 août 1791 ne s'applique qu'aux baux à convenant qui seront consentis à l'avenir. Que décider à l'égard des baux préexistants? Comment prouvera-t-on l'existence du bail à convenant dans les contrées où un écrit n'était pas exigé? Peut-on invoquer la présomption établie par les usements de Rohan, Brouérec et Cornouaille, que les biens ruraux sont tenus à domaine congéable? Si les propriétaires de domaines congéables ne peuvent invoquer cette présomption dans les pays où elle était admise, ils se trouveront souvent évincés; car ils se fiaient en cette disposition des usements, et n'ont pas dû chercher à s'assurer une autre preuve de leurs droits. La loi de 1791 ne leur indique aucun moyen de suppléer à l'absence de titres, et ne leur fixe pas un délai pour se mettre en règle.

Pour les terres situées dans les pays soumis à l'usement de Rohan, la question a été tranchée par un arrêt de la Cour de cassation, le 19 novembre 1811, confirmant un arrêt rendu en 1809 par la Cour de Rennes, attendu « que l'arrêt attaqué n'avait point induit des lois abolitives de la féodalité que les rentes convenancières fussent supprimées; qu'il avait jugé seulement que le statut qui, par sa nature, présume, par l'effet seul de la distinction des personnes nobles ou non nobles, la tenure d'un terrain à titre de domaine congéable au profit du seigneur, porte un caractère de féodalité abolie par les lois rendues sur cette matière; qu'en cela il a été fait une juste application, sans rétroactivité pour le passé; qu'il ne résulte pas, de ce que la loi a supposé qu'il pouvait exister des convenants sans bail, qu'elle ait maintenu la force abusive du statut; qu'il résulte, au contraire, de l'ensemble de la loi du 6 août 1791, art. 2, 4 et 15, que le législateur a entendu défendre de raviver les droits féodaux ; que ceux-ci, qui n'é-taient exigibles qu'en vertu des usements ou d'une clause de soumission à leur empire, ne pouvaient être rétablis, et que l'art. 1ᵉʳ, en maintenant les concessions ci-devant faites de domaines à rente convenancière, explique assez que les propriétés n'y seront plus sujettes de droit par l'effet de l'usement, et qu'il faut une concession. » (Carré, *Commentaire de la loi du 6 août* 1791, page 56, à la note.)

Pour les tenues situées dans les autres usements qui admettaient la présomption, la question est plus discutée : la Cour de Rennes a rendu des arrêts dans les deux sens. Pour l'application de la présomption, on dit que la suppression de ce statut par la loi de 1791 ne peut s'appliquer avec effet rétroactif, puisque les fonciers avaient un droit acquis, jusqu'à la publication de cette loi, à profiter de la présomption sur la foi de laquelle ils ont pu négliger d'exiger des titres récognitoires ou de faire de nouvelles baillées. Avant 1791, tous les détenteurs de terres sises dans ces usements étaient domaniers, sauf à eux à prouver le contraire, leurs successeurs ont continué la même possession ; c'est donc à eux de prouver qu'ils possèdent à héritage, en présentant un titre, ou en prouvant qu'ils ont possédé en leur nom personnel depuis plus de quarante ans, terme requis par l'ancienne législation pour la prescription des

immeubles, ou tout au moins depuis trente ans, à
compter de la publication du Code (art. 2281); s'ils
ne font cette preuve, ils seront réputés colons de
celui qui prouvera, d'une manière quelconque,
avoir exercé, par lui ou ses auteurs, les droits de
foncier. Sans doute il se peut que les détenteurs
d'une terre, anciennement à domaine congéable,
se trouvent lésés par cette décision, parce qu'ils
auront perdu leurs titres d'acquisition de la propriété; mais il arrivera bien plus souvent que des
propriétaires fonciers aient perdu leurs titres, et
surtout qu'ils aient négligé d'exiger des actes récognitoires. Les usements ont eu force de loi jusqu'en 1791; une présomption qu'ils établissaient
n'a pu cesser d'exister sans être abolie d'une manière expresse, et avec effet rétroactif. On comprend que la Cour de cassation ait refusé d'appliquer la présomption dans l'usement de Rohan, où
elle avait un caractère féodal, mais on n'en peut
tirer aucune conclusion pour les autres usements,
où elle ne repose point sur la qualité des personnes. (Carré, *Commentaire de la loi du 6 août* 1791,
art. 1ᵉʳ). La Cour de Rennes a adopté cette opinion,
par arrêts du 21 juillet et du 1ᵉʳ décembre 1813.
Un arrêt du 25 juillet 1820 est aussi conçu dans le
même esprit; il décide que, sous l'usement de
Goëllo, la propriété foncière, à titre de domaine
congéable, n'était pas présumée de droit en faveur
des seigneurs de fiefs et autres propriétaires fon-

ciers, et qu'en conséquence ceux-ci étaient tenus
de la prouver conformément au droit commun,
par titres ou possession. (Carré, note, page 50.)

Dans une autre opinion (Aulanier, *Traité du
domaine congéable*, n° 512), la présomption doit être
rejetée dans tous les usements, comme dans celui
de Rohan. L'arrêt de la Cour de cassation a bien
un caractère général et repousse absolument la
présomption, quand il dit que la loi de 1791, « en
maintenant les concessions ci-devant faites, explique assez que les propriétés n'y sont sujettes
de droit, et qu'il faut une concession. » Le caractère féodal de la présomption de l'usement de
Rohan n'est pas le seul motif invoqué par la Cour
de cassation. D'ailleurs, ce caractère se retrouve
dans les autres usements : L'usement de Brouérec
dit (art. 4) que, « lorsque les détenteurs *roturiers*
paient une rente... et suivent le moulin du seigneur, ils sont censés domaniers congéables,
s'ils ne prouvent le contraire, par titres seulement. » L'usement de Cornouaille dispose (art. 2)
que : « tous les *manans* dudit comté sont exclus
d'alléguer ni maintenir, profiter ni relever, terres
à autre titre qu'audit titre de domaine congéable,
quelque longue possession qu'ils aient, s'ils n'apparaissent titre particulier du contraire. » Baudouin (*Inst. conv.*, tome II, n° 503) parle « des
seigneurs ayant principe de fief, en faveur desquels les usements de Brouérec, Rohan et Cor-

nouaille, établissent *vi legis* la présomption universelle de la tenure à domaine congéable. » On
invoque encore un passage du rapport fait par
Tronchet au Conseil des Anciens, le 12 vendémiaire an VI, où la présomption qui nous occupe
est présentée comme un des abus contenus dans
les anciens usements, et abolis par la loi de 1791 :
« Plusieurs dispositions des usements, observe
Tronchet, n'étaient point basées sur les véritables
règles de la justice ; plusieurs étaient véritablement vexatrices et intolérables. Ainsi, par exemple,
dans plusieurs de ces usements, l'usage du domaine congéable était tellement déclaré universel
qu'il était présumé de droit. » Les autres maximes
« également intolérables, » citées ensuite dans ce
rapport, sont le droit, pour le foncier seul, de
continuer ou non le bail, et l'ordre de succession
établi par l'usement de Rohan : droit de déshérence en cas de décès du domanier sans enfants,
dévolution de la tenue au dernier fils, ou à la
cadette des filles, s'il n'y a pas d'enfants mâles.
Or, ces deux dernières maximes ont été supprimées par la loi de 1791, c'est donc que la présomption de tenure à domaine congéable, que Tronchet met sur la même ligne, était considérée par
lui comme également abolie.

La Cour de Rennes a adopté ce système dans un
arrêt du 18 juillet 1814, rendu au sujet d'une
terre située dans l'usement de Brouërec. Il faut

observer que le propriétaire à qui la Cour refusa le bénéfice de la présomption, avait omis de mentionner les parcelles en litige dans une baillée postérieure à 1791; mais, en dehors de cette circonstance, les considérants de l'arrêt repoussent absolument la présomption, comme ayant cessé d'exister depuis que le domaine congéable n'était plus général et universel dans ce canton. Cet arrêt est en opposition directe avec celui du 1er décembre 1813, que nous avons mentionné plus haut, aux termes duquel, « dans l'usement de Brouërec, le titre de convenant est général et universel, et la présomption est pour le propriétaire foncier jusqu'à preuve contraire par titre ou possession. »

CHAPITRE VI.

DES RAPPORTS QUI EXISTENT ENTRE LE BAIL A CONVENANT ET DIVERS AUTRES CONTRATS.

Si on examine les caractères essentiels du bail à domaine congéable, on voit que ce contrat offre une grande analogie avec le bail à ferme : le colon, comme le fermier, acquiert le droit de jouir de la terre pendant six, neuf, ou dix-huit ans, et, ce temps expiré, le foncier peut reprendre son fonds, comme un bailleur ordinaire ; le colon est détenteur précaire comme le fermier, le fonds ne peut être prescrit ni par lui, ni par ses héritiers, sauf inter-

version de titre ; la rente convenancière n'est autre
chose qu'un fermage. Aussi les règles du bail à
ferme sont-elles, en beaucoup de cas, applicables
au bail à convenant, la loi de 1791 le dit expressément (art. 16) : « Seront au surplus les conventions, que les parties auront faites, subordonnées
aux lois générales du royaume établies ou à établir pour l'intérêt de l'agriculture, relativement
aux baux à ferme, en ce qui sera applicable au
bail à convenant. »

Cette assimilation ne doit pas être poussée trop
loin. Il faut, comme la loi le dit elle-même, ne
soumettre le bail à convenant aux règles du bail à
ferme qu'autant qu'elles lui sont applicables ; la
principale convention contenue dans le bail à convenant est bien une sorte de louage ; la convention relative aux superfices est un accessoire, mais
elle n'en est pas moins importante, et crée, entre le
foncier et le colon, des rapports qui n'existent
point dans le bail à ferme, en sorte qu'on arriverait à des conséquences iniques, si on regardait le
bail à convenant comme n'étant autre chose qu'une
espèce particulière de bail à ferme. Le foncier se
trouve dans une position plus difficile envers son
colon que le bailleur envers son fermier, étant
obligé de lui laisser la jouissance du fonds jusqu'à ce qu'il puisse rembourser les édifices et superfices en congédiant. Le droit de jouissance du
colon est aussi plus étendu que celui du fermier,

parce qu'il est propriétaire des droits superfi ·
ciaires.

Le bail à convenant paraît, à première vue,
offrir une assez grande analogie avec le bail em-
phythéotique, mais, lorsqu'on examine soigneuse-
ment les caractères de ces deux contrats, on trouve
entre eux des différences telles qu'aucune assimi-
milation n'est possible : les seuls droits qui sont
communs au colon et à l'emphytéote sont le droit
de jouir du fonds et celui de faire des améliorations. Là s'arrête l'analogie : le droit de l'emphytéote a une durée limitée ; le terme fixé arrivant,
les améliorations qu'il a faites cessent de lui appartenir ; le droit du colon sur les superfices est perpétuel, comme dit Rosmar (art. 3) ; quoique cette
expression ait été critiquée, elle est cependant
exacte (Baudouin, II, 237) : pour dire que des
concessions sont perpétuelles, il n'est point nécessaire que leur existence soit assurée à perpétuité,
il suffit que leur perpétuité soit possible, suivant
la remarque de d'Argentré (*De laud.*, § 40) ; « Suf-
ficit en imhabitu perpetuas esse posse, etsi actu
non contingat esse perpetuas propter incertum
resolutionis gradum. » Le colon est propriétaire des
superfices, au lieu que l'emphytéote n'est pas propriétaire, il y a même des raisons sérieuses pour
croire qu'il n'a pas un droit réel. Le colon peut
hypothéquer ses droits superficiaires, le droit de
consentir une hypothèque est refusé à l'emphy-

téote par beaucoup d'auteurs, même parmi ceux qui lui accordent un droit réel. Enfin, la diffé-rence la plus considérable, au point de vue pratique, est que le colon peut se faire rembourser ses améliorations, au lieu que l'emphytéote ne le peut pas.

Le bail à convenant contient une clause analogue à la vente toutes les fois qu'il s'applique à une terre sur laquelle existent déjà des constructions, plantations, clôtures. Nous avons vu, en effet, que ces sortes de choses qui constituent les droits réparatoires, ne doivent pas rester aux mains du foncier; celui-ci les cède au domanier; le prix de cette cession est appelé deniers d'entrée. Le foncier doit délivrance et garantie comme le vendeur ordinaire; le colon peut, comme tout acheteur, expulser le fermier qui est en possession de la tenue acconvenancée; la rescision pour lésion est admise pour cette vente accessoire des édifices et superfices, comme elle le serait pour une simple vente d'immeubles, quoique les droits superficiaires soient considérés comme meubles dans les rapports du propriétaire avec le domanier.

Il y a dans cette vente une clause résolutoire d'un caractère spécial : le foncier se réserve le droit de reprendre la propriété des superfices lorsqu'il voudra retirer au colon la jouissance du fonds. On a voulu assimiler cette clause à quelqu'une de celles qu'on rencontre en droit commun. Nous croyons que les assimilations présentées sont inexactes et qu'il vaut mieux reconnaître ici la présence d'une convention tout à fait particulière et qui ne se rencontre dans aucun contrat. L'idée la plus généralement admise est de voir, dans la clause relative aux superfices, une vente à réméré; si la vente des superfices était simplement une vente à réméré, le foncier n'aurait qu'à rembourser au colon les deniers d'entrée. On pourrait encore comprendre qu'il lui dût en outre la valeur des améliorations, mais comment concilier avec l'idée de réméré le mode de procéder pour arriver au congément, l'obligation pour le foncier de payer au colon la valeur des édifices et superfices fixée par des experts? A un autre point de vue, le domanier diffère essentiellement de l'acheteur à réméré : l'acheteur doit conserver la chose telle qu'elle est, il est responsable des dégradations et n'a le droit de rien modifier. Au contraire, le domanier peut, en principe, améliorer et dégrader; ses améliorations lui sont remboursées. Quant aux dégradations, il n'en est pas responsable envers le foncier; seulement il est évident qu'en dégradant il diminue d'autant la valeur remboursable de ses droits réparatoires.

MM. Desnos et Lesbaupin, dans une consultation du 2 mai 1811, rapportée par M. Carré (*Commentaire de la loi* de 1791, pages 165 et suivantes), considèrent le colon comme engagiste des édifices et superfices ; l'engagement est une espèce d'antichrèse très-usitée dans l'ancien droit, surtout pour le domaine royal : les biens qui composaient ce domaine étant inaliénables, au lieu de transférer la propriété à l'acquéreur, on lui accordait un droit de jouissance et un droit de rétention jusqu'au remboursement du prix qu'il payait. L'engagiste pouvait affermer, hypothéquer, vendre son droit ; en fait, il jouissait à peu près des mêmes avantages que s'il eût été propriétaire ; seulement, l'objet dont il pouvait disposer, au lieu d'être un droit de propriété, était un droit d'antichrèse. Dans cette opinion, le colon aurait donc sur les superfices un droit d'antichrèse plutôt qu'un droit de propriété. Cette idée ne nous paraît pas admissible : d'abord, les anciens auteurs ont toujours considéré le colon comme propriétaire des édifices et superfices ; en second lieu, on n'a jamais refusé au colon le *jus abutendi*, le droit de détruire les édifices et superfices, évidemment ce droit est le signe distinctif de la propriété : nous ne connaissons aucune personne autre que le propriétaire, à qui la loi accorde le *jus abutendi*. Telles sont les raisons qui nous font penser que la vente des édifices et superfices ne peut pas être qualifiée de vente à réméré, ni d'engagement ; elle contient bien une clause résolutoire, mais cette clause ne peut, dans notre opinion, être assimilée

à aucune autre, elle est d'une nature tout à fait
particulière; pour la comprendre, il faut remonter
à l'origine du domaine congéable : un des caractères essentiels de cette tenure est la séparation
du fonds et des superfices; nous pensons que, dans
des temps fort anciens, le fonds était considéré
comme étant le seul objet auquel s'appliquât la
propriété immobilière; les superfices, ayant d'ailleurs une importance très-minime, n'étaient pas
considérés comme immeubles; au lieu de les rat-
tacher au fonds, on les faisait entrer dans la classe
soit des produits du sol, soit des choses destinées
à l'exploitation, et, comme tels, ils devaient appartenir au fermier, aussi bien que les récoltes et les
ustensiles aratoires. C'est pour ce motif que le
foncier les aliénait lorsqu'il voulait acconvenancer
de nouveau son immeuble. De même, un propriétaire qui exploite sa terre lui-même, s'il voulait
l'affermer, vendrait au fermier entrant les bestiaux et le mobilier destiné à l'usage de la culture.
Quant au remboursement des superfices, à l'expulsion du colon, il offre une grande analogie avec
l'usage de rembourser au fermier les pailles et
engrais; nous pensons que ces deux coutumes
procèdent de la même idée. Seulement, dans le
domaine congéable, l'ensouchement, au lieu de
consister en pailles et engrais seulement, consiste
dans tous les superfices.

C'est d'une combinaison spéciale du louage et

de la vente que dérive le bail à convenant. On a voulu le comparer à d'autres contrats, mais les assimilations qui ont été faites sont inexactes.

On s'est d'abord efforcé de présenter le domaine congéable comme une espèce particulière de fiefs (1); il y a entre eux des différences telles que cette prétention ne peut être soutenue :

1° Le féage est une concesssion gratuite, le bail à convenant est à titre onéreux, la rescision pour lésion est même admise.

2° La concession féodale est perpétuelle et irrévocable, le bail à domaine congéable est essentiellement révocable, et la période d'assurance, pendant laquelle le congément ne peut être exercé, est essentiellement temporaire.

3° Le vassal reçoit la propriété pleine et entière de l'immeuble, le domanier ne reçoit que la jouissance du fonds et un droit de propriété révocable sur les superfices.

4° L'objet du contrat de fief est un immeuble réel *erga omnes*, les édifices et superfices sont meubles envers le foncier, et ne sont immeubles envers les tiers que par une fiction, au dire même des anciens auteurs.

5° Le propriétaire d'une terre qui avait principe de fief pouvait seul afféager; pour concéder son

---

(1) Dans la coutume de Bretagne, le mot fief désigne non-seulement le fief noble, mais encore le fief roturier, appelé censive dans les autres coutumes.

fonds à domaine congéable, il n'est pas besoin, dit l'art. 13 de l'usement de Tréguier, d'avoir fief et juridiction; il suffit d'avoir terre et maison à la campagne, soit noble, soit roturière.

6° Le lien de foi, qui est l'essence du contrat féodal, n'existe pas dans le domaine congéable; par suite, le domanier ne doit pas foi et hommage. Il n'est point soumis à la saisie féodale, aux aides coutumières, aux lods et ventes. Le retrait féodal ne s'applique pas au domaine congéable.

Telles sont les différences essentielles qui séparent ces deux sortes de contrats. Quant aux ressemblances qu'on a signalées pour arriver à établir entre eux une confusion, elles n'existent pas en réalité :

1° Le domanier, comme le vassal, ne pouvait pas prescrire contre le seigneur. — Cela est vrai, mais la cause d'imprescriptibilité n'est pas la même dans les deux cas : le vassal ne pouvait prescrire en raison du lien de foi, le colon parce qu'il est détenteur précaire.

2° Le colon était obligé, de plein droit et sans convention, de suivre le moulin du seigneur. — Cette assertion n'est pas complétement exacte. Ce n'est pas la qualité de domanier qui imposait l'obligation de suivre le moulin, mais la qualité d'habitant d'une seigneurie à laquelle était attaché le droit de moulin. Cela est si vrai que, lorsqu'un domanier habitait dans le fief d'un seigneur autre que le foncier, il suivait le moulin de cet autre seigneur. D'ailleurs, beaucoup de fonciers n'avaient pas le droit de moulin.

3° Le seigneur foncier avait droit de justice sur ses domaniers comme sur ses vassaux.

Le supplément de l'usement de Brouërec réfute de lui-même cette assertion : « Le seigneur foncier n'a pas, en vertu de ce seul titre de convenant, de juridiction ni justice civile ou criminelle sur son domanier, ni droit de le contraindre à suivre sa justice. »

Beaucoup de domaniers étaient, en fait, soumis à la justice de leur propriétaire foncier, mais cela tenait à ce qu'ils habitaient le ressort de sa juridiction ; le seigneur qui réclamait la justice sur ses domaniers devait, aux termes d'un arrêt du 18 juin 1688, « justifier par titres de la possession et exercice de juridiction sur lesdits hommes convenantiers avant et depuis les cent ans. »

4° Le domanier doit un aveu, comme le vassal. — Cette proposition est encore inexacte ; d'abord, l'aveu en lui-même n'a pas un caractère féodal, car il était dû pour les rentes foncières et les rentes constituées ; ensuite l'aveu du domanier différait de celui du vassal, non-seulement en la forme, mais parce qu'il était dû en cas de mutation du foncier ; celui du vassal au changement de vassal. L'inexactitude de l'aveu du domanier n'était pas punie ; celle du vassal était punie d'une amende.

5° Le déguerpissement était permis au domanier comme au vassal. — Il n'en résulte pas que le domaine congéable soit un fief ; car le déguerpissement était permis à bien d'autres qu'au domanier, ainsi au propriétaire d'un immeuble grevé de rente, au seigneur succédant par déshérence ou confiscation, au légataire. En outre, le domanier n'était pas, comme le vassal, tenu de remettre le fonds dans l'état où il se trouvait lors de la concession ; il n'était responsable que des dégradations qu'il avait faites volontairement.

6° Le domaine congéable, comme le féage roturier, imprimait au fonds un caractère roturier, si bien que, si la tenue faisait retour au seigneur, elle ne pouvait plus être réafféagée noblement. — Un acte de notoriété du 7 décembre 1758 constate, en effet, que le domaine congéable « est une espèce de féage roturier en vertu duquel le domanier tient ses biens roturièrement, pour être ainsi partagés entre les enfants et héritiers même d'un domaine noble »; mais Baudouin dit positivement (t. II, 346) que cet acte est *erroneux* et *surpris*, et que « les autorités les plus déterminantes prouvent que les maximes et l'usage constant de cette province ne considèrent point comme roturiers les droits convenantiers faisant partie intégrante d'une seigneurie. Cependant, par la tolérance des seigneurs, la plupart des convenants qui dépendent de leurs fiefs se trouvent imposés au fouage ; mais il n'est pas moins vrai, suivant M. Poullain du Parc (Cout., art. 356, not. 2), que la concession d'un bien noble à domaine congéable n'entraîne aucune tache de roture..... L'imposition a pour seul principe la possession pendant quarante ans qui acquiert irrévocablement le fouage sur les biens nobles. » Ainsi, le domaine congéable n'est par lui-même ni noble, ni roturier ; il est en dehors de l'échelle féodale. « S'il y a des convenants nobles et d'autres roturiers, c'est que, dit Sauvageau (liv. I, ch. 57), les terres roturières ayant été données à domaine congéable, les convenants sont de soi originairement roturiers ; et les autres terres, nobles dans leur origine, demeurent nobles : la culture du colon ne changeant pas la qualité de la terre. »

7° Le foncier ayant le droit de congément, le domaine congéable n'est autre chose qu'un fief amovible, tel qu'il en existait à l'origine des fiefs. — Nous n'avons pas à rechercher ici si les fiefs ont leur origine dans les bénéfices amovibles que les rois mérovingiens donnaient à leurs leudes ; mais il est évidemment inexact de comparer l'amovibilité des fiefs, condition imposée à une donation dans des temps fort anciens, et qui ne tient en rien à l'essence du fief, avec le congément, condition d'un contrat à titre onéreux, qui tient essentiellement à la substance du domaine congéable, et qui a toujours existé. De ce qu'une tenure est temporaire, il est absurde de conclure qu'elle est un fief; le caractère d'amovibilité, si jamais il a réellement existé dans les fiefs, en avait disparu depuis longtemps. Le bail à ferme n'est pas un fief, et cependant le locataire est sujet au congé.

8° Les commissions ou nouveautés que paye le domanier ne sont autre chose que le profit de relief ou rachat que devait le vassal. — Cette assimilation est fausse : le relief était dû quand le fief changeait de main par une cause autre que vente ou contrat assimilé à la vente; c'était le prix de l'investiture du nouveau vassal. La quotité en était fixée. C'est l'abandon au seigneur de la jouissance du fief pendant la première année qui suit la mutation. Le droit de commission n'a aucune ressemblance avec le relief; « ce n'est qu'un pot de vin volontaire. Aucune loi, pas même les usements, n'en fixaient la nécessité et la quotité; le domanier ne le payait qu'autant qu'il croyait de son intérêt de proroger la jouissance des édifices et superfices. » (Tronchet, *Rapport du 12 vendémiaire an VI*, p. 35.)

9° Le domaine congéable est appelé par les auteurs bretons fief anomal, bâtard ou hétéroclite. — Il est vrai que ces expressions se trouvent dans les auteurs bretons les plus modernes; mais quel est leur sens? Elles ne sont employées que « quand le seigneur foncier a fief et justice, ou quand les terres dont les domaines font partie ont principe

de fief. C'était donc la qualité de seigneur de fief,
ou le principe prééminent de fief attaché au domaine, qui produisait les droits féodaux dont jouis-
saient quelques propriétaires fonciers : donc ils ne
dérivaient pas naturellement de ce bail ; donc ils
étaient étrangers à la tenure convenancière. »
(*Rapport de Lemerer au conseil des Cinq Cents*, 23 *frimaire an* V, p. 25.) Baudouin (t. II, p. 4 et 5) dit
que la qualification de fief anomal est impro-
prement appliquée au domaine congéable : « Elle
fut reçue au barreau vers le milieu du dernier
siècle, et consacrée par l'autorité d'Hévin ; car,
quoique, dans Dufail (liv. I, ch. 243), un plaideur
dise que ce contrat est pur féage de noble fief,
Lefrat, d'Argentré, Frain, n'adoptèrent nullement
une dénomination aussi inexacte. » Au reste, les
auteurs même qui se sont servis de cette expression, « fief anomal » n'ont jamais entendu lui
donner la portée qu'on veut lui attribuer. Voici ce
que dit Poullain Duparc à cet égard : « Quoique
nous regardions en Bretagne le domaine congéable comme un fief anomal, la commise n'aurait
pas lieu par la dénégation du colon, parce que, dans
la vérité, le domaine congéable n'est qu'un bail
pour un temps indéfini, avec la faculté de congédier, et *il ne constitue ni féodalité ni lien de foi.* »
(*Principes du droit français*, t. II, p. 114.) Hévin
lui-même, qui a mis en usage l'expression de fief
anomal, ne considère pas le domaine congéable

comme une espèce de fief, mais bien comme un
bail à ferme; si le colon jouit plus de neuf ans,
c'est par tacite reconduction (*Consultation* 76); les
domaniers étant, à ses yeux, des fermiers, il affirme
qu'on ne peut pas étendre au bail à convenant les
attributs du fief et de l'obéissance féodale. (*Questions féodales*, p. 314.)

On a aussi établi une analogie entre les tenures
en motte et quévaise et le domaine congéable. On
trouve dans ces tenures le droit de déshérence et
le privilége du juveigneur que nous avons rencontré dans l'usement de Rohan. Les adversaires
du domaine congéable, s'attachant à cette coïncidence, ont voulu attribuer une origine commune
à ces tenures et au domaine congéable, ou les
faire dériver l'un de l'autre. Les motoyers et quévaisiers étaient serfs, attachés à la terre, et perdaient leur tenue s'ils cessaient de l'habiter; ils
étaient propriétaires de la terre, et ne pouvaient
pas être congédiés. C'était un reste du servage
introduit par les Romains; on leur appliquait le
titre du Code de *agricolis et censitis*. Le nom quévaise (des mots bretons *qué er vez*, va dehors) a
sans doute contribué à amener cette confusion, en
évoquant à l'esprit l'idée d'une institution analogue au congément, mais la ressemblance n'existe
que dans les mots.

L'expression rente convenancière, appliquée au
prix annuel du bail à convenant, a amené quel-

ques personnes à comparer le bail à convenant au bail à rente foncière; il n'y a entre eux aucune analogie :

1° Le domanier ne reçoit que la jouissance précaire du fonds et la propriété résoluble des édifices et superfices qui sont meubles envers le foncier; le preneur à rente foncière reçoit la propriété incommutable d'un immeuble réel.

2ᵉ Le bail à rente foncière était perpétuel; le bail à convenant est limité.

3° Dans le bail à rente, la rente pouvait être stipulée rachetable; cela ne se concevrait pas dans le domaine congéable.

4° Le preneur à rente peut construire comme il veut; le domanier doit obtenir l'agrément du foncier.

5° Le preneur à rente ne peut être expulsé tant qu'il paye la rente; le domanier peut être congédié après l'expiration du bail ou de la baillée.

6° La rente foncière est fixée une fois pour toutes; la rente convenancière peut être augmentée ou diminuée à chaque baillée.

7° La rente foncière est servie par le propriétaire du fonds; celle convenancière est due au propriétaire. « Il est ridicule de dire que cette dernière rente est foncière, parce qu'elle est due *super certo et determinato fundo*. Tout fermage est dû sur les fruits provenant du fonds; il n'est pas pour cela une rente foncière; car cette rente étant une charge sur le fonds, elle ne peut être due au propriétaire du fonds, suivant la maxime *nemini res sua servit*. Puisque la rente convenancière est due au propriétaire du fonds de la tenue, il est impossible qu'elle soit une rente foncière. » (*Mémoire sur les domaines congéables de Bretagne*, par M. Desnos l'aîné, Paris 1790.)

DEUXIÈME PARTIE

Des droits fonciers.

Les droits fonciers consistent : dans la propriété des bois fonciers, dans le droit d'exiger du colon des prestations annuelles, dans le droit de congédier.

CHAPITRE PREMIER.

DES BOIS FONCIERS.

Parmi les arbres qui se trouvent sur les tenues, les uns appartiennent au foncier, les autres au colon. Le principe est que le bois d'œuvre appartient au foncier; les arbres fruitiers et les bois de chauffage appartiennent au colon. Dans la pratique, la distinction entre ces deux sortes de bois a offert des difficultés.

Les domaniers n'ont aucun droit sur les avenues, rabines (1) et bois de décoration, « pas même, dit Rosmar, lorsqu'ils tombent par impétuosité des vents, si le bail ne le porte. » Quant aux arbres fruitiers, ils appartiennent au colon sans contestation. (Rosmar, art. 16.)

Mais il y a des arbres qui sont également aptes à produire des fruits et à fournir du bois d'œuvre, comme les châtaigniers et les noyers. Dans l'ancien droit, quelques tribunaux les avaient attribués au colon, mais le Parlement les regardait comme bois fonciers. La loi de 1791 (art. 8) les considère comme devant appartenir au colon : « Dans le cas où le bail ou la baillée et les usements ne contiendraient aucun règlement sur les châtaigniers et noyers, lesdits arbres seront réputés fruitiers, à l'exception néanmoins de ceux desdits arbres qui seraient plantés en avenues, masses ou bosquets, et ce, nonobstant toute jurisprudence à ce contraire. » Il résulte de cet article que les noyers et les châtaigniers ne sont plus aujourd'hui arbres fonciers ; car cette qualité ne leur était reconnue que par la jurisprudence ; aucun usement ne contenait de disposition à cet égard.

Le domanier a droit aux bois de chauffage ; cela comprend d'abord tous les bois impropres à faire

---

(1) Par le mot rabine, on entend ordinairement deux ou plusieurs rangées d'arbres plantés en avenue ; mais, dans les pays du domaine congéable, on donne ce nom de rabine même à un simple rang d'arbres. (Hévin, consult. 104).

e la planche, comme les bouleaux, saules, houx,
pines ; en second lieu, les bois taillis ; enfin, les
mondes des bois fonciers.

Pour les taillis, le colon a droit non-seulement à
a coupe, mais à la souche même ; il en est diffé-
emment pour les bois fonciers émondables, le co-
on a droit aux émondes seulement ; il n'a aucun
roit sur le tronc ni la souche.

Relativement au tronc des bois fonciers, l'abré-
iateur de Gatechair prétend que, dans l'usement
le Brouërec, qu'il commente, les chênes plantés
ur les clôtures, et ayant moins de 10 pieds, sont
ttribués au colon ; Baudouin affirme que cet au-
eur s'est trompé en résumant Gatechair, et que
celui-ci attribuait au colon, non pas les chênes
emondables ayant moins de 10 pieds, mais les
émondes de ces chênes (Baudouin, I, 54); dans
tous les cas, cette disposition serait particulière à
l'usement de Brouërec.

Le bois foncier, lorsqu'il vient à se dessécher,
ne perd pas pour cela sa qualité de bois foncier ;
le bois mort n'appartient pas au colon, si l'arbre
vivant ne lui appartenait pas (Rosmar, art. 2 *in
fine*. Baudouin, II, 305). La souche même du bois
foncier est foncière ; car, s'il croît un rejeton, une
renaissance, qui devient à la longue propre à œuvre, ce rejeton appartient au foncier. (Aulanier,
n° 46.)

Le colon a le droit d'émonder tous les bois fon-

ciers qui, d'après l'usage du pays, sont susceptibles d'être émondés. Il n'y a aucune difficulté si
ces bois sont situés dans les champs ou sur les
clôtures ; mais, quand ils sont plantés en rabines,
avenues ou bosquets, le droit d'émondage a donné
souvent naissance à des contestations : le principe
est que le colon n'a pas le droit d'émonder les
arbres ainsi plantés ; cependant, ce principe n'est
pas absolu : le colon peut acquérir un droit sur les
émondes des rabines ; « lorsque le colon est dans
l'usage immémorial de prendre les émondes des
rabines, cette possession quadragénaire semble lui
en attribuer le droit ; Rosmar (art. 2) n'interdit
que les bois non accoutumés d'être émondés. »
(Baudouin, I, 63). Un arrêt de la Cour de Rennes,
du 20 novembre 1811, a jugé que, si le colon
émonde des arbres plantés en rabines, avenues ou
bosquets, à la connaissance du propriétaire, et
sans réclamations de sa part, on peut en induire
la preuve d'un consentement tacite qui éleverait
une fin de non-recevoir contre une demande en
dommages-intérêts pour le passé (Aulanier, n° 55.)

Lorsque le foncier abat un arbre, le colon a
droit aux branches émondables qui existent sur
cet arbre au moment où il est abattu.

Le colon ne peut pas étêter les arbres, non-seulement dans les rabines, mais sur les fossés ou
sur le plat des champs ; toutefois la prohibition
d'étêter ne s'étend pas jusqu'aux plançons dont

uelques domaniers coupent la pointe, avant de
s planter à demeure, pour se procurer des taillis
Baudouin, I, 63).

Pour savoir si les bois sont fonciers ou non, il
'y a pas à rechercher par qui ils ont été plantés ;
on considère comme bois fonciers appartenant
u propriétaire tous les arbres qui sont propres à
ire du bois d'œuvre, de la planche, soit qu'ils
ient crû naturellement sur la tenue, soit qu'ils y
ient été plantés par le foncier ou par le colon. »
Aulanier, 43 ; Baudouin, 51 et suiv. Le Guével,
Commentaire sur l'usement de Rohan, page 7.)

Puisque les bois fonciers appartiennent au pro-
riétaire, celui-ci doit nécessairement avoir le droit
e planter sur la tenue, mais dans quelle limite?
Aucune disposition des usements ne se réfère à
cette question ; il faut donc se rapporter aux principes du bail à ferme. D'abord, il est hors de doute
que le foncier peut remplacer les arbres qu'il abat,
en quelque endroit de la tenue qu'ils se trouvent;
il ne nuit pas ainsi au domanier, puisqu'il aurait
pu laisser le vieil arbre (Aulanier, 52). Que décider
pour les plantations nouvelles ? Le propriétaire
peut-il planter sur les clôtures ou fossés qui entou-
rent tous les champs dans les pays de domaine
congéable? Nous pensons que oui, car c'est un
usage constant dans ces contrées de planter sur
les fossés ; le colon, s'il était propriétaire, ne man-
querait pas de le faire ; d'après M. Aulanier

(n° 51), la question aurait pu faire doute autrefois, le colon n'ayant aucun moyen de faire cesser sa jouissance jusqu'à ce que le foncier le congédiât; mais, aujourd'hui, il n'en est plus de même: « comme les arbres ne peuvent nuire par leur ombre et par leurs racines que plusieurs années après la plantation, et que, d'un autre côté, le domanier peut demander son remboursement à l'expiration de sa baillée, il dépend toujours de lui d'éviter, en se retirant, le tort que la plantation pourrait lui faire. Il ne peut donc pas se plaindre d'un fait qui ne saurait lui préjudicier qu'à une époque éloignée, avant laquelle il dépendra de lui de cesser la jouissance, s'il la trouve onéreuse. » Cette opinion, conforme aux principes posés par Pothier (*Contrat de louage*, n° 75), est, du reste, consacrée par un arrêt de la Cour de Rennes, du 20 novembre 1811 : le propriétaire s'était réservé une partie de la tenue pour une rabine qu'il avait dessein d'établir, il planta en dehors des limites convenues : La Cour décida que la plantation, ayant eu lieu au su et au vu des colons, sans opposition de leur part, et étant faite tout de bois de futaie plus de quarante ans avant l'introduction de l'instance, elle constituait des bois fonciers non susceptibles d'émondage ; un des considérants de l'arrêt établit d'une façon formelle le droit du foncier : « Il est sans exemple que des colons convenanciers aient eu la prétention d'obliger leurs propriétaires à abattre des bois fonciers ou de décoration, sous prétexte d'encombrement nuisible à la culture des terres ; et si le colon ne peut émonder, il peut encore moins abattre ou obliger le foncier de purger la terre de toute plantation. »

Le colon est responsable des bois fonciers. « C'est un principe constant que le colon, en recevant la tradition fiduciaire du fonds, en devient le conservateur naturel. » (Baudouin, I, 61.) Toutefois, on ne peut le rendre responsable des dégâts qui se commettent sur les bois plantés dans les dehors de la tenue, si les titres ne les mentionnent pas ; il ne peut être poursuivi à raison de ces dégâts que s'il en est l'auteur (Aulanier, 71). Si les bois fonciers sont endommagés par force majeure, le colon n'est pas responsable, mais il est chargé de prouver que la dégradation a eu lieu par cas fortuit ; jusqu'à ce qu'il ait fourni cette preuve, il est présumé en faute ; cette décision semble rigoureuse, elle se justifie cependant avec facilité : le foncier est généralement éloigné de la tenue, au lieu que le domanier y habite, ou demeure tout auprès. Il peut donc constater de suite les dégradations et en rechercher les auteurs, si elles proviennent du fait d'un tiers, ou prouver l'existence d'un cas fortuit qu'il aura pu facilement vérifier. Du reste, ces décisions résultent de l'application, au colon, des règles édictées pour le fermier par les articles 1732 et 1735 du Code.

Pour constater les dégradations de bois fonciers, on est obligé de recourir à des témoignages et expertises ; les titres énumèrent bien les plants existant sur la tenue ; mais souvent ils sont anciens, de nouveaux arbres ont poussé depuis, ou bien il y a des omissions que le domanier ne s'est pas empressé de relever ; le foncier a fait des coupes sans en donner de reconnaissance écrite, les titres ne peuvent donc pas beaucoup servir.

S'il y a plusieurs domaniers, ils sont solidairement responsables des dégradations de bois fonciers.

Si, depuis la dégradation, les droits convenanciers ont été vendus, le nouvel acquéreur est-il responsable ? S'il a acquis par suite d'une adjudication sur simples bannies, il n'est pas responsable ; s'il a acquis par suite d'une vente ordinaire, il sera tenu de réparer le préjudice causé par son vendeur, sauf son recours contre lui, jusqu'à ce qu'il ait prescrit par trente ans.

Si, au lieu de supposer une vente des droits convenanciers, nous supposons une vente des droits fonciers survenue depuis la dégradation, à qui appartient l'action en dommages-intérêts ? Elle subsiste dans la personne du vendeur ; l'acheteur ne peut l'intenter que si elle lui a été expressément transférée. (Baudouin, I, 65).

La dégradation des bois peut donner naissance à deux sortes d'actions contre le domanier, l'une criminelle, l'autre civile : si le domanier a abattu lui-même ou fait abattre les arbres, il tombe sous le coup de l'article 445 du Code pénal, aux termes duquel « quiconque aura abattu un ou plusieurs arbres qu'il savait appartenir à autrui, sera puni d'un emprisonnement qui ne sera pas au-dessous de six jours ni au-dessus de six mois, à raison de chaque arbre, sans que la totalité puisse excéder cinq ans. » Le foncier peut, au lieu de poursuivre criminellement le colon, intenter simplement une action en dommages-intérêts ; si la dégradation ne provient pas d'un fait délictueux du colon, l'action civile pourra seule être intentée. Si la dégradation provient du fait délictueux du colon, l'action étant née d'un délit, se prescrit par trois ans (Code d'instr. crim., art. 638) ; si le fait du colon ne constitue pas un délit, l'action se prescrit par trente ans. (Code civil, art. 2262.) Dans l'ancien droit, lorsque le colon quittait la tenue, il ne pouvait être poursuivi que dans l'année après sa sortie. Cette disposition, édictée par la coutume de Bretagne au profit des fermiers, et étendue au colon par la jurisprudence, n'a pas été reproduite par nos lois actuelles. Nous pensons que, le Code ayant supprimé toutes les anciennes prescriptions, elle n'a plus lieu d'être appliquée de nos jours. (Baudouin, I, 64 ; Aulanier, 75.)

D'après la loi du 25 mai 1838 (art. 4, 2°), le juge de paix doit être compétent pour connaître des demandes en dommages-intérêts pour dégradations de bois fonciers, sans appel jusqu'à la valeur de 100 francs, et avec appel jusqu'à la valeur de 1,500 francs.

Lorsque le propriétaire abat des bois fonciers, il doit donner une décharge écrite au colon, afin que celui-ci ne puisse pas être inquiété dans la suite comme responsable d'avoir laissé disparaître ces bois. Il doit, de plus, indemniser le colon si, en abattant un arbre, il lui cause préjudice, par exemple si l'arbre, en tombant, écrase des fruitiers, des bâtiments ou des clôtures ; si, pour abattre le bois, on est obligé d'endommager un fossé sur lequel il se trouve, ou des récoltes qui sont au pied.

L'arbre, une fois abattu, le propriétaire doit-il l'enlever immédiatement, ou peut-il l'exploiter sur place ? On décide généralement que cela dépend des circonstances ; on permettrait au propriétaire de mettre en bûches les bois destinés au chauffage, encore ne devrait-il pas trop tarder ; mais on le laisserait moins facilement débiter sur la tenue les billes qu'il veut convertir en planches ou en madriers. (Aulanier, n° 63.)

Le domanier peut-il réclamer une indemnité pour les émondes futures dont il va se trouver privé par suite de la disparition de l'arbre abattu ? Pour réclamer une indemnité, le domanier se fonde sur ce que le bail à convenant lui donne droit aux émondes actuelles et futures jusqu'au congément ; mais sa prétention doit être repoussée, en effet, comme l'observe Baudouin (tome I, 57) : « le foncier cède les émondes, même futures, des arbres qui resteront debout, mais en retenant la propriété entière et absolue des bois, en conservant, par le contrat même qui fait le titre du superficiaire, la liberté indéfinie de les exploiter ; il ne transporte et ne promet nullement les émondes des troncs qu'il lui plaira de couper. Au contraire, la rétention de cette faculté, en réduisant les émondes à un non-être dans le cas prévu de son exercice, est une stipulation formelle que le colon pour lors cessera d'en jouir. L'usage d'un droit légitime ne soumet à dédommager personne, surtout dans l'espèce où, par la loi de son bail, le convenancier est tenu de souffrir la coupe des bois à merrain. » On invoque encore, à l'appui de cette décision, une autre raison : « Les émondes appartiennent naturellement au propriétaire de l'arbre dont elles sont le produit et l'accessoire ; si le colon en profite tandis que les arbres subsistent, il est raisonnable de présumer que c'est pour l'indemniser du tort que l'ombre projetée par les arbres fait à ses récoltes, et de la responsabilité qui pèse sur lui par rapport aux bois fonciers abattus par des tiers ; mais, comme ce préjudice et cette responsabilité cessent aussitôt que l'arbre est coupé, on ne voit pas pourquoi le fermier continuerait de jouir d'un avantage qui semble en être le dédommagement. (Aulanier, 64.)

Devant qui doivent être portées les demandes en indemnité pour dommages résultant des abattis de bois fonciers? Il faut appliquer au colon l'article 4, 1° de la loi du 25 mai 1838 : « Les juges de paix connaissent sans appel jusqu'à la valeur de 100 francs, et à charge d'appel jusqu'au taux de la compétence en dernier ressort des tribunaux de première instance, des indemnités réclamées par le locataire ou fermier pour non jouissance provenant du fait du propriétaire. » Dans quel cas le droit à une indemnité sera-t-il contesté? Nous ne pensons pas qu'il suffise que le foncier nie le préjudice; car, dans ce cas, ce n'est pas le droit qu'il conteste, c'est le fait, l'existence du dommage; le droit sera contesté quand le foncier soutiendra qu'une clause des baux ou baillées le dispense d'indemniser le colon, ou encore dans le cas où le colon demanderait un dédommagement pour privation des émondes futures; dans ces deux cas, c'est bien effectivement le droit à une indemnité qui est contesté.

Dans quel délai le colon doit-il intenter l'action en indemnité? Il faut distinguer : si la réclamation est fondée sur ce que le foncier a enlevé sciemment, avec l'arbre, des branches qu'il aurait dû laisser au colon, comme émondes, il y a là un délit rural prévu par les articles 36 et 37, titre ɪɪ

de la loi du 28 septembre 1791 ; l'action se prescrira par un mois (même loi, titre i, section 7,
art. 8) ; mais si les branches ont été simplement
enlevées par erreur, l'action en indemnité se prescrira par trente ans ; si le colon réclame des dommages-intérêts pour dégradation des édifices et
superfices, l'action ayant pour cause un trouble
dans la possession, se prescrira par un an. (Procéd. civ., art. 23.)

Des colombiers.

Outre les bois fonciers, le propriétaire avait
quelquefois, sur la tenue, un colombier. Le droit
de colombier, comme le droit de garenne, avait été
introduit par la féodalité ; mais il paraît que, dans
les pays de domaine congéable, ils n'étaient guère
usités et n'avaient pas un caractère vexatoire
comme dans le reste de la France. Rosmar (art. 22)
atteste que l'usement de Cornouaille disposait, dans
son article 28, que « les domaniers congéables des
maisons seigneuriales et nobles ne sont censés avoir
et jouir des colombiers, fuies et garennes, s'ils
n'ont titres formels et spécifiques. » Ainsi, d'après
cet article, les droits de garenne et colombier n'é-
taient pas essentiellement seigneuriaux, les colons
pouvaient les acquérir, et en fait ils avaient presque toujours le droit de colombier. Baudouin nous
dit, en effet (tome I, 69), qu'en voyant la plupart

des colombiers appartenir aux convenanciers, il avait douté qu'il leur fallût des titres formels et spécifiques pour les posséder, mais des prisages de tenues congédiées au xvie siècle l'avaient convaincu que le droit de colombier n'appartenait au colon que s'il exhibait un titre formel. Quant aux fuies, « terme très-équivoque et diversement expliqué par les auteurs, » ce sont probablement de petites volières à pigeons; « elles appartiennent au domanier sans titres, pourvu qu'elles soient sous le toit et fassent partie de sa maison, qu'il soit d'ailleurs en possession de les réparer et d'en jouir. Si la fuie, au contraire, forme un édifice isolé, c'est, à la dénomination près, un vrai colombier, qui appartient au seigneur. » Le droit de garenne était présumé appartenir au foncier; mais Baudouin atteste qu'il n'y avait presque pas de garennes; du reste, il ne peut plus aujourd'hui s'élever aucune question à cet égard. Quant aux colombiers et fuies, on peut encore avoir occasion d'appliquer les décisions de l'ancien droit : les fuies sont présumées appartenir au colon; de même les colombiers, si l'acconvenancement est postérieur à la suppression de la féodalité; mais, s'il est antérieur, la présomption que le colombier appartient au foncier est encore admissible; car, dans les limites où le colombier était admis par les usements de domaine congéable, il constitue bien plutôt une coutume locale qu'un droit féodal.

CHAPITRE II.

DES PRESTATIONS ANNUELLES DUES PAR LE COLON.

Nous avons vu que le colon paie des deniers
d'entrée et doit en outre certaines prestations annuelles : les deniers d'entrée représentent la valeur
dès droits superficiaires qui lui sont concédés ; les
prestations annuelles sont le prix de la jouissance
du fonds. Ces prestations sont :

1° Un fermage appelé rente convenancière.

2° Des corvées.

3° Les rentes que le colon doit payer à des tiers
en acquit du foncier.

4° Les dîmes.

5° Les contributions.

Pour recouvrer les prestations annuelles que lui
doit le colon, le foncier a pour garantie les droits
superficiaires, qu'il peut faire vendre, sans avoir
recours à la saisie immobilière, par un mode spécial : la vente sur simples bannies.

I. *Des rentes convenancières.*

La rente convenancière consiste soit en une
somme d'argent, soit en des prestations en nature.
L'objet des prestations en nature peut être non-
seulement un produit de la tenue, comme du grain,

du beurre, des volailles ou une tête de bétail, mais même des choses complétement étrangères aux exploitations rurales : du gibier, du poisson, du sel, du poivre. La redevance est, en général, excessivement modique; il y a toutefois des localités où elle est plus élevée, mais elle égale rarement la valeur locative du fonds.

Où la redevance doit-elle être payée? Pour les redevances en nature, la loi de 1791 (art. 5) décide qu'elles seront transportées et livrées par le colon au lieu indiqué par le foncier jusqu'à trois lieues de la tenue. Si la redevance consiste en une somme d'argent, faudra-t-il appliquer la règle du droit commun d'après laquelle le payement doit être effectué au domicile du débiteur? Nous ne le pensons pas ; ce serait mal interpréter l'intention des parties et l'esprit de la loi : l'usage des pays de domaine congéable est que la rente soit portable ; la loi a voulu seulement limiter la distance à laquelle le domanier devrait se rendre, il doit donc porter la rente, même pécuniaire, à trois lieues.

Le domanier n'est pas obligé de payer la rente en plusieurs endroits, si elle est divisée entre plusieurs propriétaires depuis le bail. (Baudouin, tome I, n° 153.)

Les colons sont solidairement tenus au payement de la rente (loi de 1791, art. 3). Le foncier peut renoncer à se prévaloir contre eux de cette solidarité ; il est même présumé y avoir renoncé tacitement : 1° s'il a consenti ou concouru à un partage de la tenue entre les colons; 2° lorsqu'il a accordé aux codomaniers des baillées distinctes de leurs diverses portions ; 3° lorsqu'il a reçu, pendant dix ans consécutifs et sans faire de réserve, la part de chaque colon dans la rente (Aulanier, 84). Ces décisions résultent de l'application, aux domaniers, des principes posés par le Code en matière de solidarité. Quoique la loi de 1791 ne parle de la solidarité des colons que pour le payement des prestations convenancières, on est d'accord pour reconnaître que cette solidarité existe pour tous les droits et actions que le propriétaire peut avoir à exercer contre eux en qualité de foncier ; ainsi on l'applique lorsque le propriétaire réclame des dommages-intérêts pour dégradation des bois fonciers, en matière de congément, de ventes sur simples bannies ; la jurisprudence de la Cour de Rennes est fixée en ce sens.

Le payement des prestations et redevances dues par le domanier est garanti par un privilége qui porte non-seulement sur les meubles et les récoltes, comme celui du bailleur ordinaire, mais sur les droits réparatoires. La vente des meubles garnissant la tenue se fait dans la forme prescrite par le Code de procédure (art. 819 et suiv.) ; celle des édifices et superfices se fait dans une forme spéciale. (Vente sur simples bannies.)

Il est à remarquer que, même dans l'ancien droit, la contrainte par corps, admise contre les fermiers, n'a jamais pu être stipulée pour le payement des rentes convenancières. (Baudouin, tome I, 154.)

On admet généralement que le foncier peut réclamer la rente convenancière à tout détenteur de la tenue, sans s'inquiéter si ce détenteur est ou non véritablement colon. L'ancien droit le décidait ainsi sans hésitation, et aucune loi nouvelle n'autorise à croire que cette disposition soit abrogée. (Aulanier, 86). Cette question se représente à propos de la demande en congément.

Les annuités de la rente convenancière se prescrivent par cinq ans, comme prix de ferme de biens ruraux. (Code civil, art. 2277 2°).

Si le foncier vend au colon la rente convenancière sans lui vendre le fonds de la tenue, le bail à convenant subsiste; l'acquisition de la redevance convenancière ne rend pas le colon propriétaire; il se doit la rente à lui-même, au lieu de la devoir au foncier; il peut être congédié, et s'il quitte la tenue par congément, remboursement ou exponse, il pourra réclamer la rente au foncier ou à ses représentants. (Baudouin, I, 149 ; Aulanier, 80.)

L'action en payement des rentes convenancières n'est pas soumise aux préliminaires de conciliation (procéd. civ., art. 49 5°); comme elle constitue une matière mixte, le tribunal compétent est,

au choix du foncier, celui de la situation de la tenue, ou celui du domicile du colon (procéd. civ.,
art. 59). Si le fonds est contesté, les tribunaux de
première instance ne connaissent de cette demande
qu'en premier ressort ; si le fonds n'est pas contesté, ils jugent en dernier ressort, pourvu que
l'objet de la demande n'excède pas 1,500 francs.
(Loi du 11 avril 1838, art. 1.)

II. *Des corvées.*

Les corvées dues par le colon sont de deux sortes : les unes lui sont imposées par la loi ; les autres résultent de la convention des parties.

Dans l'ancien droit, le domanier devait, en dehors de toute stipulation, par la force seule des
usements, un certain nombre de journées de travail, lorsqu'il était *étagier*, c'est-à-dire logé sur la
tenue ; les convenants sans édifices, quoique for-
més de plusieurs pièces de terre, en étaient exempts,
ainsi que les tenues même étagères trop peu considérables et « non suffisantes d'entretenir bêtes
d'attelage. » Le nombre et la nature des corvées
variait suivant les usements : « En Tréguier, dit
Baudouin (tome I, 109), les trois corvées par attelage sont les seules annuellement exigibles ; on
n'y connaît point celles par chevaux, usitées en
Cornouaille, ni les corvées ordinaires à bras autres
que le travail du colon qui accompagne son atte-

lage. » Quant aux corvées extraordinaires, non annuelles, consistant principalement dans le curage des étangs et le transport des meules, le colon en était tenu, non en qualité de domanier, mais en qualité d'habitant d'une seigneurie dont il devait suivre le moulin (Baudouin, tome I, 110) ; d'ailleurs il était tenu d'acquitter, à la place du foncier, les charges féodales du fonds, et ces corvées étaient certainement au nombre des charges féodales. Quant aux corvées ayant pour objet les réparations du château ou de la maison du foncier, elles n'étaient imposées au domanier que dans les usements où la tenure à domaine congéable était universelle (Baudouin, tome I, 111). Le colon devait, en outre, porter les redevances soit au domicile du seigneur, soit, selon d'autres usements, à un endroit désigné à trois lieues à la ronde, soit au prochain port de mer ou à la prochaine ville marchande. Dans quelques contrées, la corvée pour transport des redevances était comptée en déduction des corvées ordinaires.

La loi de 1791 n'a laissé subsister qu'une seule de ces corvées, celle relative au transport de la redevance (art. 4 et 5) : « Le propriétaire foncier ne pourra exiger aucune journée d'homme, voitures, chevaux ou bêtes de somme... en vertu des usements ou d'une clause de soumission à iceux. Pourront néanmoins les fonciers, d'après les seuls usements, exiger que les grains et autres denrées provenant des rentes convenancières soient transportés et livrés par le domanier, à ses frais, au lieu indiqué par le propriétaire foncier, jusqu'à trois lieues de distance de la tenue, et ledit droit de transport ne pourra s'arréer. » Cette dernière proposition est une conséquence du principe reproduit par l'article 129 du Code de procédure, qui prescrit d'ordonner que la prestation des fruits soit faite en nature pour la dernière année ; et, pour les années précédentes, suivant les mercuriales du marché le plus voisin ; du moment que les redevances arriérées ne sont pas payables en nature, la corvée pour leur transport devient sans objet.

Le colon peut, en outre, devoir des corvées en vertu d'une clause expresse stipulée et détaillée dans le bail, la baillée, ou des actes récognitoires (loi de 1791, art. 4). Ces journées ne s'arréragent pas et ne peuvent être exigées qu'en nature ; lorsque le foncier stipule qu'il pourra demander soit une journée, soit une somme d'argent, la corvée ne s'arréage pas (arrêt de la Cour de Rennes, 20 mars 1810), si le colon n'a pas été constitué en demeure de s'acquitter. Mais les corvées s'arrérageraient si un abonnement était intervenu à leur égard entre le foncier et le colon. (Loi de 1791, art. 4, *in fine*.)

III. *Des rentes que le colon doit à des tiers en vertu du bail.*

Dans l'ancien droit, le colon devait payer à l'acquit du seigneur les rentes seigneuriales ou autres qui grevaient la tenue, sans que le payement de ces charges entrât en déduction de la rente convenancière. Toutefois, pour que le colon fût soumis à cette obligation, il fallait qu'il eût connaissance de l'existence de ces rentes. La preuve qu'il en avait eu connaissance résultait de ce que le bail à convenant ou des titres équivalents déclaraient l'existence de ces rentes féodales ou foncières, soit explicitement, soit par l'obligation imposée au colon de payer toutes autres charges outre la rente convenancière, ou de tout autre mode de preuve. Quant aux rentes constituées, le colon n'était pas tenu de les acquitter, si elles n'étaient spécialement et formellement mises à sa charge; la clause qui le soumettait à payer *toutes autres charges* ne suffisait point à lui imposer cette obligation, lors même que l'immeuble acconvenancé eût été spécialement hypothéqué pour le service de ces rentes, « parce que cet assignat ne donne à ces rentes aucune réalité, elles n'en demeurent pas moins personnelles. » (Baudouin, tome I, 157 et 158).

Ces principes sont encore applicables aux rentes qui peuvent exister de nos jours.

Les rentes ainsi mises à la charge du colon peuvent être considérées comme une augmentation du prix de fermage ; elles sont « une portion de la rente convenantière relativement au colon, puisqu'elles sont dues en vertu du titre convenantier. » (Baudouin, t. I, 159.) De ce principe, il résulte : 1° que le foncier seul peut rembourser ces rentes, et que, s'il effectue le remboursement, le colon ne sera pas pour cela libéré ; il devra payer les arrérages au foncier, au lieu de les payer à un tiers ; 2° que le colon n'a pas qualité pour opposer la prescription de ces rentes, sans l'adhésion du foncier ; *ex hoc titulo* (dit d'Argentré sur l'art. 266 de l'ancienne coutume) *nullis seculis posset præscribere adversus dominum, sed nec adversus tertium* ; 3° qu'il faut faire entrer ces rentes en compte pour fixer la portion de l'impôt que le propriétaire doit supporter. (Baudouin, I, 159 et suiv. Aulanier, 93.)

Lorsque le domanier fournit des actes récognitoires, il y comprend les rentes qu'il paye à des tiers en l'acquit du foncier. Quoique, régulièrement, ce soit le foncier qui doive fournir des reconnaissances particulières aux rentiers, on admet cependant que la reconnaissance du domanier conserve les droits des rentiers, « parce que le superficiaire est délégué du foncier pour le service des redevances ; il est le possesseur, le propriétaire même en partie du convenant dont la totalité leur est affectée. Mais ces reconnaissances seraient inefficaces pour acquérir ou prouver la création d'une rente ou autre charge sur le fonds ; elles ne peuvent servir qu'à la conservation de celles dont l'existence est prouvée par des actes du foncier. » (Baudouin, I, 125. — Hévin, *Consult.*, 55.)

IV. *Des dîmes.*

Sous l'empire de l'ancienne législation, il existait, dans les pays de domaine congéable, quatre sortes de dîmes : la dîme ecclésiastique, due à l'Eglise ; la dîme inféodée, ecclésiastique dans son origine, mais cédée à des laïques ; la dîme féodale, que le seigneur stipulait dans les actes d'inféodation ; la dîme convenancière stipulée dans les baux à convenant. Les trois premières ont été supprimées ; elles étaient liées au régime féodal ; c'était un impôt prélevé par des particuliers, et qu'on ne pouvait laisser subsister ; la dîme convenancière était d'une nature toute différente, aussi fût-elle conservée ; la dîme convenancière est simplement une partie du fermage, une redevance en échange de laquelle le domanier reçoit la faculté de jouir et user du fonds ; elle n'existe pas par la force de la loi, mais seulement en vertu de la convention libre des parties.

La dîme convenancière diffère peu, au fond, de la rente convenancière. La différence entre ces deux prestations résulte de ce que la dîme consiste en une quote part de la récolte entière ou d'une portion de la récolte, au lieu que la rente est une redevance invariable, consistant en telle quantité de denrées, ou telle somme d'argent fixée par la convention, sans avoir égard à ce que le colon pourra ou non récolter.

Les dîmes ecclésiastiques et inféodées furent supprimées par un décret du 1er décembre 1790. Les dîmes féodales furent supprimées par un décret du 17 juillet 1793. La loi du 6 août 1791 (art. 10) fait profiter les colons de la suppression des dîmes ecclésiastiques et inféodées, prononcée par le décret du 1er décembre 1790 : « pour éviter toute contestation entre les fonciers et les domaniers, nonobstant le décret du 1er décembre dernier, auquel il est dérogé quant à ce, pour ce regard seulement, et sans tirer à conséquence pour l'avenir, les domaniers profiteront, pendant la durée des baillées actuelles, de l'exemption de la dîme..., » Le décret du 1er décembre avait décidé que les fermiers et colons de fonds sujets à la dîme ecclésiastique seraient tenus de payer, à compte des récoltes de l'année 1791, aux propriétaires, la valeur de la dîme qu'ils acquittaient. C'est à cette disposition que déroge la loi du 6 août. Les mots, « pendant la durée des baillées actuelles », ne signifient pas qu'à l'expiration de ces baillées les domaniers devront tenir compte de la dîme aux propriétaires. La loi a voulu qu'ils jouissent de ce bénéfice tant qu'ils seront en possession de la tenue par suite des baux antérieurs à 1791, soit que le cours des baillées ne fût pas fini, soit qu'ils restent en possession par tacite reconduction. Quand les fonciers consentiront une baillée nouvelle sous l'empire de la loi de 1791, ils seront libres de faire entrer en considération la suppression de la dîme ecclésiastique, pour obtenir une augmentation de la redevance convenancière. (Carré, p. 111 et 112.) L'abolition de la dîme ecclésiastique entraîne celle des prémices. On appelait ainsi une redevance consistant soit en une certaine quantité de grains, soit en argent. Elles participaient de la nature de la dîme ecclésiastique, et n'étaient même souvent qu'un abonnement de cette dîme. (Carré, p. 109 et 110.)

Lorsque le foncier était en même temps seigneur de fief, le colon lui devait une dîme féodale et une dîme convenancière. Ces deux dîmes ne se confondaient pas. Aussi la cour de Rennes a repoussé plusieurs fois la prétention des colons qui soutenaient que, leur foncier ayant été seigneur de fief, la dîme convenancière par lui stipulée était entachée de féodalité : « Si le seigneur foncier, ayant principe de fief sur le domaine qu'il a dans les mains, l'avait concédé en tout ou en par-

tie à titre de féage ou de toute autre manière, avec
rétention de dîme ou de toute autre rente, comme
alors il eût aliéné ce fonds, comme il eût fait de
son domaine son fief, en transportant la propriété
pleine et entière à un tiers qu'il eût fait son vassal, en ne se réservant sur le fonds que la mou-
vance directe, alors les redevances qu'il aurait
stipulées eussent été féodales, et fussent tombées
sous les dispositions des lois abolitives de la féodalité. Mais si, au contraire, le seigneur de fief possédait des fonds dans l'étendue de son fief, ces
fonds étaient libres dans ses mains et n'étaient
point assujettis à la dîme qu'auraient pu lui
devoir les autres possesseurs de terres, parce
que la qualité de propriétaire de ces fonds ex-
cluait celle de créancier des mêmes fonds. S'il
les concédait à domaine congéable, il en aliénait bien les édifices et superfices, avec la faculté imprescriptible de les racheter; mais il se
réservait la propriété du fonds, dont il ne donnait
au colon que la jouissance précaire, au moyen
d'une redevance annuelle, sous une dénomination
quelconque, soit de dîme, soit de toute autre manière, laquelle redevance n'était que le prix d'un
véritable fermage, et ne pouvait jamais être féodale. D'après ces principes, le foncier... avait in-
contestablement le droit de stipuler une prestation
annuelle d'une quotité de fruits déterminée, sous
le nom de dîme, sans qu'elle eût d'autre carac-

tère que celui de redevance convenancière, et sans qu'elle participât en rien de celui de dîme écclésiastique ou féodale ; et le preneur à domaine congéable, qui a contracté l'obligation de la fournir à son propriétaire, ne peut pas, sous le prétexte que cette prestation porte le nom de dîme, se dispenser de l'acquitter, parce qu'elle fait essentiellement partie du fermage et des conventions du bail à domaine congéable. » (Arrêt du 25 janvier 1820.) La cour de cassation a confirmé ce système dans un arrêt du 13 février 1823.

La suppression des dîmes féodales soulève une question assez délicate. En supprimant ces dîmes, on a voulu dégrever le propriétaire d'immeubles qui en était tenu envers un seigneur, mais on n'a jamais entendu faire profiter le fermier de leur abolition ; ne doit-on pas en conclure que le colon doit encore payer la dîme féodale comme faisant partie de la redevance convenancière? La loi de 1791 sur les domaines congéables ne peut fournir aucune indication à cet égard ; elle a été rendue avant la suppression des dîmes féodales. L'article 10, dans lequel elle fait profiter le colon de l'abolition de la dîme, a trait seulement aux dîmes ecclésiastiques et inféodées. (Aulanier, 99.)

Il peut arriver que la dîme convenancière se trouve cumulée, confondue avec la dîme ecclésiastique. Dans ce cas, le domanier a le droit de faire réduire la dîme à moitié, si la quotité de chacune ne peut être prouvée par titres ou témoins. (Arrêt du 13 floréal an X. Aulanier, 102 et 103.) Mais à quels signes reconnaîtra-t-on qu'il y a cumul? Il y a cumul quand les titres de la tenue indiquent que le domanier doit la dîme de tous les blés, de tant de gerbes l'une, le droit du recteur compris. (Arrêt du 28 nivôse an X.) Le cumul résulte de la réunion dans une seule main d'une dîme ecclésiastique ou inféodée et d'une redevance convenancière en quotité de fruits récoltés sur la tenue, le cumul peut être prouvé par le fait que la quotité de fruits attribuée au foncier n'est fixée ni par un titre, ni conformément à la loi coutumière. (Arrêt du 28 nivôse an XI. Aulanier, 102.)

Lorsque les titres indiquent seulement qu'il y a une dîme convenancière, sans en déterminer la quotité, par exemple, s'ils portent qu'elle sera perçue de la manière accoutumée, le foncier peut prouver par titres et témoins quel était le taux habituel de la dîme dans le canton. (Arrêt du 25 janvier 1820.)

L'abonnement de la dîme ne peut être prouvé que par écrit. (Aulanier, 104.)

De même que les corvées, les dîmes ne s'arréragent pas, sauf deux cas :

1° Si le colon refuse la dîme ;

2° Dans le cas d'abonnement, c'est-à-dire lorsque le foncier consent à recevoir, au lieu de la dîme, une redevance fixe, soit en nature, soit en argent.

Dans ces deux cas, la dîme, étant assimilée à un prix de fermage, se prescrit par cinq ans.

V. *Des contributions.*

L'article 10 de la loi du 6 août 1791, après avoir accordé aux domaniers le bénéfice de la suppression des dîmes ecclésiastiques, décide « qu'ils acquitteront la totalité des impositions foncières et tiendront au foncier sur la redevance convenancière une partie de cet impôt, proportionnellement à ladite redevance. »

Cette disposition établit deux principes relativement aux contributions qui grèvent la tenue :

1° Les domaniers doivent payer la totalité de l'impôt ;

2° Ils ont le droit d'exiger du foncier, par voie de retenue sur la redevance convenancière, sa part contributoire.

Le premier point ne peut donner lieu à aucun doute, mais le second a soulevé des difficultés.

D'abord quelques propriétaires ont soutenu que les domaniers devaient supporter la totalité des contributions, s'ils voulaient profiter de la suppression des dîmes ecclésiastiques, ces dîmes ayant été supprimées dans l'intérêt des propriétaires. Cette prétention, manifestement contraire au texte de la loi, a été repoussée par la jurisprudence. (Arrêts du 29 brumaire an X et du 23 février 1809. Carré, p. 108.)

On a encore soutenu que l'article 10 de la loi de 1791 ne s'appliquait qu'aux baux existant lors de la publication de cette loi, en se fondant sur ce qu'il est dit dans cet article : « Les domaniers profiteront, *pendant la durée des baillées actuelles*, de l'exemption de la dîme, mais ils acquitteront la totalité des impositions...... » — Cette interprétation est évidemment contraire à l'esprit de la loi ; il est de toute justice que le domanier ne supporte pas définitivement l'impôt dû sur les droits fonciers. Nous avons d'ailleurs exposé quel est le sens exact de cet article, en parlant des dîmes.

Quelques fonciers ont prétendu que les domaniers leur devaient compte de la valeur des tailles et fouages ; mais ces impositions, étant assises sur les édifices et superfices, n'étaient pas une charge du fonds. Elles étaient dues lors même que le foncier était noble. C'est donc en considération des colons et non des fonciers qu'elles ont été supprimées. Ce sont les colons qui doivent en profiter, sans en tenir compte au foncier. « S'il en était autrement, les domaniers payeraient un double impôt foncier sur leurs droits convenanciers, puisque d'un côté ils payeraient à leurs bailleurs la valeur des tailles et fouages, et que, d'un autre côté, ils payeraient au trésor public les impositions foncières qui remplacent les tailles et fouages et toutes les anciennes taxes réelles. » (Carré, p. 111.)

Une question beaucoup plus délicate est celle

de savoir comment on doit déterminer la part que le foncier doit supporter dans les impôts. La loi dit simplement qu'il doit contribuer proportionnellement à la redevance, comment établir cette proportion? Deux systèmes ont été proposés à cet effet: dans le premier, on décide qu'en cas de contestation entre le foncier et le colon, des experts convenus ou nommés d'office doivent répartir l'impôt entre les parties, en prenant pour base de leur travail, d'un côté la redevance convenancière, de l'autre le revenu au denier vingt de la valeur du capital des édifices et superfices imposables; autrement dit, ils doivent comparer la redevance convenancière avec le revenu des droits superficiaires, et, pour arriver à cette comparaison, estimer les droits convenanciers par le menu, comme en congément, et évaluer le revenu au vingtième de l'estimation. Ce système se fonde sur ce que la redevance convenancière ne peut être assimilée aux rentes foncières ou constituées, et qu'il résulte de l'article 10 de la loi du 6 août 1791 que « la proportion à laquelle il veut que le propriétaire foncier contribue à l'impôt, doit être déterminée par comparaison de la redevance qui lui est payée avec l'évaluation du produit annuel et présumé des édifices et superfices du colon. » (Arrêt du 29 brumaire an X.) Ce système a été adopté par la loi du 19 avril 1831.

Dans un second système, tout en reconnaissant

que les rentes convenancières diffèrent essentiellement des rentes foncières ou constituées, on pro-
posait d'assimiler ces diverses rentes pour le mode
de retenue. (Carré, p. 116 et suiv. Aulanier, 108.)
La base de l'impôt est le revenu et non le capital ;
l'évaluation par le menu en matière de contributions présente un inconvénient sérieux à trois
points de vue : 1° les droits superficiaires estimés
en détail donnent toujours un capital dont le revenu au denier vingt est de beaucoup supérieur au
produit réel ; 2° ce genre d'évaluation occasionne des
frais considérables ; 3° le résultat obtenu, serait-il
exact actuellement, court risque d'être inexact dans
peu de temps, les droits réparatoires pouvant d'un
instant à l'autre augmenter ou diminuer, en sorte
que chaque année la base de la répartition pourra
être justement contestée. D'ailleurs, ce mode de
procéder n'est pas du tout indiqué par la loi de
1791 ; l'article 10 ordonné simplement que la répartition se fasse proportionnellement à la redevance. Il ne désigne donc qu'un des termes de la
comparaison, la redevance, sans rien indiquer
quant au produit des droits réparatoires ; il ne dit
pas d'évaluer le produit annuel et présumé des
édifices et superfices, ni de comparer la rente convenancière avec le revenu au denier vingt d'un
capital représentant la valeur des édifices et superfices. La loi du 1ᵉʳ décembre 1790, à laquelle
l'article qui nous occupe fait lui-même allusion,

contient une disposition analogue ; elle décide que la retenue sur les rentes viagères se fera *dans la proportion de l'intérêt*, ou proportionnellement à l'intérêt que le capital, s'il est connu, produirait au denier vingt. On n'a jamais soutenu que cette loi ordonne de comparer l'intérêt du capital avec l'évaluation du produit annuel et présumé des propriétés du débiteur de la rente ; elle veut dire simplement que la retenue se fera proportionnellement à la contribution foncière et au revenu que le capital de la rente produirait au denier vingt. Le législateur a bien probablement voulu exprimer la même idée dans la loi de 1790 et dans celle de 1791. Il a voulu dire, dans l'article 10, que les domaniers feront la retenue suivant le mode général établi par tous les débiteurs de rentes payables en argent ou en nature. En d'autres termes, la retenue que le colon fait sur la redevance doit être proportionnelle à cette redevance et à la contribution foncière, par exemple, si celle-ci est fixée au dixième du revenu imposable, le colon retiendra un dixième sur la redevance. Ce mode de procéder est celui que la loi du 3 frimaire an VII (art. 98, 99, 100) applique dans divers cas où le débiteur d'une redevance annuelle doit, comme le domanier, payer la totalité de l'impôt et retenir sur la redevance la part proportionnelle du créancier. On peut même soutenir que cette loi s'applique directement à l'espèce qui nous occupe ; car l'article 99 parle « des rentes et autres prestations foncières non supprimées, dont les fonds, *édifices* ou usines, se trouvent grevés »; il fait allusion aux anciennes lois et *usages* qui interdisaient la retenue ; ne peut-on pas dire que le législateur a eu en vue les domaniers quand il a employé ces expressions? Tout au moins il est certain que la situation d'un domanier est bien celle d'un individu dont les *édifices* sont grevés d'une *rente* ou *autre prestation foncière*. On objecte que les domaniers sont des fermiers et non des débiteurs de rente ; mais, au point de vue de l'impôt surtout, on ne peut assimiler le domanier au fermier ; car les domaniers sont obligés de payer une partie des contributions pour leur propre compte, et sans pouvoir la retenir au foncier, lors même que leurs baux ne les obligent à payer aucune charge publique assise sur leur tenue. (Carré, p. 126.)

Le conseil de préfecture des Côtes-du-Nord a, dans plusieurs arrêtés, fixé à un dixième la retenue que le colon doit faire. Il s'agissait de rentes convenancières dues à l'administration des domaines. Il est évident que cette fixation n'a aucune valeur juridique, les conseils de préfecture étant incompétents à cet égard. (Carré, p. 116.)

La question a été tranchée par la loi du 19 avril 1831 (art. 9), qui établit une autre proportion, mais réserve expressément le droit pour les parties de réclamer une expertise, afin de fixer exactement la valeur réciproque de leurs droits. Voici d'ailleurs le texte de cet article :

« Dans les départements où le domaine congéable est usité, il sera procédé de la manière suivante pour la répartition de l'impôt entre le propriétaire foncier et le colon :

« 1° Dans les tenues composées uniquement de maisons ou usines, les six huitièmes de l'impôt seront comptés au colon, et deux huitièmes au propriétaire foncier ;

« 2° Dans les tenues composées d'édifices et de terres labourables ou prairies, et formant ainsi un corps d'exploitation rurale, cinq huitièmes compteront au propriétaire et trois huitièmes au colon ;

« 3° Enfin, dans les tenues sans édifices, dites tenues sans étage, six huitièmes seront comptés au propriétaire et deux huitièmes au colon ;

« Sauf, dans tous les cas, la faculté aux parties intéressées de demander une expertise aux frais de celle qui la requerra. »

On peut valablement convenir, dans un bail ou une baillée, que le colon supportera définitivement toute la charge de l'impôt, et n'aura le droit de faire aucune retenue sur la redevance. La cour de Rennes a même décidé que, dans les baux et baillées, faits sous l'ancien usement de Cornouaille, le colon devait toujours supporter la totalité de l'impôt, sans retenue. L'article 17 de cet usement, mettant toutes les contributions à sa charge, tient lieu de stipulation expresse. (Arrêt du 11 mars 1817. Aulanier, 110.)

Dans l'ancien droit, les Etats de Bretagne avaient assujetti les convenanciers aux vingtièmes réels, suivant l'esprit de l'édit de 1749, qui y soumettait tous les immeubles, les droits réparatoires étaient taxés pour leur contribution particulière, indépendamment de celle du fonds. (Baudouin, t. I, 160.) Cette distinction n'a pas été conservée pour les contributions; mais, dans les matrices cadastrales, une décision du ministre des finances du 22 octobre 1807, prescrit de distinguer les tenues à convenant des tenues à héritage, et d'indiquer pour les convenants le nom du foncier et celui du domanier. (Aulanier, 111.) S'il y a plusieurs fonciers ou domaniers, il est inutile d'indiquer les noms et les parts de chacun d'eux; il suffit d'en nommer un seul, et de mentionner qu'il a des consorts. Un nouvel article doit être ouvert, dans le livre des mutations, à chaque changement de foncier ou de domanier. (Carré, p. 133 et 134.)

VI. *De la vente sur simples bannies.*

La vente sur simples bannies est le mode prescrit au foncier pour se faire payer sur les droits réparatoires; quoique ces droits soient meubles à l'égard du foncier, leur importance et leur caractère immobilier dans les rapports des colons entre eux et envers les tiers ont fait penser au législateur qu'on ne devait pas les laisser vendre comme des meubles ordinaires; on n'a pas cru cependant pouvoir astreindre le foncier à recourir aux formalités de la saisie immobilière, on a eu recours à l'établissement d'une procédure spéciale.

Les droits réparatoires ne peuvent être vendus par le foncier que si le mobilier n'a pas suffi à le désintéresser. On doit donc commencer par saisir et vendre les meubles ou faire dresser un procès-verbal de carence. Les meubles peuvent être saisis et vendus en vertu d'un titre exécutoire; mais, pour procéder à la vente des droits superficiels, il faut obtenir un jugement de condamnation ou de résiliation de bail (loi de 1791, art. 24); il n'est pas nécessaire que ce jugement autorise expressément la vente sur simples bannies, il suffit, d'après les termes de la loi de 1791, qu'il condamne le domanier ou résilie le bail. (Aulanier, 130.)

Quant aux formalités qui doivent précéder la vente, la loi de 1791 les indique en quelques mots seulement (art. 25) : « A l'égard des édifices et superfices, ils seront vendus sur trois publications, en l'auditoire du tribunal du ressort. » Voici quel est, dans la pratique, le mode de procéder : quand le jugement autorisant la vente est devenu exécutoire, on rédige un placard énonçant les noms,

demeure, domicile du foncier et du colon, le titre
sur lequel la demande était fondée, le tribunal, le
jour, l'heure de l'adjudication, les conditions de
la vente, la situation et la description des édifices
et superfices ; trois dimanches consécutifs , un
huissier donne lecture de ce placard, à l'issue de
la messe paroissiale, dans la commune où est sise
la tenue ; puis il affiche le placard à la porte de la
mairie de cette commune, aux portes principales
des bâtiments à vendre et à la porte extérieure
du tribunal ; il dresse un procès-verbal de l'accomplissement de ces formalités, y joint un exem-
plaire de l'affiche, fait viser par le maire, et notifie
au colon. Il n'est pas nécessaire que cet huissier
soit muni d'un pouvoir spécial, ni qu'il se fasse
assister de témoins. Un extrait de l'affiche doit, de
plus, être inséré une fois dans un journal désigné
pour recevoir les annonces judiciaires. On présente ensuite au tribunal , avec l'extrait inséré
dans le journal, trois originaux non sujets à visa
contenant désignation du jour de la vente et con-
statant l'apposition des affiches ; on donne lecture
des motifs et conditions de la vente, et on conclut
à ce qu'il soit procédé à l'adjudication. Pour le
reste, les formalités de la vente sur simples bannies sont les mêmes que pour toutes les autres
ventes en justice. (Carré, page 325 ; Aulanier, 132.)

Cette procédure n'est pas imposée par une loi,
elle a été introduite par l'usage, et varie même

suivant les tribunaux. Aussi l'inobservation de quelques-unes de ces formalités ne doit pas être considérée comme entraînant la nullité des poursuites ; toutefois, si une irrégularité ou une omission était telle qu'elle causât quelque dommage au colon ou rendît la publicité insuffisante, le tribunal pourrait surseoir à la vente, soit sur la demande des intéressés, soit d'office.

L'article 25 de la loi de 1791 semble indiquer que les publications seront faites dans l'auditoire du tribunal ; mais tout le monde est d'accord pour reconnaître que ce mode de publicité serait insuffisant, et que la loi a voulu simplement prescrire un mode de publicité analogue aux anciennes bannies, c'est pourquoi on a toujours recours à la procédure que nous avons indiquée et qui était en usage dans les juridictions des pays de domaine congéable. (Carré, pages 322 et 323.)

Relativement au cahier des charges dressé en vue de cette vente, il importe de faire plusieurs observations :

1° Le foncier ne peut pas stipuler une rente plus forte, ni ajouter aux charges de la tenue, car, en le faisant, il grèverait les droits superficiaires, et par suite diminuerait leur valeur vénale, ce qui causerait préjudice au colon.

2° Si le domanier a fait des innovations non autorisées sur la tenue, il faut que les acquéreurs en soient prévenus à l'avance ; le foncier doit déclarer qu'il désapprouve ces innovations et n'en poursuit pas la vente ; si elles étaient indiquées sans cette mention, l'acquéreur aurait droit de les considérer comme approuvées et d'en demander le remboursement quand il sera congédié. (Aulanier, 135.)

3° Il est d'usage de promettre une assurance de neuf ans à l'adjudicataire ; cette clause était même sous-entendue dans l'ancien droit (Baudouin, I, 89, *in fine*) ; l'est-elle encore aujourd'hui ? Nous ne le pensons pas, car l'acquéreur est, par le fait de cette vente, subrogé aux droits du colon ; il ne peut donc acquérir plus que le colon n'avait lui-même ; on ne peut pas dire que l'acquéreur en souffrira, car il a été prévenu de l'époque à laquelle la baillée doit expirer ; s'il a la crainte d'être bientôt congédié, il offrira un prix moindre, et le colon ne saurait s'en plaindre, puisque, dans le cas d'une vente volontaire, aussi bien que s'il était resté en possession de la tenue, il n'aurait eu aucun moyen de reculer l'époque où le congément pouvait avoir lieu. (Aulanier, 139.) On ne voit pas pourquoi on imposerait une clause onéreuse au foncier lorsque celui-ci n'est pas en faute et qu'il a déjà souffert du retard apporté par le colon à se libérer.

4° Quoique la vente sur simples bannies ne s'applique ni aux meubles ni aux fruits de la tenue lorsqu'on veut les vendre indépendamment des droits réparatoires, on peut cependant comprendre dans cette vente les fruits pendants par racine, ils y sont même compris de plein droit , si une cause formelle du cahier des charges ne les excepte, car « ces fruits sont une partie intégrante de la superficie, et sont englobés de droit dans l'adjudication des droits convenantiers. » On ne saurait dire que ces fruits doivent être exceptés à cause de la prohibition de vendre les blés en vert et en général les fruits non mûrs, cette prohibition ne s'appliquant qu'aux ventes volontaires qui amèneraient la destruction de ces récoltes, au lieu qu'ici la récolte étant vendue avec les droits superficiaires, par adjudication publique, les fruits ne seront pas, par suite de cette vente, détachés du sol avant maturité. (Baudouin, I, 102.)

Par qui peut être poursuivie la vente sur simples bannies? Par tous ceux qui ont le droit d'exiger le payement de la redevance, lors même qu'ils ne sont pas propriétaires du fonds, comme un tuteur, un usufruitier, etc.

Quand il y a plusieurs copropriétaires, un seul peut faire vendre la totalité des droits réparatoires, si le fonds est indivis entre eux; mais s'il y a eu partage, il ne peut vendre que les édifices et superfices situés sur sa part.

La vente peut encore être poursuivie par un des colons qui a payé la part de ses cotenanciers dans les redevances ; seulement, comme l'action du foncier, auquel le payement par lui fait l'a subrogé, se divise entre ses mains et ne reste pas solidaire (Code civil, art. 1214), il doit agir isolément contre chacun des autres cotenanciers pour leur part et portion ; il doit donc les assigner séparément et désigner leurs parts dans les bannies et l'adjudication.

Le propriétaire qui a aliéné ses droits fonciers peut-il encore vendre sur simples bannies pour obtenir le payement des arrérages arriérés de la redevance ? Il le peut, si cette vente ne cause pas de préjudice au foncier actuel ; or, elle ne lui en cause que si on admet que la vente sur simples bannies emporte avec elle une assurance de neuf ans au profit de l'adjudicataire, opinion que nous avons repoussée tout à l'heure ; à tout autre point de vue, le nouveau foncier ne court aucun risque, l'adjudicataire sur bannies devant succéder exactement à toutes les obligations du colon actuel, et les droits réparatoires n'étant en rien modifiés ni grevés par cette vente. (Aulanier, 121.)

L'acheteur d'une rente convenancière qui a acheté la rente sans le fonds ne peut pas vendre sur bannies, car la rente, en passant entre ses mains sans le fonds, a perdu le caractère de rente convenancière ; il ne peut pas être question, pour lui, de vente sur bannies, cette procédure étant tout à fait spéciale pour le foncier.

Contre qui peut être poursuivie la vente sur

simples bannies? Contre tout détenteur de la tenue; « les usements, d'une part, constituent en faute le domanier qui omet de payer les rentes, soit qu'il possède ou non, et de l'autre autorisent le seigneur à vendre faute de payement de ses devoirs sur la tenue, sans entrer dans la discussion de savoir quelle est positivement la personne qui les doit. » (Baudouin, tome II, 335, *in fine*.) Il résulte de ce principe que la vente peut être poursuivie soit contre le domanier unique, soit contre un seul des domaniers, s'ils sont plusieurs, soit contre un détenteur non domanier. Il faut, toutefois, observer que la tenue étant indivisible, le colon peut exiger que le foncier vende simultanément tous les édifices et superfices qu'il possède sur la tenue (Code civil, art. 2211); mais le foncier peut vendre la part d'un seul domanier, pourvu qu'il vende la totalité de cette part; si, dans les publications, une partie des droits du colon a été omise, celui-ci ne peut pas demander la nullité de la procédure, mais seulement indiquer les objets omis, et exiger qu'ils soient vendus avec les autres. (Aulanier, 137.)

La règle d'après laquelle le colon est soumis à la vente sur simples bannies, lors même que la dette d'arrérages n'est pas née en sa personne, souffre exception au cas où il tient ses droits du foncier, par exemple quand il est entré dans la tenue au moyen d'une baillée de congément. (Aulanier, 123.)

La saisie des édifices par un créancier du colon, ou l'acceptation bénéficiaire d'une succession dont ils dépendent, ne fait pas obstacle à la vente sur simples bannies. (Aulanier, 117.)

La vente sur simples bannies n'est pas la condition nécessaire de l'exercice du privilége du foncier sur les droits réparatoires : si ces droits sont vendus à la requête d'un autre créancier, le foncier peut se contenter d'intervenir, et il est alors colloqué en premier rang, après le prélèvement des frais de justice.

Quelles sont les dettes pour le payement desquelles le foncier peut procéder à la vente sur simples bannies? Ce sont les redevances convenancières, ce qui comprend non-seulement la rente convenancière, mais toutes les prestations que nous avons vu assimiler à la rente et qui sont considérées comme faisant partie de la redevance : les rentes que le colon paye à l'acquit du foncier, les corvées et les dîmes. Il faut observer que, pour les rentes payables à l'acquit du foncier, la vente sur simples bannies peut être poursuivie par le foncier, mais non par le tiers créancier de la rente, cette procédure étant réservée au foncier seul. (Aulanier, 115.)

L'article 24 de la loi de 1791 n'autorise cette vente que pour le recouvrement des redevances, peut-on y avoir recours pour le payement des indemnités dues pour dégradations des droits fonciers? L'affirmative nous paraît hors de doute; car il serait inique de ne pas accorder au foncier, dans le cas où il est victime d'un fait du colon, les mêmes facilités pour se faire payer que dans l'hypothèse d'un simple retard dans la prestation des redevances. D'ailleurs l'ancien droit l'admettait, et il n'y a aucune raison pour qu'il n'en soit plus ainsi : « Le propriétaire, dit Baudouin, retient son dû pour *ses frais* et arrérages, par préférence à tous créanciers, sur le montant de l'adjudication (tome I, 95). Les frais dont nous parlons sont ceux qu'on appelle d'élignement, ceux pour obtenir des condamnations au payement et liquidation d'arrérages, fournissement de déclarations, *dédommagement de bois abattus*, et autres devoirs solidaires (tome I, 97). »

La vente sur simples bannies produit, pour le colon, le même effet que le congément; il y a toutefois une différence importante : le colon ne peut être expulsé par congément qu'à l'époque de la Saint-Michel, au lieu que dans le cas de vente sur simples bannies, à quelque époque que cette vente ait lieu, le colon doit abandonner la tenue dès que le jugement d'adjudication lui est signifié.

Lorsque le foncier a fait vendre les meubles et les droits réparatoires, et que les sommes provenant de ces deux ventes n'ont pas suffi à le désintéresser intégralement, il peut encore poursuivre

le payement du reliquat par les voies de droit
commun ; autrement dit, le colon n'est pas com -
plétement libéré par la vente sur simples bannies,
si le prix de l'adjudication ne suffit pas à désintéresser le propriétaire. Cela était dit expressément
dans le projet de loi de 1791, on ne l'a pas reproduit dans la rédaction définitive de l'article 26,
mais il faut l'admettre sans hésitation, car cette
décision, qui résulte simplement de l'application,
à notre matière, des principes du droit commun,
est conforme à l'esprit de la loi. En effet, le colon
n'est pas simplement tenu *propter rem*, il doit la
redevance parce qu'il s'est engagé à la fournir, il
est obligé non-seulement comme détenteur de la
tenue, mais pour avoir contracté avec le foncier ;
s'il voulait se libérer complétement en abandonnant les droits réparatoires, il le pouvait dès le
principe, mais, au lieu de déguerpir, il a obligé le
foncier à faire des frais, ce qui a diminué d'autant la valeur de ses édifices et superfices, il est
tout naturel qu'il demeure tenu du reliquat.

CHAPITRE III.

DU CONGÉMENT.

Le congément est l'acte par lequel on retire au
colon tout droit sur la tenue, en lui remboursant
la valeur des édifices et superfices.

Nous avons à examiner à ce sujet :

I. Qui peut congédier.

II. Contre qui la demande peut être formée.

III. A quelle époque on peut congédier.

IV. Comment se fait la demande en congément.

V. Comment on procède à l'estimation des droits réparatoires.

VI. Quand et comment le remboursement doit être effectué.

VII. Par qui les frais sont supportés.

VIII. Quels sont les effets du congément.

I. *Qui peut congédier.*

Au point de vue de la capacité requise pour congédier, il importe de distinguer deux espèces de congément :

1° Celui auquel le foncier procède en son nom et pour son intérêt personnel, pour *consolider*, c'est-à-dire pour réunir entre ses mains les droits fonciers et les droits réparatoires, pour faire de la tenue, dont il n'avait que les droits fonciers, une tenue à héritage ;

2° Celui que le foncier exerce indirectement, en accordant une baillée à un tiers, lequel congédie à ses frais et pour son propre compte, afin de se substituer au colon.

Dans le premier cas, le foncier change la nature de ses droits ; il acquiert des droits nouveaux, droits immobiliers, éteint la rente qui lui était due ; peut-être l'opération sera profitable, mais elle peut bien aussi être désavantageuse ; en tous cas, elle sort assurément des limites de l'administration. Dans le second cas, le foncier ne fait que changer de colon, son nouveau domanier sera, vis-à-vis de lui, dans une position semblable à celle du premier ; le domanier seul est changé, le domaine reste le même ; il y a donc simplement, dans cette opération, un acte d'administration. Il en résulte que beaucoup de personnes qui peuvent consentir une bailléc à un tiers, et par conséquent céder la faculté de congédier, ne peuvent pas congédier à leur propre compte.

Ainsi une baillée peut être consentie par une personne qui a le pouvoir d'administrer, soit à cause d'un droit réel qui existe à son profit, comme l'usufruitier, soit en vertu d'un contrat qui lui donne cette faculté, comme un régisseur ou un fermier ; les mêmes personnes ne pourraient pas congédier.

Le tuteur peut-il congédier, au nom du mineur, sans autorisation du conseil de famille ? Il le pouvait dans l'ancien droit : « Suivant l'observation de M. Duparc-Poullain (tome V, *de ses Principes*, page 333), et contre l'opinion de Gatechair, le tuteur a le droit de congédier ou de céder le congément au nom de son pupille propriétaire, sans avis de parents ni décret de justice, parce que, loin d'aliéner, il reçoit des deniers en concédant

les nouvelles baillées de superfices déjà séparés
du fonds. On n'exige même pas de bannies préa-
lables pour la validité de ces actes : le mineur,
seul recevable à se plaindre de cette omission, n'y
serait fondé qu'en établissant de fortes présomp-
tions de fraude contre ses intérêts, et les preuves
ne conduiront qu'à une recharge vers le tuteur.
(Baudouin, I, 77.)» Aucune disposition législative
n'autorise à penser que cette décision ne doive
plus être admise aujourd'hui ; le tuteur, en congédiant, fait une acquisition pour le mineur ; cela
n'excède en rien ses pouvoirs. Il est vrai que le
congément est poursuivi par une demande en
justice, mais ce n'est pas là plaider pour le mineur
au sujet de ses droits immobiliers, c'est poursuivre un débiteur, le colon, pour le forcer à exécuter une clause du contrat qui le lie, la clause relative au congément ; le tuteur peut donc procéder
seul au congément ; il n'aurait besoin d'être autorisé que si, au cours de la procédure, il s'élevait
une contestation sur la propriété de tout ou partie
du fonds. (Aulanier, 174.) Le mineur émancipé
peut congédier avec l'assistance de son curateur.
(Code civil, art. 482.) Le mari, administrateur
des biens de sa femme pendant la communauté,
peut congédier.

Le congément ne peut pas avoir lieu pour partie ; la tenue est indivisible, lors même que chacun des fonciers a dans le fonds une part divise ;

« comme les propriétaires ne peuvent détériorer par leurs arrangements la condition du vassal (colon), ils n'acquièrent point par le partage du fonds la faculté de congédier séparément les portions de la tenue qu'ils se sont assignées, lorsqu'elles sont réunies dans la main d'un seul domanier. Mais chacun dispose de ses arbres et jouit divisément de tous les droits fonciers dont la partition ne nuit point à l'unité des superfices possédés par le même colon. (Baudouin, I, 175.) » De ce principe, il résulte que, s'il y a plusieurs cofonciers, chacun d'eux peut, même sans l'agrément des autres, expulser le colon de la totalité de la tenue ; mais, en ce cas, celui qui congédie fait une opération double : il consolide relativement à la portion qu'il avait dans les droits fonciers, et, pour le reste, il se substitue au colon. De ce que le congément peut être exercé par un seul foncier, il résulte que, dans le cas où tous sont d'accord pour congédier, la demande peut être valablement formée au nom d'un seul.

Nous avons seulement recherché, jusqu'ici, les cas d'incapacité absolue ; il nous reste à parler de l'incapacité relative.

Le tuteur peut congédier son pupille, qui sera représenté, dans la procédure, par son subrogé tuteur ; toutefois, si le tuteur a acquis le droit de congédier après avoir pris la tutelle, le congément lui est interdit. (Code civil, art. 1596.)

Le mari et la femme sont dans l'impuissance réciproque de se congédier, sous quelque régime qu'ils soient mariés. (Baudouin, II, 380.)

Nous avons vu, à propos des caractères essentiels du domaine congéable, que le foncier ne pouvait pas renoncer pour toujours à la faculté de congédier : mais ne peut-il pas se faire que telle personne, n'étant pas propriétaire foncier, s'engage à ne jamais congédier, ou bien à ne jamais chercher à expulser le colon en se faisant consentir par le foncier une faculté de congédier? La question s'est plusieurs fois présentée dans l'espèce suivante : des domaniers, en partageant leurs droits superficiels, s'étaient donné la promesse écrite de ne pas se congédier ; l'un d'eux, au mépris de cette convention, obtint du foncier une baillée, et assigna en congément ses consorts, qui lui opposèrent sa renonciation antérieure. On n'est pas d'accord pour résoudre cette question : selon les uns, cette renonciation à un droit qui n'existait pas est invalide ; le domanier ne pouvait pas renoncer au droit de congédier ses consorts avant d'avoir acquis le droit de congément ; d'ailleurs, ces conventions entre domaniers, ces associations pour éviter le congément de la tenue sont « trop contraires à l'exécution des usements et à l'intérêt des fonciers pour être autorisées en justice. » (Baudouin, II, 285.) Cette manière de voir a été adoptée par un arrêt du 23 juillet 1817. Dans un autre système, on dit que toutes les conventions doivent être exécutées de bonne foi, et que celui qui contrevient à une obligation de ne pas faire doit des dommages et intérêts par le seul fait de la contravention ; les renonciations des copartageants peuvent nuire aux intérêts du propriétaire, mais elles ne portent pas atteinte à ses droits ; cela doit suffire pour obliger à respecter des conventions faites de bonne foi, et qui servent à faciliter des arrangements de famille entre domaniers. Toutefois, des stipulations de ce genre ne doivent pas lier les parties à perpétuité ; on doit en borner l'effet à trente ans. (Aulanier, 179. — Arrêt de la Cour de Rennes, du 17 mai 1819.)

II. *Contre qui la demande en congément peut-elle être formée ?*

La demande en congément peut être formée non-seulement contre le véritable colon, mais contre tout détenteur de la tenue. « Pour que le congément ait les effets légaux, il n'est pas absolument nécessaire qu'il soit exercé sur le vrai propriétaire des droits ; il suffit que le foncier assigne et rembourse le possesseur actuel ; autrement il recevrait, par la faute et négligence d'autrui, dit Gatechair, tant d'incommodité, que le droit de congément lui serait plus à charge qu'à profit, au lieu que le domanier, qui a confié sa tenue au

labeur et ménagement d'autrui , se doit imputer
faute de n'avoir choisi personnes fidèles et solvables. (Baudouin, II, 335.) » Cette décision doit-
elle encore être admise aujourd'hui ? Les partisans
de la négative prétendent qu'elle est inapplicable
depuis la suppression de la féodalité, aux principes
de laquelle elle se rattachait. « Le seigneur, qui
voulait intenter quelque action contre son vassal,
en sa qualité de vassal, pouvait lui donner assignation au lieu du fief servant, quoique le vassal
n'y fût pas domicilié (comme l'observe Prost de
Royer, dans son *Dictionnaire de jurisprudence*,
tome VII, page 609); on avait appliqué cette règle au domaine congéable, et le domanier pouvait
être assigné en parlant au fermier de la tenue ; on
était même allé au point de mettre en principe
que le propriétaire foncier pouvait valablement
exercer le congément contre le possesseur actuel
des droits, et les lui rembourser ou les faire vendre
sur lui par simples bannies, quoiqu'il n'en fût pas
le vrai propriétaire... mais cette jurisprudence a
dû cesser avec la féodalité... Les propriétaires fonciers qui veulent intenter quelque action que ce
soit contre leurs domaniers doivent les assigner
eux-mêmes et non leurs fermiers, suivant l'article 61 du Code de procédure, puisque ce sont
les domaniers et non les fermiers qui sont véritablement les défendeurs. (Carré, pages 265 et suivantes.) »

Les partisans de l'affirmative répondent que cette décision est bien constante sous l'ancienne jurisprudence, et qu'elle n'a été abrogée par aucune loi ; elle repose sur un principe qui n'a rien de féodal : le propriétaire, qui peut ne pas connaître le véritable colon, doit être autorisé à considérer comme tel celui qu'il trouve en possession de la tenue ; les partisans de la négative confondent ce principe avec le droit accordé autrefois au seigneur d'assigner son vassal au lieu du fief servant, lors même qu'il n'y était pas domicilié. « On ne peut pas assigner au lieu de la tenue le colon qui n'y demeure pas ; on ne peut pas même assigner, *en qualité de fermier*, le simple possesseur des droits ; on peut seulement considérer comme véritable colon celui qui exploite la tenue, et l'actionner en cette qualité... Cette opinion est conforme à l'usage général et à la jurisprudence de la Cour de Rennes (Arrêts du 12 ventôse an XI et du 26 juillet 1814.) ... Néanmoins, le foncier qui connaît le véritable colon doit diriger sa demande contre lui, et non contre son fermier. » (Aulanier, 182.)

La tenue étant indivisible, et les colons étant solidaires (loi de 1791, art. 3), s'il y a plusieurs cotenanciers, il suffit d'assigner un d'entre eux qui est tenu de dénoncer l'action à ses consorts ; le foncier pourrait ne pas connaître tous les colons ; il ne peut d'ailleurs pas dépendre des détenteurs « de multiplier les obligations du foncier par la multiplicité des procédures séparées. » (Baudouin, II, 275. — Carré, page 267.)

Une autre conséquence de l'indivisibilité de la tenue est que, si un des colons accepte le congément, les autres ne peuvent plus le refuser en invoquant une exception dilatoire ou un vice de forme ; mais ils le pourraient en contestant les droits mêmes du foncier, par exemple en prétendant que la tenue n'est pas à domaine congéable, ou en représentant une assurance. (Aulanier, 169.)

Le tuteur peut, sans autorisation du conseil de famille, consentir au congément pour le colon mineur ; toutefois il fera bien, s'il a quelque doute sur le droit du demandeur en congément, de consulter le conseil de famille, car il serait responsable envers son pupille s'il laissait congédier une tenue qui ne serait pas congéable. (Aulanier, 185.)

Le foncier peut valablement rembourser au mari seul les superfices de la femme ; si la femme était séparée de biens, le foncier, ignorant cette circonstance, payerait valablement au mari, pourvu que cette femme fût « demeurante avec son mari dans la tenue. » (Baudouin, II, 363). Car, d'après Gatechair, les fonciers ou leurs subrogés « ne sont obligés de connaître que le détenteur, auquel payants, ils sont quittes. »

Nous avons vu que, pendant le mariage, le mari

et la femme ne peuvent se congédier ; Baudouin (tome II, 379) pense même que la prérogative de de ne pas être congédiée survit, après la dissolution du mariage, au profit de la femme, contre les héritiers du mari ; d'après lui, la femme peut bien congédier les héritiers, mais ceux-ci ne peuvent pas la congédier. Cette opinion, à l'appui de laquelle l'auteur n'invoque d'ailleurs aucun motif déterminant, n'a pas lieu d'être admise aujourd'hui.

III. *A quelle époque on peut congédier.*

Dans l'ancien droit, le colon pouvait être expulsé à toute époque de l'année, quand il plaisait au foncier, sauf pendant les périodes où la jouissance lui était assurée par un bail ou une baillée : *Quotidie excedere juberi potest*, dit d'Argentré. « Le seigneur peut domanier son sujet *sine causa* et lorsque bon lui semble, *secus in locatore.* » (Dufail, liv. I, chap. 243.) « Dans tous les cas où le domanier peut être actuellement congédié, son expulsion se fait sans distinction des temps de l'année, à la différence des fermes, où la tacite reconduction est annale et finit à un jour préfixe ; on assimile ainsi le colon à l'acquéreur sous faculté de racquit. » (Baudouin, I, 85.)

La loi de 1791 a complétement modifié cette matière : les innovations qu'elle introduit portent sur deux points principaux :

1° (Art. 14). « Si le propriétaire foncier laisse continuer au domanier la jouissance après le terme du bail ou de la baillée expiré, ou si le domanier conserve cette jouissance faute de remboursement, le bail ou la baillée sont réputés continuer pour deux ou trois années, selon que l'usage du pays est de régler l'exploitation des terres par deux ou trois ans. » Nous avons vu, à propos des baillées, que cette disposition s'applique seulement aux baux et baillées postérieurs à 1791.

2° (Art. 22.) « A quelque époque qu'ait commencé la jouissance des domaniers qui exploitent actuellement les tenues, soit en vertu de baux ou baillées, soit par l'effet de la nouvelle assurance, le congément ne pourra être réciproquement exercé à d'autre époque de l'année qu'à celle de la Saint-Michel, 29 septembre. Si l'exploitation du domanier avait commencé à un autre terme, il sera tenu de payer, au propriétaire foncier, la redevance convenancière au prorata du temps dont il aura joui de plus.» L'art. 21 décide en outre que « le domanier ne pourra être expulsé que préalablement il n'ait été remboursé ; et à cet effet le prisage sera toujours demandé six mois avant l'expiration de la jouissance et fini dans ce délai. »

I. Relativement à la tacite reconduction, il importe de remarquer que le moyen auquel elle donne naissance, pour repousser la demande en congément, est une exception dilatoire ; il doit, par conséquent être proposé *in limine litis*, et ne saurait être admis en appel s'il n'a pas été présenté en première instance.

II. Quand un bail ou une baillée expire à une époque autre que la Saint-Michel, le congément doit-il avoir lieu à la Saint-Michel qui précède ou à celle qui suit l'expiration du terme? Selon les uns, c'est à la Saint-Michel précédente que le congément doit avoir lieu ; par suite, il doit être provoqué six mois avant cette époque ; cette opinion s'appuie sur les termes mêmes de la loi (art. 22, *in fine*) : « Le domanier sera tenu de payer la redevance *au prorata du temps dont il aura joui de plus* (art. 21) ; le prisage *sera toujours demandé six mois avant l'expiration de la jouissance.* » La loi établit donc une fiction d'après laquelle la jouissance est censée expirée à la Saint-Michel, puisqu'elle dit que le colon qui jouira de plus payera la redevance au prorata ; en conséquence, le congé doit être donné six mois avant la Saint-Michel qui précède l'expiration du bail, et le congément avoir lieu à cette Saint-Michel, sauf payement du prorata de jouissance jusqu'à l'expiration du bail ; par suite, le congé est nul, s'il est donné moins de six mois avant la Saint-Michel, quoiqu'il y ait encore plus de six mois à courir avant l'expiration du bail. (Carré, pages 306 et 307.) Selon les autres, le congément doit, au contraire, avoir lieu à la Saint-

Michel qui suit l'expiration du bail : le bail ou la
baillée doit être pleinement exécuté au profit du
colon ; la loi a voulu fixer une époque unique pour
les congéments, afin d'éviter que le colon quittât
la tenue en tout temps de l'année, à des moments
où il lui serait impossible d'emporter ses récoltes,
ce qui était défavorable à l'agriculture ; or, le système contraire retombe dans l'inconvénient qu'on
a voulu éviter. D'ailleurs, l'article 22, loin d'avoir
le sens qu'on lui attribue, suppose que la jouissance du domanier est non pas abrégée, mais pro-
longée au delà du temps du bail, lorsqu'il dit que
le domanier payera la redevance au prorata de ce
qu'il aura joui *de plus*. (Aulanier, 164.)

Une question qui se rattache à celle que nous
venons d'examiner s'élève au sujet d'une clause
assez usitée dans les baillées : Quand le foncier
concède à un tiers la faculté de congédier avec
une assurance de six ou neuf ans pour le congédiant, il ajoute souvent qu'il cède le pouvoir de
congédier à la Saint-Michel de telle année, *ou, en
tous cas, lors de l'expiration de l'assurance courante,
s'il en existe.* Quel est l'effet de cette clause ? Quel
sera le point de départ de l'assurance accordée au
congédiant ? Est-ce le jour du congément ou celui
de l'expiration de la baillée actuelle ? Dans une
première opinion, on soutient que la période d'assurance du congédiant commence à courir soit du
jour du congément, soit du jour où le foncier

fournit les moyens de prouver que la baillée de l'ancien colon est expirée, et requiert le congément. Le futur colon, s'il ne veut pas courir le risque de congédier prématurément, a besoin de prendre connaissance de la baillée courante ; or, c'est au foncier qu'il appartient de lui donner cette connaissance ; le futur colon n'est pas en demeure d'agir au jour de l'expiration d'une baillée qu'il n'a pu connaître ; si le foncier prend ce jour pour point de départ de l'assurance nouvelle, il sera repoussé par induction de la maxime : *Contra non valentem agere…*; le colon lui dira : Je ne pouvais congédier qu'à l'instant où vous m'avez fait connaître l'expiration de la baillée ; c'est de ce moment seulement que j'ai pu profiter de l'assurance que vous m'avez donnée, elle n'a pu commencer à courir auparavant ; la clause que vous avez insérée a eu pour objet de me laisser le choix, ou de congédier à la Saint-Michel indiquée, ou d'attendre que j'eusse acquis la certitude de l'expiration de l'ancienne assurance. J'avais donc la faculté d'entrer en jouissance et de commencer à faire courir la période de mon assurance à l'une ou l'autre de ces époques. (Carré, pages 300 et suiv.)

Dans une autre opinion, on dit que la période d'assurance commence à courir du jour où le cessionnaire pouvait congédier, qu'il ait ou non usé de cette faculté ; il est faux de dire que c'est au foncier qu'il appartient de lui indiquer l'instant où la baillée expirait ; la clause a, au contraire, pour objet de laisser au cessionnaire le soin de faire cette recherche. D'ailleurs, le moyen de savoir exactement le temps où expirait l'ancienne baillée était bien simple : il suffisait au cessionnaire de forcer le colon détenteur à lui représenter la baillée, en formant contre lui une demande en congément. (Aulanier, 165.)

IV. *De la demande en congément.*

L'article 17 de la loi de 1791 dispose que : « Lorsqu'il s'agira de procéder au remboursement des édifices et superfices, il sera procédé au prisage à l'amiable, entre les parties, ou à dire d'experts convenus ou nommés d'office par le juge de paix du canton dans le ressort duquel les tenues seront situées, sauf aux parties, en cas de contestation sur l'estimation, à se pourvoir devant le tribunal de district (arrondissement). »

Il résulte de cet article que la demande en congément doit être portée devant le juge de paix ; mais à quel titre ? On a soutenu que cette citation en justice de paix n'a rien de commun avec une citation en conciliation, car elle est donnée devant le juge de la situation de la tenue et non du domicile du défendeur ; si donc il y a lieu ensuite d'agir devant le tribunal, il faudra, malgré la comparution en justice de paix, avoir

d'abord recours à une tentative de conciliation devant le juge du domicile du défendeur. Dans un
système opposé, on a soutenu que cette demande
n'est autre chose qu'une citation en conciliation ,
que, par conséquent, le défendeur doit être appelé
devant le juge de paix de son domicile, et que les
articles 48 et suivants du Code de procédure sont
applicables à cette matière. Depuis longtemps, la
jurisprudence de la Cour de Rennes a repoussé ces
deux opinions et établi un système plus conforme
à l'esprit de la loi : il est constant que le juge de
paix compétent est celui de la situation de la tenue ; la loi de 1791 le dit elle-même (art. 17). La
forme de la citation est la même que pour les af-
faires ordinaires des justices de paix, les mêmes
délais sont applicables (pr. civ., art. 1, 4 et 5); les
art. 48 et suivants du Code de procédure, relatifs
à l'essai de conciliation, ne sont pas applicables à
cette matière ; ainsi les causes qui dispensent de
conciliation (art. 49) ne s'appliquent pas à la demande en congément ; aucune demande en congément ne peut être portée devant un tribunal de
première instance, sans avoir été préalablement
portée devant un juge de paix ; si, après l'instance
en justice de paix, les parties évoquent l'affaire
devant le tribunal de première instance, il n'est
pas besoin que l'ajournement soit précédé d'un
essai de conciliation. En résumé, l'instance devant
le juge de paix n'est pas une tentative de concilia-

tion, c'est une procédure spéciale au domaine congéable, participant de l'essai de conciliation et de
la procédure ordinaire des justices de paix ; il ne
faut pas s'étonner de voir admettre, en matière de
domaine congéable, des formalités spéciales et dé-
rogeant au droit commun, car cette matière est
restée soumise à des règlements tout particuliers,
suivant l'expression d'un arrêté du pouvoir exé-
cutif du 17 germinal an VII : « La législation sur
le domaine congéable consiste *uniquement* dans les
dispositions de la loi du 6 août 1791, dont il importe à l'intérêt public et particulier d'observer la
pleine et entière exécution. » (Aulanier, 186. —
Carré, pages 249 et suiv.)

La loi du 6 août ne contient aucune disposition
relative à la forme de la citation ; on doit, à cet
égard, se référer aux principes du Code de procédure ; ce Code ne prononçant pas la nullité pour
vice de forme des citations en justice de paix,
il résulte qu'une citation ne peut être annulée que
pour vice inhérent à la substance de l'acte. (Carré,
page 256.)

D'après les articles 4 et 52 du Code de procédure, la citation en justice de paix doit être signifiée par l'huissier de la justice compétente ; si elle
est signifiée par un autre huissier, doit-elle être
annulée ? Un arrêt de la Cour de cassation (14 juillet 1813) a jugé qu'il n'y a pas nullité ; toutefois,
cette décision est critiquée.

La loi de 1791 (art. 17 et 21) ayant employé les mots prisage des droits dans le sens de congément, on admet que dans l'exploit, à fin de congédier, on peut également employer l'un ou l'autre terme. (Aulanier, 188.)

Quand le congément est exercé par un cessionnaire du pouvoir de congédier, l'usage est de donner copie de la baillée en vertu de laquelle cette faculté lui est accordée ; si on omettait cette mention, le colon pourrait se refuser à laisser opérer le congément, comme n'ayant pas été prévenu de la cession, à moins qu'il n'ait accepté le transport dans un acte authentique. (Code civil, art. 1690.) Lorsque la baillée contenant pouvoir de congédier a été consentie par un mandataire, l'exploit n'est pas nul par le seul fait que la procuration n'y est pas transcrite, pourvu que d'ailleurs il soit prouvé que le colon avait connaissance du mandat. (Aulanier, 191 et 192.)

La demande en congément doit être signifiée six mois au moins avant la Saint-Michel, 29 septembre, c'est-à-dire au plus tard le 29 mars. On pourrait croire que le dernier jour devrait être le 28 mars, mais on s'accorde pour reconnaître que la signification est valablement faite le 29, le colon n'étant obligé de quitter la tenue que le lendemain de la Saint-Michel, six mois entiers séparent l'époque de la citation de celle de l'expulsion du colon, ce qui est conforme à l'intention du législateur. (Aulanier, 193.) Ce délai de six mois se compte du jour de la citation en justice de paix, lors même qu'il y a lieu ensuite à une seconde assignation devant le tribunal.

La citation peut être faite avant le 29 mars, mais le prisage ne pourra pas être commencé avant cette époque : « Le prisage sera toujours demandé six mois avant l'expiration de la jouissance et fini dans ce délai » (loi de 1791, art. 21). « Il serait déraisonnable (Carré, page 291) de conclure de ces termes que la demande dût être rigoureusement formée le jour même où commencent ces six mois et de prétendre, en conséquence, que celle qui serait formée quelques jours plus tôt fût précipitée et nulle. Il est notoire que c'est communément dans le mois de mars que se signifient les demandes de congément, c'est-à-dire la citation prescrite par l'art. 17, et nous ne pensons pas qu'on ait jamais soutenu que ce soit une contravention à l'art. 21. » Le colon ne saurait se plaindre d'avoir été prévenu trop tôt, ce délai n'est établi que pour lui laisser le temps de chercher une autre exploitation, il a donc intérêt à être prévenu le plus tôt possible ; mais le prisage ne peut pas commencer avant les six mois, car le colon a le droit de se faire rembourser toutes les améliorations faites jusqu'à l'estimation ; par suite il a intérêt à ce que le prisage n'ait pas lieu avant les six mois.

Si la demande est faite moins de six mois avant

la Saint-Michel, elle reste sans effet pour l'année présente ; mais elle n'est pas nulle pour cela ; la seule conséquence de ce retard sera que le congément pourra seulement être ordonné pour l'année suivante. (Aulanier, 195.)

Lorsque la demande en congément doit être portée devant le tribunal de première instance, deux questions s'élèvent relativement à l'exploit d'ajournement :

1° Faut-il donner copie du procès-verbal de comparution ou non-comparution en justice de paix ? L'affirmative ne fait aucun doute pour ceux qui considèrent l'instance en justice de paix comme une simple tentative de conciliation ; mais, pour ceux qui repoussent cette assimilation, la question est plus douteuse : pour soutenir l'affirmative, on dit que le tribunal ne peut être saisi qu'après l'instance devant le juge de paix, qu'il faut donc constater la citation en justice de paix ; on applique par analogie l'article 65 du Code de procédure, qui exige, dans l'ajournement, copie du procès-verbal de non-conciliation, ou mention de la non-comparution. (Carré, page 264.) Les partisans de la négative répondent que cette disposition de l'art. 65, comme toutes celles qui prononcent une déchéance, doit être restreinte au cas pour lequel elle est faite, qu'elle ne peut donc pas être appliquée ici, puisque la comparution devant le juge de paix n'a pas été une tentative de conciliation. (Aulanier, 190.)

2° Comment doit-on appliquer à la demande en congément l'article 64 du Code de procédure civile, aux termes duquel, « en matière réelle ou mixte, les exploits énonceront la nature de l'héritage, la commune, et, autant qu'il est possible, la partie de la commune où il est situé, et deux au moins des tenants et aboutissants ? S'il s'agit d'un domaine, corps de ferme ou métairie, il suffira d'en désigner le nom et la situation ; le tout à peine de nullité. » Les tenues à domaine congéable doivent-elles être toujours considérées comme domaines, corps de ferme ou métairie ? La difficulté vient de ce que, dans l'ancien droit, on distinguait deux sortes de tenues, étagères ou non ; on appelait tenues étagères celles qui étaient « logées, » par opposition à celles sur lesquelles n'existaient pas des bâtiments (Baudouin, tome I, 104 et 105), et, en fait, il existe des domaines consistant simplement en pièces de terres sans constructions. Doit-on dire que l'existence de bâtiments sur la tenue est nécessaire pour qu'on la considère comme domaine, corps de ferme, métairie, et que l'indication des noms suffise ? Selon les uns, la tenue ne peut être considérée comme telle que s'il existe des bâtiments. L'ancien droit avait déjà distingué deux sortes de tenues à ce point de vue. Il est vrai qu'avant le Code de procédure, cette distinction n'avait pas lieu d'être faite ; mais l'article 16 de la loi de 1791 soumet le domaine congéable aux lois établies et à établir ; la distinction posée par le Code de procédure lui est donc applicable (Carré, pages 262 et suiv.). Suivant les autres (Aulanier, 189), il n'y a pas à distinguer, selon que la tenue est étagère ou non ; cette distinction n'a jamais été appliquée dans l'ancien droit, au point de vue qui nous occupe. Nos adversaires attestent eux-mêmes que l'indication de la tenue « paraît remplir suffisamment le vœu de l'article 64 (Carré, page 263). » Les moyens de nullité sont peu favorables ; le Code de procédure a voulu simplement qu'il n'y eût pas de doute possible dans la désignation de l'immeuble. Or, il n'y en aura jamais pour les tenues à domaine congéable, l'usage étant de les désigner par un nom spécial, qu'elles soient étagères ou non.

Quelles sont les limites de la compétence du juge de paix en matière de congément ? Le juge de paix peut, quand le défendeur consent au congément, donner acte aux parties de la nomination des experts qu'elles ont choisis, ou leur en désigner d'office, si elles sont en désaccord, et ordonner qu'il soit procédé au congément. Si le défendeur fait défaut, ou ne consent pas au congément ; le juge de paix donne acte du défaut ou du refus, et le demandeur doit alors agir devant le tribunal de première instance. Aucune formalité spéciale n'est exigée pour ce jugement; il est rendu dans la forme ordinaire des jugements de justice de paix.

Si le juge de paix nomme des experts et ordonne le congément dans un cas où il aurait dû renvoyer les parties devant le tribunal, le demandeur doit considérer ce jugement comme un procès-verbal de renvoi, et agir devant le tribunal. (Arrêts des 10 et 12 vendémiaire an XI.)

Comment les experts doivent-ils être choisis? Si les parties sont d'accord, le juge de paix doit simplement recevoir les experts ou l'expert unique (Procéd. civ., art. 303) qu'elles ont choisi. Il arrive, le plus souvent que chacune des parties nomme un expert et que le juge de paix en désigne un troisième. Une question s'élève à ce sujet : Si une seule des parties désigne un expert, et que l'autre se refuse à en choisir un, le juge de paix peut-il se contenter de nommer deux autres experts, en acceptant celui désigné par la partie qui a fait choix, ou bien doit-il nommer trois experts d'office? M. Carré (p. 269) semble supposer que le juge de paix n'est pas obligé de nommer d'office les trois experts : « Si l'une des parties refuse, sous quelque prétexte que ce soit, de nommer son expert, il ne peut se rendre juge des moyens qu'elle fait valoir, *et doit nommer un expert pour elle.* » M. Aulanier (n° 203) pense que cette décision est erronée, « car il résulte de l'article 305 du Code

le procédure, et il a été formellement jugé par
arrêt du 13 juillet 1813, que, si les deux parties
ne s'accordent pas pour choisir chacune leur
expert, la nomination doit avoir lieu d'office pour
es trois. » Cet auteur pose même, en règle générale, qu'il faut le consentement des parties sur
deux des experts pour qu'il ne reste au juge qu'à
en nommer un troisième. En conséquence, si une
des parties désigne un expert, et ne veut pas
accepter celui désigné par l'adversaire, elle a le
droit de rendre ce choix inutile, en déclarant,
avant que le juge de paix ait désigné le troisième
expert, qu'elle révoque le choix par elle fait, et
demande que les trois experts soient nommés
d'office. (Aulanier, 204.)

Quand les experts sont présents à l'audience,
le juge de paix reçoit leur serment, donne acte
de leur nomination et du jour qu'ils fixent pour
le prisage; il n'est pas besoin de sommer les parties d'assister à ce prisage, si elles assistent à
l'audience. Quand les experts ne sont pas présents
à l'audience, on les assigne pour qu'ils viennent
prêter serment en présence du défendeur.

Le juge de paix, lorsqu'il procède au choix des
experts, « doit aller droit à son but, quelque chose
que puisse objecter l'une ou l'autre des parties
pour y mettre obstacle. Qu'on s'oppose à ses or-
donnances ou qu'on en appelle, cela ne doit pas
l'arrêter. Si un expert est récusé, il doit, comme

dit Duparc-Poulain (tome IX de ses principes, page 481), sans examiner s'il est bien ou mal récusé, recevoir néanmoins son serment, sauf au récusant à faire juger ses moyens de récusation par le tribunal civil. Tout ce qu'on peut exiger qu'il fasse, lorsqu'il s'élève devant lui des contestations, c'est qu'il dresse procès-verbal des prétentions et dires des parties, et qu'il en renvoie le jugement au tribunal (Carré, page 269). » Les règles relatives à la récusation des experts sont d'ailleurs celles qui sont posées par le Code de procédure (art. 308 à 313).

Lorsque l'affaire, sortant des limites de la compétence du juge de paix, a dû être portée devant le tribunal, celui-ci peut ou nommer lui-même les experts, ou confier ce soin au juge de paix; dans ce dernier cas, le jugement du tribunal doit être notifié, soit avant la citation en justice de paix, soit simultanément; la nomination et la prestation de serment des experts en justice de paix, dans cette espèce, n'a besoin d'être notifiée que si elle a eu lieu eu l'absence du défendeur (Procéd. civ., art. 28 et 31).

Lorsque le congément est contesté, le tribunal de première instance ne peut jamais juger qu'en premier ressort (Aulanier, 210).

Les jugements de congément, quoique ordonnant une expertise, ne sont pas préparatoires ou interlocutoires, mais bien définitifs; car le prisage est ordonné pour leur exécution, et non pour éclairer la justice. Aussi peut-on interjeter appel de ces jugements immédiatement, avant même que les experts aient procédé au prisage (Carré, p. 270; Aulanier, 211).

Ces jugements sont exécutoires par provision, car il y a souvent urgence. L'exécution provisoire a lieu sans caution quand la baillée est authentique, ou quand, étant sous seings privés, elle n'est pas déniée par le défendeur (Carré, pages 270 et 271). Le jugement qui prononce l'expulsion ou le remboursement sans caution, s'il n'y a pas eu appel du jugement de congément, est également exécutoire par provision, sans qu'une caution soit exigée (Carré, page 271).

L'instance en congément, une fois introduite, le foncier peut-il se désister? « Rosmar (art. 11) dit qu'après avoir donné un exploit à fin de congément, l'on n'est plus au lieu de se repentir, et faute au propriétaire l'exécuter, ainsi qu'il a été plusieurs fois jugé. Carris (sur l'usement de Rohan, page 16) est d'un sentiment contraire, et avec raison. La maxime est certaine que le désistement s'admet en tout état de cause, après le congément jugé, après le prisage fait, jusqu'au remboursement exclusivement. Mais, outre les dépens de l'instance, le demandeur en congément qui se désiste doit au colon des dommages et intérêts; le tuteur n'en serait pas exempt, quoiqu'il eût formé la

demande au nom de ses mineurs, et qu'il s'aper-
çoive ensuite que l'exercice en serait préjudiciable
à leurs intérêts. » (Baudouin, II, 283 et 284).

La faculté pour le foncier de se désister jusqu'au
remboursement exclusivement était absolue dans
l'ancien droit, mais la loi de 1791 l'a soumise à
deux restrictions:

1° Cette loi a permis au colon de demander le
remboursement; si donc le colon fait consigner
dans le jugement de congément que de son côté
il déclare demander le remboursement, il partage,
pour ainsi dire, avec le foncier, la qualité de
demandeur en prisage des droits superficiels; évidemment il ne peut plus dépendre du foncier de
laisser, en se désistant, les choses en suspens, le
congément doit être poursuivi jusqu'au bout. On
décide même que « cette déclaration du colon,
quoique faite depuis le 29 mars, mais dans un
temps où il existe une demande en congément
non encore abandonnée, doit avoir l'effet d'autoriser le colon à faire exécuter le remboursement,
comme s'il l'avait demandé avant le 29 mars, et
nonobstant le désistement postérieur du demandeur primitif » (Aulanier, 262).

2° L'art. 23 de la loi de 1791 retire au foncier
la faculté de se désister après le prisage des droits :
« A défaut de remboursement effectif de la somme
portée en l'estimation, le domanier pourra, sur un
simple commandement, fait à la personne ou au

domicile du propriétaire foncier, en vertu de son titre, s'il est exécutoire, faire vendre, après trois publications de huitaine en huitaine, et sur enchères en l'auditoire du tribunal du district, les édifices et superfices, et subsidiairement, en cas d'insuffisance, le fonds; pourra néanmoins le foncier se libérer en abondonnant au colon la propriété du fonds et la rente convenancière. » On ne peut pas dire que cet article s'applique seulemen au remboursement demandé par le colon; rien dans ses termes n'autorise cette restriction, il n'est qu'une suite de l'article 22 qui parle à la fois du congément et du remboursement provoqué par le colon, sans faire aucune différence entre ces deux espèces, comme le prouvent ces expressions (art. 22) : « Le congément ne pourra être *réciproquement* exercé à d'autre époque qu'à celle de la Saint-Michel » (Aulanier 263).

La demande en congément n'amène pas l'expulsion immédiate du colon ; elle ne modifie même pas le droit de jouissance qu'il a sur le fonds : « durant l'instance de congément, le domanier continue sa jouissance, laboure et répare en bon père de famille; parce que, propriétaire de ses droits jusqu'au remboursement, il peut en exercer tous les actes légaux, et l'amélioration est la fin principale de la tenure convenancière. » (Baudouin, tome II, 277.) Ainsi, d'après Baudouin, la demande en congément ne restreint pas les droits du colon;

il peut continuer la jouissance, réparer, et même améliorer ; toutefois le mot amélioration doit être entendu ici dans un sens restreint ; il suffit, du reste, de lire la phrase que nous venons d'emprunter à Baudouin pour comprendre qu'il s'agit ici, non pas de constructions ou plantations importantes, mais d'améliorations dans la culture, de travaux ayant pour objet l'assainissement des bâtiments ou leur consolidation ; le projet de loi de MM. Lanjuinais et Varin contenait à cet égard une disposition positive qui n'a pas été reproduite dans le texte définitif (art. 29 du titre 1er du projet) : « Après le congément provoqué par le foncier ou par le colon, celui-ci continuera d'avoir la liberté de faire toutes les améliorations de culture et les réparations d'édifices existants ; mais dès ce moment il ne pourra reconstruire les édifices tombés en ruine, ni en bâtir de nouveau, abattre aucun bois, si ce n'est pour lesdites réparations ; il ne pourra aussi dessaisonner les terres ; mais il continuera d'en jouir en bon père de famille et de suivre l'ordre de la nature, le tout à peine d'être condamné aux dépens, dommage et intérêts qui seront vus appartenir. »

Quoique cette décision paraisse parfaitement conforme à l'équité et aux principes de cette matière, l'usage est cependant de tenir compte au colon des améliorations par lui faites depuis la demande en congément, alors même que ces amé

liorations consistent en des constructions nouvelles;
il est à regretter que l'article proposé par
MM. Lanjuinais et Varin n'ait pas mis fin à cette
pratique presque aussi nuisible au colon qu'au
propriétaire : évidemment le colon, qui sait devoir
être expulsé dans quelques mois n'a aucun intérêt
à faire des constructions nouvelles dont il ne
pourra pas profiter, son seul but est de gêner le
foncier en lui faisant payer le prix de ces constructions sur lesquelles il ne comptait pas et qui
augmentent la somme à rembourser, sans augmenter la valeur de la tenue ; d'ailleurs, le colon peut
lui-même se trouver en perte; en effet, il sera forcé
de faire les avances du prix des matériaux et de
la main d'œuvre, et d'un autre côté, quelque favorables que les experts aient l'habitude de se montrer pour les domaniers, il peut bien se faire que
les bâtiments lui soient payés moins cher qu'ils ne
lui coûteront.

Si, au lieu d'améliorer, nous supposons que le
colon a, depuis la demande en congément, dégradé
les droits réparatoires en haine du foncier qui le
congédie, il a évidemment violé le principe posé
par Baudouin dans le passage que nous avons cité :
« l'amélioration est la fin principale de la tenure
convenancière; » il a porté atteinte au droit qu'a le
foncier de prendre pour lui les améliorations en les
remboursant; il a détruit une chose dont il n'était

pas propriétaire incommutable; il sera passible de dommages-intérêts.

V. — *Comment on procède à l'estimation des droits réparatoires.*

Nous avons vu qu'on indique aux experts, lorsqu'ils prêtent serment, le jour, l'heure et le lieu où ils devront se réunir pour procéder au prisage des droits superficiaires; le lieu choisi est en général la principale maison de la tenue.

Les experts réunis ouvrent leur procès-verbal, et demandent au colon de leur montrer les objets à estimer. Si le colon refuse de faire la montrée, c'est le foncier qui la fera; si le colon s'oppose à ce que les experts entrent dans les bâtiments de la tenue, on devra obtenir une ordonnance de référé pour se faire ouvrir les portes.

On commence par décrire les bâtiments, puis les cours, les jardins, ensuite les terres labourables, les prairies et terres de pacage. La description doit être excessivement minutieuse, ainsi on doit indiquer non-seulement les dimensions des bâtiments, mais l'épaisseur des murs, la nature des matériaux, le cube des bois de charpente, le nombre de degrés des escaliers ; le nombre et l'espèce des bois convenanciers, l'âge et la qualité des émondes des bois fonciers, la nature des récoltes actuelles ou, pour les jachères, de la dernière récolte.

La description finie, les experts conviennent des bases de leur estimation, ils décident, par exemple, qu'ils estimeront à tel prix le mètre de maçonnerie, l'are de terre labourable ou de prairie, puis ils indiquent, dans leur procès-verbal, le nombre de leurs vacations et se séparent en fixant jour pour terminer l'estimation et rédiger définitivement le precès-verbal. Avant l'époque ainsi fixée, chacun d'eux estime séparément tous les objets décrits, d'après les bases dont ils sont convenus, et, dans leur dernière réunion, ils comparent les calculs faits isolément par chacun et arrêtent l'estimation.

L'estimation des droits superficiaires présente des difficultés ; les bases que doivent prendre les experts diffèrent essentiellement de celles qu'on prend généralement dans les autres prisages. Baudouin signale cette particularité (tome II, 293): « Notre coutume, dit-il, est muette sur l'estimation des droits convenanciers, malgré son attention à régler le prisage des différents genres de biens. Il est même impossible d'appliquer à la matière des congéments les principales règles de la coutume sur l'appréciation des héritages. Les héritages, en effet, se prisent par leur revenu annuel qui dépend de la commodité ou incommodité intrinsèque des choses et des charges dont les biens sont frappés. Les droits superficiels, au contraire, s'estiment par le menu, indépendamment du revenu qu'ils peuvent produire, sans considération de leur utilité ou incommodité, sans déduction des charges : le prisage a pour unique objet le prix des matériaux et de leur emploi : « Quod domino «volente inædificatur restitui debet migranti co-«lono cum melioramentis et manus prætio.» (D'Argentré, Lods et ventes, § 40.)

Les droits superficiels ne sont donc pas estimés d'après leur valeur vénale et d'après la plus-value qu'ils donnent à l'immeuble, mais, comme le dit Gatechair, suivant *le prix de ce qu'ils se trouvent valoir au temps du congément*, ou en d'autres termes, suivant la somme que le propriétaire devrait dépenser pour établir sur son fonds, au jour où il congédie, des édifices et autres objets remboursables, semblables en tous points à ceux que le colon a établis.

La règle, d'après laquelle les droits superficiels s'apprécient suivant le prix de ce qu'ils se trouvent valoir au temps du congément souffrait autrefois, dans certains usements, trois exceptions qui sont aujourd'hui abrogées par l'art. 19 de la loi de 1791, ainsi conçu : « Tous les objets qui doivent entrer en estimation seront estimés suivant leur vraie valeur à l'époque de l'estimation, qui en sera faite à l'expiration des baux existants ou des délais ci-dessus fixés. Les propriétaires fonciers seront tenus de rembourser aux domaniers tous lesdits objets, même les labours et engrais, sur le pied de l'estimation. •

Voici les exceptions abrogées par cet article :

1° Dans l'usement de Broüérec on ne remboursait que les trois quarts de la valeur des engrais.

2° Dans le même usement « les arbres portant fruits étaient estimés à la charretée comme si c'était simple bois de chauffage, » suivant l'expression de Gatechair.

3° Les experts avaient pris l'habitude, pour les prairies, d'estimer seulement le foin de l'année non coupé, les saignées et canaux d'arrosement et d'écoulement, sans priser le tissu, la superficie durable de la prairie.

Ces exceptions contraires au principe d'après lequel le colon doit être remboursé *de ses améliorations utiles sur le fonds*, avaient été vivement critiquées dans l'ancien droit (Baudouin, tome II, 307 et 308; Carris, sur l'usement de Rohan, page 16), et n'étaient point, d'ailleurs, admises dans tous les pays de domaine congéable.

L'estimation des bois convenanciers est la plus facile, leur valeur vraie correspondant toujours soit à leur valeur vénale, soit à la plus-value qu'ils donnent à l'immeuble. Quant aux édifices le prisage est beaucoup plus minutieux; il faut, comme nous l'avons vu, les estimer en détail, tenir compte de la matière et de la main-d'œuvre;

Baudouin pense qu'en droit pur la somme remboursable est égale à la dépense faite par le colon pour les constructions, mais que, dans la pratique, les édifices étant presque toujours fort anciens, on s'est trouvé dans l'impossibilité de connaître au juste la dépense qu'ils ont coûtée ; pour éviter des contestations dont la solution n'aurait pu s'établir sur aucune base solide, on a fini par décider que le congément aurait lieu en remboursant au colon, non pas précisément les sommes que ses auteurs et lui ont déboursées pour l'augmentation de l'héritage, mais le prix actuel des superfices suivant l'estimation des connaisseurs. Cette manière de procéder amène à un résultat inique pour le foncier, dans beaucoup de cas : il était d'usage autrefois, et il arrive même encore fréquemment de nos jours que le bailleur permette au colon de tirer des pierres ou d'abattre des bois pour construire ou réparer les édifices ; le colon, lorsqu'il est congédié, n'en a pas moins le droit de se faire payer la valeur intégrale de ses édifices, sans déduction de la valeur des matériaux qui lui ont été donnés, le don du foncier l'a rendu propriétaire de ces matériaux, lors même qu'aucune commission n'a été payée pour les obtenir ; pour que le superficiaire fût privé de la reprise de ces objets, il faudrait que le bail coutînt une stipulation expresse à cet égard. (Baudouin, tome II, 295).

On comprend combien est longue et compliquée
cette estimation des édifices par le menu ; la valeur
de la main-d'œuvre est encore assez aisément
appréciable, mais celle des matériaux offre plus
de difficultés, car il faut tenir compte non-seulement de la nature de ces matériaux et des dépenses
faites pour leur extraction, mais encore du prix
des transports de la carrière à pied d'œuvre, ce qui
dans des pays accidentés et sans routes pratica-
bles, constitue souvent une différence considérable
dans les prix de revient, entre deux tenues peu
éloignés l'une de l'autre.

Lorsque les bâtiments ont perdu de leur valeur
par vétusté, on a égard à l'état actuel, et on déduit
de l'estimation une valeur égale à la diminution
occasionnée par vétusté. C'est une application du
principe posé par la loi de 1791 : Tous les objets
qui doivent entrer en estimation seront estimés
suivant leur vraie valeur à l'époque de l'estimation. »

Il résulte encore de ce principe que le colon ne
saurait être admis à prouver que les bâtiments lui
ont coûté plus qu'on ne les a estimés. De son côté,
le foncier ne saurait prétendre que l'estimation
est exagérée parce que le colon a dépensé pour la
construction une somme inférieure au montant de
l'estimation.

C'est l'expert du congédié qui donne d'abord
son avis sur le prix de chaque chose, puis celui

du congédiant évalue à son tour, et le tiers expert, s'il ne peut les concilier, fixe lui-même une estimation qui ne soit ni supérieure à celle du premier expert, ni inférieure à celle du second; mention du dissentiment est faite au procès-verbal, sans indiquer de qui émane chaque estimation. Le tiers expert ne donne son avis que quand les deux autres sont en désaccord.

Lorqu'un objet est *débatif*, c'est-à-dire lorsqu'il y a doute sur la question de savoir si cet objet doit ou non entrer en congément, s'il doit être considéré comme faisant partie des droits convenanciers ou des droits fonciers, ou comme constituant une innovation faite en dehors des limites permises, et par suite non sujette à remboursement, il n'appartient pas aux experts de trancher la question; ils doivent simplement estimer l'objet débatif en mentionnant la prétention du congédiant; la justice appréciera ensuite la valeur de la réclamation.

Il n'est pas nécessaire que les parties assistent à l'expertise. Leur présence est néanmoins fort utile, car elles peuvent fournir aux experts des renseignements importants. Lorsque le colon est présent, comme il a dû lui-même veiller à ce qu'aucun des objets remboursables ne soit omis, on l'admet difficilement ensuite à prouver qu'un objet non prisé fait partie de ses droits. Son silence, lors de l'expertise, fournit un puissant argument contre lui. Lorsque le congédiant veut contester la qualité convenancière d'un objet, il doit déclarer aux experts qu'il s'oppose à l'estimation de cet objet; s'il a négligé de faire cette déclaration, il peut conserver le droit de réclamer en faisant une réserve lorsqu'il remhourse le colon.

Lorsque tous les experts savent écrire, le procès-verbal est écrit par un d'entre eux et signé par tous. Lorsqu'ils ne savent pas tous écrire, il est écrit et signé par le greffier de la justice de paix du lieu où s'est fait le prisage. (Pr. civ., art. 317.) La minute est déposée au greffe du tribunal qui a ordonné l'expertise, et les experts sont taxés au bas de cette minute. (Pr. civ., 319.)

Mais quelle est la taxe applicable aux experts qui procèdent au congément? Comme ils sont généralement désignés par le juge de paix, il semble naturel de leur appliquer le tarif établi pour les experts en justice de paix par les articles 24 et 25 du décret du 16 février 1807, d'après lesquels : « Il sera taxé à l'expert une somme équivalente à une journée de travail, même à une double journée si l'expert a été obligé de se faire remplacer dans sa profession, ce qui est laissé à la prudence du juge. Il sera taxé à l'expert qui n'a pas de profession 2 francs. Il ne sera pas passé de frais de voyage si l'expert est domicilié dans le canton où il procède. S'il est domicilié hors du canton et à une distanee de plus de 2 myriamètres et demi du lieu où il procédera, il lui sera alloué autant de fois une somme double de journée de travail ou une somme de 4 fr. qu'il y aura de fois 5 myriamètres de distance entre son domicile et le lieu où il aura procédé. » L'usage constant est de ne pas appliquer ce tarif en matière de domaine congéable ; on considère les experts comme nommés par le tribunal, quoique ce soit le juge de paix qui les désigne presque toujours ; en conséquence on leur applique les articles 159, 160, 161 et 162 du tarif, d'après lesquels : il sera taxé aux experts, par chaque vacation de trois heures, quand ils opéreront dans les lieux où ils sont domiciliés, ou dans la distance de 2 myriamètres ; aux artisans et laboureurs, 3 fr. ; aux architectes et autres artistes, 6 fr.; au delà de 2 myriamètres, il sera alloué, par chaque myriamètre, pour frais de voyage et nourriture, aux architectes et autres artistes, soit pour aller, soit pour revenir, 4 fr. 50 c.; il leur sera alloué pendant leur séjour à la charge de faire quatre vacations par jour, 24 francs. Pour les laboureurs, au delà de 2 myriamètres, il est alloué 3 francs par myriamètre pour aller, autant pour le retour, sans néanmoins qu'il puisse rien être alloué au delà de 5 myriamètres. -- Plus les vacations pour prestation de serment et de dépôt du rapport. L'usage est même d'appliquer à tous les experts le tarif maximum; on les considère tous comme architectes ou artistes; l'explication de cette pratique, qui paraît en contradiction manifeste avec la loi, se tire des difficultés que présente l'estimation des droits réparatoires; bien peu de personnes sont capables de remplir les fonctions d'experts en congément; on est obligé d'avoir recours à des notaires ou à des propriétaires qui ne consentiraient pas à se charger de ces opérations longues et délicates, si on les taxait comme experts en justice de paix, ou même comme artisans et laboureurs désignés par un tribunal.

Nous devons signaler ici deux clauses, assez rares d'ailleurs, qui modifient complétement ce que nous avons dit relativement au congément.

1° En acconvenançant un héritage déjà clos et en valeur, le bailleur stipule qu'en cas de congément ou de vente sur simples bannies, le preneur ne sera remboursé que des améloriations par lui faites, et non de celles accomplies avant son entrée en jouissance. « Cette convention qui a pour but de faciliter le remboursement est le germe presque certain de procès interminables par l'impossibilité de connaître exactement après un long espace d'années quels sont les objets réservés par le seigneur, quelle était leur valeur précise au temps du premier bail. Les colons, dans leurs partages et leurs contrats de vente, doivent exprimer et rabattre sur le prix la somme appartenant au foncier. » (Baudouin, tome II, 490.)

2° Le foncier peut stipuler que lorsqu'il voudra

expulser le colon, pour éviter les frais d'une expertise, il lui remettra une somme fixée d'avance; lorsque cette clause existe, il suffit pour congédier, de faire ordonner le congément en justice et de payer la somme convenue.

De la revue. — Le congédiant ou le congédié pouvait dans l'ancien droit, s'il n'était pas satisfait du travail des experts, demander qu'il fût procédé à la *revue*, c'est-à-dire à un nouveau prisage.

Cette revue peut-elle encore être demandée aujourd'hui? L'article 322 du Code de procédure n'admet les nouvelles expertises que lorsqu'elles sont ordonnées d'office par les juges s'ils ne trouvent pas dans le premier rapport les éclaircissements suffisants; mais cette disposition ne peut évidemment pas s'appliquer à notre espèce, car elle suppose que l'expertise a été ordonnée comme moyen d'instruction, ici nous nous trouvons sous l'empire d'une loi spéciale qui déroge au droit commun; ainsi il est certain que l'article 353 (pr. civ.), qui permet aux juges de ne pas suivre l'avis des experts, n'est pas applicable en matière de congément; il serait injuste de tirer argument d'une loi générale relative aux actes d'instruction pour priver les parties du droit de revue que l'ancienne législation avait établi à leur profit et que la loi de 1791 (art. 18) a laissé subsister. « Il est évident, dit M. Carré (page 276), que ce droit ne peut être interdit que par une disposition formelle d'une loi postérieure également spéciale sur la matière et uniquement applicable aux baux faits après sa publication. »

La revue doit donc être admise en matière de congément, mais quel en est exactement le caractère ? D'après Baudouin, la revue n'est autre chose qu'une nouvelle instance en congément. «L'instance en congément, dit-il (tome II, 286), recommence lorsque l'une ou l'autre des parties demande la revue»; il doit donc suffire pour la revue, comme pour la première instance en congément, de s'adresser au juge de paix pour faire constater le droit du demandeur et choisir de nouveaux experts. M. Carré suppose que cette demande doit être portée devant le tribunal, car il s'appuie, pour établir que la revue doit encore être admise de nos jours, non-seulement sur l'article 18 de la loi de 1791 qui met les frais de la *revue* à la charge de celui qui la demande, mais encore sur l'article 17 qui donne aux parties, en cas de contestation, le droit de se pourvoir devant le tribunal de 1re instance. M. Aulanier (n° 288) pense au contraire que la revue doit être demandée dans la même forme que le congément primitif, parce qu'il y a absolument même raison dans les deux cas; les mots *en cas de contestation* dans l'article 17 ne peuvent pas se référer à la revue, ils doivent s'entendre des difficultés que l'une des parties élèverait sur la ré-

gularité de l'expertise, ou sur le point de savoir si
tels objets font ou non partie des droits superficiels.
Du moment qu'on accorde aux parties le droit de
demander la revue, on ne voit pas pourquoi on les
obligerait à se pourvoir devant le tribunal ; la
revue ne peut soulever aucune question nouvelle,
puisque c'est simplement la reproduction de la
première instance en congément ; pourquoi la compétence du juge de paix ne serait-elle pas admise
la seconde fois comme la première ?

Dans quels délais peut-on demander la revue ?
La loi de 1791 n'ayant rien décidé à cet égard, il
faut se référer à l'ancien droit: On accorde un
délai d'une année à celui qui la requiert ; mais de
quelle époque commence à courir l'an de la revue ?
Baudouin (tome II, 287) déclare que ce point de
départ est difficile à déterminer ; selon les uns on
doit compter du jour de la notification du prisage,
car c'est alors que les parties connaissent le prix
donné aux superfices par les experts et peuvent
apprécier la lésion qui peut en résulter pour elles.
D'autres pensent que le délai annal doit seulement
courir du jour du remboursement. Jusque-là le
colon n'est pas certain d'avoir intérêt à se pourvoir
contre l'estimation ; il peut penser que le congément sera abandonné par désistement ; quant au
congédiant, c'est seulement quand il sera mis en
possession des superfices qu'il pourra savoir si
l'estimation est exacte ou non, c'est donc à partir

du remboursement qu'il faut faire courir le délai. Il n'est pas douteux que la revue pourra être demandée avant que le délai commence à courir; elle peut être admise dès que le prisage est terminé; de même qu'on peut former appel contre un jugement qui n'a pas encore été notifié, quoique le délai extinctif de l'appel ne commence à courir qu'après la notification (Baudouin, II, 288). L'an et jour pour demander la revue a toujours couru contre les mineurs en matière de congément, quoique la coutume de Bretagne admît à leur profit la suspension de cette prescription en toute autre matière. (Baudouin, II, 289.)

Dans l'ancien droit on ne pouvait pas renoncer à la faculté de demander la revue avant le prisage. (Duparc *principes*, tome IV, page 191.) Cette renonciation est-elle encore interdite aujourd'hui? Nous ne le pensons pas; notre législation actuelle est loin d'être favorable à la revue comme l'était l'ancien droit; la revue n'est plus de nos jours qu'une exception autorisée par la loi de 1791; on doit donc accueillir favorablement toute convention ayant pour but de renoncer à une mesure qui déroge à l'esprit général de nos lois pour rentrer sous l'empire du droit commun; il faut toutefois observer que, pour faire cette renonciation, on doit être capable de transiger, car elle transforme les experts en arbitres (Aulanier, 286).

Baudouin (tome II, 286) admet que la revue peut

être demandée par les créanciers du congédié, « pourvu qu'ils en avancent les frais, sous le seul espoir d'en avoir la reprise par préférence sur l'excédant qu'elle procurera au delà de l'estimation précédente. » Cette décision doit encore être admise actuellement, car elle est conforme aux principes posés par l'article 1166 du Code civil.

Il peut arriver que la seconde estimation au lieu d'être favorable à la partie qui a demandé la revue lui soit au contraire plus défavorable que le premier prisage; dans ce cas, la partie adverse peut-elle se prévaloir de la revue quoiqu'elle ne l'ait pas demandée ? Pour répondre à cette question il faut se reporter aux principes de l'ancienne coutume sur la revue : l'action en revue est annale, les parties qui veulent en profiter doivent l'intenter dans le délai fixé, et supporter les frais; si une seule des parties y a recours elle le fait à ses propres frais et dans son seul intérêt; elle n'interrompt la prescription que pour elle-même; son adversaire pouvait, dans le même temps, former pour son compte une demande semblable; s'il ne l'a pas fait, il ne peut pas profiter de la revue faite sur l'instance de l'autre, pas plus qu'il ne pourrait demander la revue après l'expiration du délai. On a invoqué en sens contraire d'Argentré, mais évidemment l'opinion de ce célèbre jurisconsulte a été dénaturée, car nulle part il n'a soutenu une semblable doctrine; on peut au contraire conclure de ce qu'il dit sur l'article 260 de l'ancienne coutume (où il s'agit de la revue en matière de partage qui devrait être la plus favorable et par cela même la plus susceptible d'extension), « que dans les cas où la loi veut que le prisage soit fait à frais communs, elle suppose qu'il a pour objet une affaire commune tant à celui qui le demande qu'à tous ceux contre qui il est demandé. Donc lorsque la loi dit que le prisage de revue sera fait aux frais de celui qui le demande, (loi de 1791 art. 18) elle suppose et décide que le demandeur en revue ne fait pas une affaire commune, qu'il ne fait que la sienne propre ; qu'il n'interrompt la prescription et ne conserve l'action annale de revue que pour lui-même, qu'il ne fait pas l'affaire de l'autre partie et qu'ainsi le prisage auquel il peut procéder ne peut devenir un titre lucratif pour cette dernière. Et en effet, elle a pu demander aussi la revue pour son compte et à ses frais avant l'échéance d'an et jour. Si elle s'en est abstenue, elle est donc censée par cela seul avoir définitivement acquiescé au premier prisage en ce qui concerne son propre intérêt ». (Carré, page 279).

On objecte que, d'après Baudouin (II, 291) « la revue est une réformation du premier prisage ; sa fin naturelle est de charger le congédiant de payer précisément les capitaux qu'il eût dû payer dès le principe ; » mais ce passage ne peut pas être invoqué dans la question qui nous occupe, car il se réfère à une hypothèse différente : Baudouin recherchait si le congédiant devait payer les droits d'insinuation sur l'excédant du prisage de la r evue demandée par le colon, ce qui n'a aucun rapport avec notre hypothèse; sa phrase exprime une idée très-exacte, à savoir que le colon ayant poursuivi la revue, c'est le prix de la seconde estimation, et non de la première, qui aurait dû lui être remis dès le principe; par conséquent il a le droit de réclamer le montant de la différence qui existe entre ces deux prisages; si, au contraire, c'est le foncier qui demande la revue et qu'il obtienne une estimation inférieure à la première, la seconde estimation fixe exactement les capitaux qu'il aurait dus dès le principe; il a donc le droit de répéter ce qu'il a payé en trop.

On objecte encore que, lorsque l'une des parties demande la revue, comme il faut désigner des experts, la partie adverse, en faisant choix d'un expert, consent au nouveau prisage, et que, par suite, il se forme un quasi-contrat, un accord entre les parties pour procéder à la revue; que, en conséquence, la revue doit profiter à toutes deux. Ce raisonnement n'est pas bien fondé; nous sommes loin de trouver ici un accord de volonté, la partie qui ne demande pas la revue, lorsqu'elle désigne un expert, ne s'accorde pas avec son adversaire; tout au contraire, elle choisit, pour défendre ses intérêts, une personne en qui elle a confiance, cela vaut bien mieux pour elle que de laisser au juge de paix le

soin de choisir un expert qu'elle ne connaîtra
peut-être pas ; d'ailleurs elle n'a aucun moyen de
s'opposer à la revue. Si la revue peut profiter à
celui qui ne la demande pas, il faut dire que l'article 18 de la loi de 1791 contient une disposition
inique, puisqu'il met les frais de la revue à la
charge de celui qui la demande, et non de celui qui
en profite. Il faut donc dire que la revue ne peut
être invoquée que par la partie qui l'a demandée.

D'ailleurs, si l'une et l'autre la demande, on devra dire qu'elles supporteront les frais en commun.
La partie qui demande seule la revue pourra se
désister sans que l'autre ait à réclamer que l'instance continue ; puisque nous avons admis que la
revue peut profiter seulement à celui qui la demande, l'adversaire n'a aucun intérêt à ce qu'un
désistement ne se produise pas, et par suite, ne
peut pas se plaindre si le demandeur se désiste.

Nous avons vu plus haut que la revue était considérée par Baudouin comme une nouvelle instance
en congément ; il ne faudrait pas attacher une trop
grande importance à cette expression et assimiler
la revue en tous points à l'instance en congément ;
ces deux procédures ont effectivement un but commun : amener à reconnaître quelle somme le foncier doit rembourser au colon, mais il y a entre
elles deux différences importantes :

1° L'instance en congément doit être introduite
six mois au moins avant la Saint-Michel, et ter-

minée dans ce délai, au lieu que la revue peut être demandée à toute époque de l'année, et terminée après la Saint-Michel; elle peut même être commencée après cette époque.

2° La demande en revue n'a pas pour objet, comme l'instance en congément, d'amener l'expulsion du colon, mais seulement de fixer le montant du remboursement; aussi elle ne suspend pas le cours de l'instance primitive, en vertu de laquelle. malgré la demande en revue, le congédiant devra effectuer le remboursement, et le congédié quitter la tenue au 29 septembre.

Selon Baudouin (II, 291), le supplément dû par le congédiant lorsque la seconde estimation est supérieure à la première, « se paie sans intérêts compensatoires de jouissance, parce que le prisage primitif étant un titre légal, le congédiant est possesseur de bonne foi. » Cette décision doit-elle être encore admise? Pour la repousser, on tire argument des articles 1652 et 1682 du Code civil, d'après lesquels l'acheteur doit l'intérêt du prix lorsque la chose vendue et livrée produit des fruits et autres revenus; l'acquéreur qui, pour éviter la rescision de la vente, paie un supplément de prix, doit l'intérêt du supplément du jour de la demande en rescision. (Aulanier, 295.)

La question nous paraît fort douteuse: l'article 1652 ne peut évidemment pas fournir argument ici, puisqu'il se réfère à une espèce où le prix

étant fixé lors de l'entrée en jouissance, l'acheteur
a commis une négligence en ne payant pas immédiatement ; au contraire, dans le cas de revue, le
foncier n'a pas pu payer plus tôt, la somme qu'il
doit payer en supplément n'étant pas fixée lorsqu'il
a effectué le remboursement sur les bases de la
première estimation, il n'a donc aucune négligence
à se reprocher.

L'analogie entre le supplément fourni en cas de
rescision pour lésion, et celui fourni après la
revue n'est pas complétement exacte, le congédiant
n'est pas du tout dans le même cas que l'acheteur
dont la vente est rescindée ; cet acheteur est vu
avec défaveur par le législateur, car il a profité de
l'embarras de son vendeur pour acheter à vil prix,
il est presque coupable de dol ; ce point de vue est
certainement celui auquel se sont placés les rédacteurs du Code, car ils n'admettent la rescision pour
lésion que dans les ventes amiables ; le congédiant
nous paraît plutôt dans une position analogue à
celle de la personne qui achète un bien sur adjudication en justice, et contre laquelle la rescision
n'est pas admise. En effet, ce n'est pas le congédiant qui fixe le prix des superfices, ce sont des
experts qui présentent de sérieuses garanties d'im-
partialité. D'ailleurs, la rescision n'est admise que
pour les ventes d'immeubles ; or, les superfices
sont meubles à l'égard du foncier, il est donc tout
à fait inexact de comparer ces deux hypothèses. Il

nous semblerait inique de faire supporter au congédiant des intérêts moratoires qui sont, après tout,
des dommages-intérêts, lorsque le dommage causé
au colon provient uniquement d'une erreur d'experts sur les travaux desquels le foncier n'avait
aucune influence à exercer. En conséquence, nous
pensons que la décision de Baudouin doit encore
être appliquée aujourd'hui, et que le supplément dû
par le congédiant lorsque la seconde estimation
est supérieure à la première se paie sans intérêts.

VI. — *Quand et comment le remboursement doit être effectué ?*

Le remboursement doit être effectué avant l'expulsion du colon, c'est-à-dire avant la Saint-Michel,
puisque l'expulsion ne peut avoir lieu à une autre
époque. (Loi de 1791, art. 21.)

Le remboursement doit être total ; il doit comprendre le montant intégral de la valeur des objets estimés par les experts. Que décider relativement aux objets débatifs ? Baudouin (t. II, 279)
pense « que s'il s'élève des difficultés sur quelque
objet qui soit argué d'innovation par le congédiant
et soutenu superfice remboursable par le congédié,
celui-ci en peut exiger le remboursement provisoire avant son expulsion. Nulle difficulté par rapport à l'édifice qui existe depuis plus d'un an,
parce que la possession annale assure la provision

au possesseur, mais cette faveur ne saurait être
refusée, même pour les articles contentieux indif-
féremment, surtout quand le congédié offre d'en
cautionner la perception. Il suffit qu'en général
les convenanciers ne puissent être congédiés qu'a-
près le remboursement préalable de leurs améliorations, et que le seigneur n'ait pas encore fait décider que telle amélioration est illicite, pour qu'il
n'ait pas le droit de jouir en même temps de la
chose et du prix. » M. Aulanier adopte cette manière de voir (n° 241) en insistant sur la caution
offerte par le congédié; d'après lui, on doit accorder
au congédiant le droit d'exiger une caution, et, si
la caution n'est pas fournie, de consigner le montant des droits contestés ; par ce moyen, on arrive
à un remboursement intégral sans aucun risque
pour le foncier ; si Baudouin avait écrit sous l'empire de la loi de 1791, aux termes de laquelle le
remboursement doit être effectué avant la Saint-
Michel, il eût sans doute exigé la caution, mais de
son temps la question ne présentait pas le même
intérêt qu'aujourd'hui, puisque le remboursement
pouvait avoir lieu à toute époque de l'année, et
que, par suite, le foncier pouvait attendre, pour
rembourser, que la question soulevée relativement
aux objets débatifs eût été tranchée.

Les colons eux-mêmes sont intéressés à donner
cette caution ; en effet, si, dans la suite, un objet
débatif est reconnu comme faisant partie des droits

fonciers, les colons devront restituer la somme afférente à cet objet qu'ils ont indûment reçue, or ils sont solidairement tenus à cette restitution, puisque nous avons vu que les colons sont solidaires envers le propriétaire pour toutes les actions que celui-ci intente contre eux à raison de ses droits fonciers. En conséquence, les colons solvables, s'il n'a pas été donné caution, vont supporter à eux seuls le recours du foncier. Leurs consorts ont eu le temps, depuis le remboursement, de diminuer leur solvabilité ou de dissiper les sommes qu'ils ont reçues pour leur part dans les droits réparatoires.

Le congédiant qui paie la valeur d'objets débatifs, doit avoir soin de faire mentionner des réserves dans la quittance, sans quoi, son silence lors du remboursement, pourrait lui être opposé com me une renonciation tacite à la faculté de faire reconnaître par le tribunal la qualité des objets contentieux. (Aulanier, 242.)

Baudouin (t. II, 280) permet au foncier, lorsqu'il rembourse le colon, de retenir par compensation les sommes liquides qui lui sont dues pour levées arréragées de sa rente : « La préférence incontestable qui lui appartient sur les droits superficiels de son convenant, lui permet d'user de cette rétention, et le dispense d'entrer dans l'ordre quand des créanciers étrangers s'opposent sur le congément. » Aux levées arréragées de la rente il faut évidemment ajouter toutes les sommes qui

ii sont dues à raison de ses droits fonciers, lesquelles sont aussi garanties par le même privilége ;
quant aux sommes liquides qui lui sont dues à tout
autre titre par le colon, on ne voit pas pourquoi le
foncier n'aurait pas le droit d'en retenir le montant
en opposant la compensation, sauf à en rendre
compte aux créanciers du colon, si ceux-ci se trouvent colloqués au même rang ou en un rang préférable.

Si le colon se refuse à recevoir le remboursement
et à donner quittance, il faut lui notifier le prisage,
faire des offres réelles et consigner. Quand il y a
plusieurs codomaniers, il n'est pas nécessaire de
s'adresser à chacun d'eux, le remboursement peut
être valablement effectué entre les mains d'un seul.
Il est d'usage, lorsqu'on notifie le prisage, d'indiquer quand on fera les offres réelles, mais cette indication n'est pas exigée à peine de nullité. Un
autre usage assez répandu consiste à assigner le
colon devant un notaire ou le juge de paix, pour
recevoir le remboursement ; si le colon ne se présente pas, cette assignation ne peut certainement
pas remplacer les offres réelles. (Aulanier, 245, et
suiv.)

La consignation devant opérer le même effet que
le remboursement, doit être effectuée au plus tard
le 29 septembre ; mais jusqu'à quel moment
pourra-t-on valablement notifier au colon la consignation ? La cour de Rennes a décidé, dans un arrêt

du 16 floréal an X, que la notification pouvait avoi[r] lieu au plus tard le 30 septembre : la consignatio[n] devant tenir lieu de payement doit être connue d[u] créancier dans le délai où le payement pourrait être effectué entre ses mains ; toutefois la coutume de Bretagne permettait de différer au lendemain de l'échéance la notification de la quittance de consignation en matière de retrait lignager, où il y avait aussi un délai fatal pour le remboursement. « En assimilant sous ce rapport l'exercice d'un congément, le foncier doit au moins notifier au colon l'acte qui prouve qu'il a consigné le lendemain du jour qu'il l'a fait, lorsqu'il ne consigne que le dernier jour du délai. »

Quel est exactement l'effet du défaut de remboursement à la Saint-Michel ? Il est certain que, dans tous les cas, le colon ne peut plus être expulsé la même année ; mais que devient la procédure ? Pourra-t-elle servir pour la Saint-Michel suivante, ou faudra-t-il recommencer tout le congément ? Il faut distinguer : si le retard provient du fait du congédiant, une nouvelle demande doit être formée pour l'année suivante ; s'il provient du fait du congédié, l'instance continuera. (Aulanier 253 ; Carré, pages 293 et 293 ; Cour de Rennes, 26 frimaire, an XIV, 16 septembre 1815.)

Il faut observer que, dans ce second cas, un an s'étant écoulé depuis le prisage, l'estimation peut être devenue inexacte, en sorte qu'il sera souven[t]

utile de procéder à une nouvelle expertise ; assurément, si l'une des parties demandait cette nouvelle
estimation, on ne saurait la lui refuser, les frais
devront en être supportés par la partie qui est
cause du retard.

VII. — *Par qui les frais du congément sont supportés.*

Dans l'ancien droit, les frais du congément
étaient supportés par le congédiant. Galechair ne
met à sa charge que les frais de prisage et de
remboursement, laissant supporter par le congédié les dépens de l'instance de congé ; Baudouin
affirme, « que cette distinction n'est admise dans
aucun usement, à l'exception de celui de Poher,
où l'estimation et la procédure sont aux frais du
convenantier ; tous astreignent le seigneur à supporter le coût de l'une et de l'autre, tous sont
exactement conformes à l'arrêt du 3 décembre
1614, référé dans Bélordeau (controverse 46 du
livre 7 de la seconde partie,) qui jugea que le congédiant doit payer les vacations et salaires du conseil de l'homme domanier : encore qu'il fût question de peu, cela fut jugé pour la conséquence,
observe Bélordeau, et que le domanier n'était tenu
de vuider, s'il n'était entièrement remboursé au
désir du prisage. »
La loi de 1791 n'a donc fait que confirmer
l'usage général en décidant dans son article 18

que « les frais de la nomination d'experts, de leur
prestation de serment, du prisage et de l'affirmation seront supportés, à l'égard des baux actuellement existants, par le propriétaire foncier, et pour
les baux qui seront faits à l'avenir, ils seront payés
par ceux que les conventions en chargeront. » On
s'accorde pour reconnaître qu'il faut ajouter aux
frais énumérés dans cet article ceux de dépôt,
retrait et notification du rapport des experts, et
des offres réelles, qui dans le droit actuel remplacent l'affirmation (Aulanier 257); autrement dit, le
congédiant doit supporter tous les frais nécessaires
à l'exercice de ses droits, mais il ne peut pas être
chargé de ceux qui sont occasionnés par le mauvais vouloir ou les réclamations du colon tels que
frais de consignation, demande en validité des
offres, revue, jugement du tribunal de première
instance, quand le colon conteste le droit de congédier ou soulève des réclamations au sujet de
l'estimation.

La loi de 1791 n'accorde pas d'indemnité au
colon pour le temps qu'il a passé à faire la montrée de ses droits; mais l'usage est constant de lui
accorder trois francs par jour; sous l'empire de
l'ancienne législation, on lui accordait aussi le
prix de ses journées, sauf dans quelques cantons.
(Baudouin, tome II 317.)

La disposition de l'article 18 de la loi de 1791,
qui laisse aux parties dans les baux à venir le soin

de stipuler par qui les frais seront supportés, peut soulever quelques difficultés : d'abord qu'entend-elle par ces mots: « les baux qui seront faits à l'avenir?» On s'accorde pour reconnaître qu'elle veut seulement parler des baux en premier détachement et non des baillées. — En second lieu à la charge de qui doit-on laisser les frais dans le cas où le bail postérieur à la loi de 1791, ne contient aucune clause à ce sujet? Nous pensons que les frais seront alors supportés par le congédiant, comme pour les baux anciens; en effet, quoique la loi semble indiquer qu'elle fait une différence à cet égard entre les baux anciens et nouveaux, rien dans son texte et dans son esprit n'autorise à donner une solution différente : la loi ne disant pas expressément par qui les frais seront supportés, quand les baux à venir ne contiendront pas de stipulation à ce sujet, il faut appliquer la règle établie par les anciens usages, et confirmée pour les baux anciens par la loi de 1791 elle-même; d'ailleurs cette règle est équitable et conforme à la législation actuelle; les frais dans les ventes sont supportés par l'acheteur; or par le congément le foncier devient acquéreur des superfices, il est donc juste qu'il paye les frais. — (Aulanier 259 et 260.)

VIII. — *Quels sont les effets du congément.*

L'expulsion du colon est l'effet matériel du congément. Le colon remboursé doit quitter la tenue dès le lendemain de la Saint-Michel ; s'il s'y refuse, un jugement du tribunal constatera que toutes les formalités relatives au congément, y compris le remboursement ou la consignation, ont été accomplies et ordonnera l'expulsion qui sera exécutée par le ministère d'un huissier, celui-ci dressera un état des objets appartenant au colon, et les fera mettre hors de la tenue, sans même les confier à un gardien. (Aulanier, 271.)

Le domanier ne saurait refuser de quitter la tenue, sous prétexte qu'on est en train de procéder à une revue, ou qu'il conteste certains points devant le tribunal ; il doit s'en aller du moment que le congément est régulièrement accompli ; s'il reste, et oblige le congédiant à recourir aux moyens d'expulsion judiciaires, il doit non-seulement les frais, mais même des dommages-intérêts.

Le colon étant expulsé, le foncier reprend la jouissance intégrale de son immeuble ; l'acquisition qu'il vient de faire des superfices anéantit toute trace du domaine congéable ; sa propriété rentre dans le droit commun ; les superfices lui sont acquis libres de toutes les charges créées par e colon ; de son côté le colon est, par le fait du ongément, délié de toutes les obligations qu'il vait contractées envers le foncier.

Le colon étant, par le congément, dépouillé de on droit de jouissance, si au lieu d'exploiter lui-nême la tenue, il a affermé ses droits convenan-iers, son fermier doit être obligé de quitter l'im-neuble, par application de la maxime: « resoluto jure dantis, resolvitur jus accipientis. » Cela ne aisait aucun doute dans l'ancien droit. (Baudouin, I, 324.) Mais doit-on donner encore la même déci-sion? M. Aulanier (n° 273) pense que non : l'an-cien droit admettait l'application de la maxime « resoluto jure dantis resolvitur jus accipientis » avec une rigueur, que repoussent nos lois actuelles : ainsi on décidait que le bail était résolu de plein droit par la vente; que le bail consenti par l'usu-fruitier cessait lorsque l'usufruit s'éteignait ; que le bail consenti par l'acheteur à réméré prenait fin lorsque la faculté de rachat était exercée. Dans tous ces cas le Code civil laisse subsister le bail ayant date certaine pourvu que la période de jouis-sance accordée au preneur n'excède pas neuf ans; enfin l'article 16 de la loi de 1791 soumet le bail à convenant à toutes les lois générales éta-blies ou à établir dans l'intérêt de l'agriculture, or les articles 1673 et 1743, qui laissent subsister le bail dans les cas de réméré et de vente, ont certai-nement pour motif l'intérêt de l'agriculture.

Nous pensons cependant que la solution ancienne doit encore être admise de nos jours, et que le fermier du colon ne peut pas opposer son bail au foncier. Effectivement dans tous les cas où nos lois modernes ont décidé que le bail continuerait de recevoir son exécution, quoique le droit du bailleur fût résolu, le bailleur a sur l'immeuble un droit tout différent de celui du colon. Quelle est en effet la position du colon? Il a sur l'immeuble un droit de jouissance qui lui est garanti pendant une certaine période fixée par le bail ou la baillée, évidemment on ne saurait prétendre que, si à l'expiration de la baillée, le foncier congédie, le bail consenti par le colon lui sera opposable, le colon avait un droit de jouissance, qui devait durer un temps limité, il n'a pu affermer ses droits pour un temps plus long; si nous supposons que le colon a continué la jouissance après l'expiration du bail ou de la baillée, dans quelle situation se trouve-t-il? si le bail ou la baillée est postérieure à 1791, il jouit par tacite reconduction, (loi de 1791, art. 14), il ne peut donc pas affermer pour une période plus longue que celle à laquelle il a droit; si au contraire le bail ou la baillée est antérieure à 1791, il peut être congédié tous les ans; son droit de jouissance est donc annal, et il ne peut pas conférer à un tiers plus de droits qu'il n'en a lui-même.

Le colon a un droit de jouissance analogue à

celui du fermier; son droit de propriété sur les superfices n'est qu'un accessoire; il n'a pas, comme l'acheteur, un droit de propriété immobilière, ni, comme l'usufruitier, un droit réel de jouissance et usage, il est détenteur précaire du fonds ; lorsqu'il afferme ses droits convenanciers, il cède à son fermier son droit de jouissance sur le fonds et lui loue ses superfices, il est dans une position analogue à celle du locataire d'une maison qu'il garnirait de meubles pour la sous-louer. Le fermier du colon n'est donc qu'un sous-locataire, vis-à-vis du foncier; par suite il ne peut pas avoir un droit de jouissance plus étendu que le colon lui-même.

L'argument tiré contre notre opinion de ce que le domaine congéable est soumis aux lois établies ou à établir, dans l'intérêt de l'agriculture, nous paraît peu conclant, il nous semble au contraire que cette disposition est toute en faveur de notre système, car elle établit une analogie entre le bail à convenant et le bail à ferme, par conséquent entre le colon et le fermier, entre le fermier du colon et le sous-locataire, il suffit de lire le texte de l'article pour s'en convaincre : «Seront au surplus les conventions que les parties auront faites subordonnées aux lois générales du royaume établies ou à établir pour l'intérêt de l'agriculture, relativement aux baux à ferme, en ce qui sera applicable au bail à convenant. »

Le fermier du colon ainsi expulsé a-t-il le droit de réclamer à son bailleur des dommages et intérêts ? Non, pourvu que le colon ne lui ait pas caché la qualité convenancière de ses droits. « Son éviction, dit Baudouin (II, 325), provient d'une force majeure dont personne ne répond sans une convention expresse. Il reprocherait inutilement à son bailleur que celui-ci a pu prévenir le congément et la résolution conséquente de la ferme en obtenant une assurance du foncier ; outre l'impuissance de forcer un seigneur à la dation d'une assurance, qu'il est parfaitement maître de refuser, le colon, qui ne s'y est point assujetti dans la ferme de ses droits superficiels, n'est pas tenu d'acheter une pareille baillée qui souvent lui coûterait une somme considérable sans reprise vers son fermier ; il suffit que le preneur ait connu la qualité des immeubles qu'on lui affermait, pour qu'il soit censé s'être soumis à tous les événements qui en résultent. »

Le fermier doit rendre au colon les engrais, pailles, émondes, qu'il avait reçues à son entrée en jouissance, et en payer les moins-valeurs. — S'il a fait lui-même quelques améliorations, elles seront comprises dans le prisage, et la valeur lui en sera remise, alors même qu'une clause expresse porterait que les améliorations par lui faites ne lui seront pas remboursées à sa sortie ; « car cette condition, assez commune dans les fermes, a pour objet unique d'exempter le bailleur de rembourser lui-même les améliorations : ainsi lorsque le remboursement s'en fait par le foncier ou son subrogé en congément, le colon n'a nul intérêt à l'empêcher, nul droit pour en profiter. » (Baudouin, II, 326.)

D'ailleurs, la circonstance que les droits convenanciers ont été affermés ne modifie pas l'action du foncier contre le colon; le foncier n'en a pas moins une action directe contre le colon pour obtenir l'éxécution du congément et de toutes ses conséquences, il ne connaît que le colon, c'est contre lui qu'il agit, et si le fermier met quelque obstacle à l'exercice de la faculté de congédier, ou fait un acte préjudiciable au congédiant, celui-ci peut agir contre le colon pour obtenir une indemnité, le colon ne peut pas porter atteinte aux droits du propriétaire en affermant la tenue, il est responsable de ses fermiers (Baudouin, II, 327).

Lorsque, la tenue étant séparée en plusieurs portions divisées, le congément a lieu pour une seule de ces portions, que deviennent la rente convenancière et les servitudes établies entre les diverses fractions de la tenue ? La rente est éteinte (ou mise à la charge du congédiant en cas de baillée de congément), proportionnellement à la partie congédiée. Quant aux servitudes, il faut distinguer : celles qui résultent nécessairemént de la nature des choses subsistent ; celles qui, sans être indispensables au service des terres, ont été établies par la convention des colons sont éteintes.

Les conventions particulières des domaniers entre eux n'ont aucun effet à l'égard du foncier; elles ne lui sont pas opposables; en sens inverse, il ne saurait non plus en profiter.

Ce principe reçoit encore son application dans une autre hypothèse : les colons, en partageant la tenue ou en vendant une fraction de leurs droits convenanciers, ont stipulé que telle portion serait affranchie du payement de la rente ou des contributions soit totalement, soit en partie, et que les autres portions de la tenue seraient grevées de ces charges ; quel effet peut avoir cette convention en présence d'un congément? Evidemment elle n'a aucun effet vis-à-vis du foncier ou de son cessionnaire, et la rente sera éteinte ou transférée à la charge du congédiant proportionnellement à la valeur de la partie congédiée, on devra donc procéder à une ventilation.

L'application de ce principe fait naître des difficultés dans les rapports des colons entre eux.

Supposons d'abord que la partie congédiée est celle qui se trouvait exempte de toutes charges, ou en faveur de laquelle existaient des servitudes conventionnelles : le colon congédié a-t-il quelque recours contre ses consorts? Selon les uns rait le droit de demander chaque année, à ses consorts, une somme égale à la redevance dont il était exempt, et que supporte aujourd'hui le congédiant, et lorsque la portion grevée sera à son tour congédiée, il pourra se faire rembourser le capital de cette redevance; on considère que, lors du partage, l'exemption de charges accordée à sa portion constituait une soulte dont on lui servait pour ainsi dire les intérêts en payant pour lui sa part de redevance, mais dont le capital devait lui être remboursé lors du congément total de la tenue; par conséquent, lorsqu'il est seul congédié, il peut ou céder au congédiant son droit à l'exemption de redevance, pour que celui-ci l'exerce contre les autres domaniers, ou réclamer à ses consorts une indemnité dans les termes indiqués plus haut. — Dans une autre opinion, le colon une fois congédié n'a plus aucun droit contre ses cotenanciers; la franchise qui lui était garantie par eux cesse d'avoir son objet, puisqu'il n'est plus tenu de payer aucune redevance, le remboursement qu'il reçoit l'affranchit de toute charge, il n'a donc aucune raison de se faire garantir par ses consorts contre des charges qui ne pèsent plus sur lui. Ce sentiment est celui de Baudouin (t. II, 331); les motifs sur lesquels il s'appuie sont les mêmes pour la rente et les servitudes; ils apparaissent surtout clairement au cas de servitudes contractuelles : « Comme elles étaient principalement établies pour l'utilité réelle et prédiale des superfices, le superficiaire remboursé est précisément dans le cas d'un propriétaire dont le fonds, ayant un droit de servitude, périt. La servitude cesse, et le maître de l'héritage asservi n'est point tenu de payer la liberté qui lui procure cette cessation. » On comprend d'ailleurs que la solution de cette question dépendra souvent des circonstances ; il est bien possible que, dans l'intention des parties, le payement de la redevance par ses consorts, représente pour le colon en faveur de qui il est stipulé, les intérêts d'une soulte ; mais cette idée nous paraît trop cherchée pour pouvoir être présumée en dehors de toute autre preuve qui l'établisse ; en admettant même l'idée d'une soulte, il nous semble plus naturel de supposer que la portion de redevance supportée par les consorts, au lieu de représenter les intérêts d'un capital exigible lors du congément, constitue une prestation périodique qui représente elle-même la valeur de la soulte, comme le ferait un droit d'usufruit, ou une rente viagère constituée au profit d'un des copartageants.

Supposons maintenant que la partie congédiée est celle qui se trouvait grevée d'une servitude contractuelle, ou du service de la rente. Le congément n'éteint la rente que proportionnellement à la portion congédiée, en sorte que les consorts du congédié vont avoir à payer une redevance plus forte qu'auparavant; ont-ils droit de lui demander une indemnité? La négative s'appuie sur ce que les charges assumées par le congédié n'avaient été acceptées par lui qu'à raison de la possession des superfices; puisqu'il en est dépouillé, il est par là-même affranchi des obligations qu'il avait contractées à ce sujet. Baudouin (II. 332) repousse cette décision : Si le colon congédié a consenti à grever sa portion, il a dû nécessairement recevoir quelque avantage en échange; en conséquence ses consorts ont le droit d'exiger de lui qu'il continue de leur assurer la même franchise pendant tout le temps qu'ils resteront en possession de leurs parts dans la tenue.

CHAPITRE IV.

DES DROITS FONCIERS ENTRE COPROPRIÉTAIRES ET RELATIVEMENT AUX TIERS.

Nous avons jusqu'ici considéré les droits fonciers dans les rapports du propriétaire avec le colon; nous devons les examiner maintenant dans les rapports des propriétaires entre eux et avec les tiers.

I. *Des droits fonciers entre copropriétaires.*

Du partage des droits fonciers. — Les droits fonciers étant immeubles sont soumis dans les partages aux mêmes règles que les autres immeubles. La division des droits fonciers ne présente pas plus de difficulté que celle des autres biens. On désignera à chacun des copartageants une partie de la tenue sur laquelle il exercera ses droits.

Au point de vue du partage, les anciens titres présentent quelquefois des difficultés ; ils donnent aux cofonciers, sur une même tenue, des redevances de différentes espèces, *avec le fonds à proportion*, par exemple à l'un quarante francs de rente, à l'autre dix mesures de froment. On est obligé, pour savoir quelle est la part de chacun, de remonter à l'époque de la division des droits fonciers, pour estimer ce que valaient alors dix mesures de froment ; mais souvent on ne sait pas à quelle époque a eu lieu la division, qui est constatée seulement par des actes récognitoires ; on doit alors s'arrêter à l'acte le plus ancien, comme s'il était l'acte constitutif. On comprend qu'il serait inexact de procéder à l'estimation d'après les mercuriales actuelles, les prix des denrées ayant nécessairement varié d'une façon sensible depuis la division de la rente (Baudouin, t. I, 174).

Les fonciers ne peuvent pas, par les arrangements qu'ils font entre eux, modifier la position du colon ; en conséquence, le partage ne leur donne pas le droit de congédier séparément les portions divises qu'ils se sont créées dans la tenue,

lorsque ces portions se trouvent dans la main d'un
seul colon ; mais chacun d'eux peut jouir séparément de ses arbres et de tous les droits dont la
division ne nuit pas aux droits convenanciers
(Baudouin, t. I, 175)..

Au lieu de partager les droits fonciers entre les
copropriétaires, il arrive souvent qu'on les mette
en entier dans le lot d'un seul ; il faut alors procéder à l'estimation de ces droits. Quelle base
faut-il prendre pour cette opération ? Baudouin
(t. I, 165 et 167) dit que, conformément à un
acte de notoriété, du 14 janvier 1741, il est d'u-
sage constant, dans les pays de domaine congéable, d'estimer au denier 25 les redevances convenancières, sans tenir compte des commissions qui
peuvent être perçues à l'occasion des renouvelle-
ments de baillées, ni de la valeur des bois fonciers.
Les rentes payées par le colon, en l'acquit du foncier, doivent être comprises dans cette estimation.
Si le foncier transporte à un tiers la totalité de la
rente convenancière, et retient seulement le fonds,
comment estimer la valeur des droits ainsi rete-
nus ? On les prise au cinquième de la valeur que
représenteraient les droits fonciers, si la rente n'é-
tait pas aliénée. Baudouin (t. I, 170 et 171) nous
explique comment on est arrivé à ce résultat : la
rente convenancière s'estime au denier 25, la
rente foncière au denier 20. Or, la rente aliénée
par le foncier n'est plus entre les mains de l'ac-

quéreur qu'une rente foncière qui s'estimera au denier 20 ; c'est donc qu'en perdant la qualité convenancière elle a perdu la différence entre 25 et 20, un cinquième ; c'est donc que les droits restés aux mains du foncier représentent un cinquième de la valeur totale de la foncialité. — Si, au lieu d'aliéner la totalité de la rente convenancière, le foncier en a seulement aliéné une partie, on applique le même procédé ; on estime d'abord au denier 25 la partie non aliénée, et on ajoute à ce prisage le cinquième de la valeur de la portion dont la rente a été vendue (Baudouin, I, 172).

Cette manière de procéder a l'avantage d'être fort simple : elle est encore adoptée généralement de nos jours ; mais elle présente un grand inconvénient : elle donne des résultats inexacts : en matière de partage, l'inexactitude est souvent sans danger, car les tenues qui composent la masse partageable se trouvent généralement toutes dans les mêmes conditions, en sorte que la base adoptée pour l'estimation, s'appliquant à toutes, les copartageants se trouvent avoir des lots égaux ; mais, lorsqu'on est obligé de composer un lot avec des droits fonciers, un autre avec des objets de différente nature, on arrive à des résultats injustes ; il faudrait, dans ce cas, estimer les droits fonciers à leur valeur vraie, à leur valeur vénale ; or, le mode de procéder que nous venons d'indiquer est loin de conduire à ce résultat : pour connaître la

valeur véritable des droits fonciers, il faut estimer
d'abord la tenue comme si elle était à héritage, et
déduire du total la valeur des droits convenanciers, autrement dit la somme qu'il faudra rembourser au colon en congément ; la différence entre la valeur totale de l'immeuble et celle des droits
superficiaires constitue véritablement la valeur des
droits fonciers. Par ce moyen on obtient un résultat qui sera presque toujours différent de celui
que donne l'ancienne méthode. Dans l'ancien droit,
on ne congédiait presque jamais ; si on le faisait,
c'était le plus souvent pour consentir aussitôt un
nouveau bail à convenant ; on changeait très-rarement le mode de tenure, et quand on le changeait
c'est qu'on le voulait bien, qu'on y trouvait un
avantage ; aujourd'hui les choses sont complétement changées : le colon peut provoquer son remboursement, en sorte que les droits fonciers représentent seulement la valeur de l'immeuble, déduction faite des sommes remboursables. Le plus souvent les droits fonciers vaudront plus que le capital au denier 25 de la rente convenancière ; mais
le contraire peut arriver : il peut même se faire
que la rente convenancière soit plus élevée que la
valeur locative de l'immeuble, en sorte qu'après
avoir remboursé les superfices, le foncier affer-
mera sa propriété pour un prix inférieur à la valeur de la redevance ; on comprend que, dans ce
cas, il peut avoir intérêt à abandonner ses droits.

Cela se présentera très-rarement, mais souvent la somme à rembourser, jointe au capital au denier 25 de la rente, excédera la valeur totale de l'immeuble; ce résultat aura lieu dans tous les pays où la rente convenancière est très élevée; on comprend dès lors que le copartageant, qui aurait reçu dans son lot des droits fonciers estimés d'après l'ancienne méthode, se trouverait lésé. Dans d'autres cantons, au contraire, la redevance est très-minime, et le capital de la rente, joint à la valeur des superfices, ne donne pas la valeur totale de l'immeuble; le lot du copartageant, qui aurait reçu des droits fonciers estimés au denier 25 de la redevance, vaudrait donc en réalité une somme bien supérieure à celle qu'il représente dans le partage. Le seul moyen d'éviter ces erreurs est d'employer le mode d'estimation que nous avons indiqué : estimer la tenue comme si elle était à héritage, et déduire du total la valeur des droits superficiaires. Ce mode de procéder est long et dispendieux, mais c'est le seul qui donne un résultat exact.

Des droits fonciers considérés au point de vue des conventions matrimoniales. — Cette matière ne présente pas de difficultés sérieuses : les droits fonciers constituent un immeuble; ils sont donc soumis aux règles édictées par le Code relativement aux biens immobiliers des époux.

La seule question spéciale qui puisse se présenter est relative à la réunion des droits fonciers aux droits convenanciers, opérée pendant le mariage.

Si, durant la communauté, les droits convenanciers sont réunis à la foncialité de l'un des époux, ces droits forment un propre, comme les droits fonciers auxquels ils sont réunis (Baudouin, t. I, 183). Si les superfices ont été remboursés par la communauté, récompense lui est due : « Lorsqu'un mari retire les droits convenanciers de sa femme, il doit être récompensé d'une moitié des deniers du retrait au congément, et de même pour la femme, suivant l'art. 442 de la coutume générale. » (Rosmar, art. 24 *in fine*).

Dans le cas où les droits fonciers appartiennent à la femme, il faut faire une observation importante : la femme est tenue de prendre à sa charge l'opération qui a réuni les droits superficiaires à sa foncialité lorsque le remboursement a été provoqué par le colon ou par elle-même, mais elle peut la laisser à la charge de la communauté si le congément a été provoqué sans son concours.

Le mari qui a congédié ou remboursé, sur la demande du colon, la tenue dont la foncialité appartenait à sa femme, peut réacconvenancer, pourvu qu'il exige une rente au moins égale à l'ancienne (Baudouin, I, 184, 2°).

Si l'un des époux avait dans ses biens propres les

droits convenanciers d'une tenue et que la foncialité ait été acquise par la communauté durant le
mariage, les droits fonciers ainsi acquis ne forment pas un propre, ils restent un acquêt partageable entre les époux à la dissolution de la communauté; on ne peut pas dire que cette opération
constitue une consolidation des droits convenanciers; la foncialité ne peut pas être considérée
comme un accessoire de ces droits, la qualité de
domanier ne donne aucun droit à l'acquisition du
fonds, cette acquisition n'est pas l'exercice d'une
faculté ayant sa source dans la possession des
superfices, c'est un fait qui ne se rattache en rien
aux droits compétant à l'époux en qualité de
domanier, et qui par conséquent ne peut pas être
considéré comme accompli dans l'intérêt de cet
époux et afin de lui constituer un propre (Aulanier, 410).

De l'usufruit des droits fonciers. — Les droits
fonciers peuvent être grevés d'usufruit; cette
situation ne présente aucune difficulté tant que la
tenure subsiste, la seule question qui puisse faire
doute est relative au remboursement des droits
réparatoires.

Si le remboursement est demandé par le colon,
il doit être effectué par le nu-propriétaire, non par
l'usufruitier (arrêt du 13 août 1813); l'usufruitier
pourrait aussi faire les avances (Code civil, art. 609);

dans ce cas, le propriétaire pourra, à la fin de l'usufruit, soit prendre pour son compte le congément
en remboursant ce qu'il a coûté, soit abandonner
ses droits fonciers, comme il l'aurait fait si, étant
pleinement propriétaire, il avait refusé le congément au domanier qui le demandait (Aulanier, 471);
en d'autres termes, c'est au nu-propriétaire qu'in-
combe en principe l'obligation de rembourser;
cependant, comme il n'est pas tenu d'assurer la
jouissance de l'usufruitier, mais simplement de ne
la point troubler, il reste libre de refuser le remboursement, sans pouvoir toutefois empêcher
l'usufruitier de conserver ses droits en effectuant
le congément à son propre compte; l'usufruit
cessant, la jouissance des droits fonciers, con-
servés par le fait de l'usufruitier, fait retour au
nu-propriétaire, mais celui-ci doit rembourser le
prix du congément, car, si ce prix n'avait pas été
payé, les droits fonciers auraient dû être aban-
donnés au colon; la somme payée par l'usufruitier
a eu pour but la conservation des droits fonciers,
on doit en tenir compte à sa succession; mais,
comme le foncier n'est jamais contraint de congédier, et peut se soustraire à la demande du
colon en faisant abandon, le nu-propriétaire peut
refuser le remboursement des sommes avancées
par l'usufruitier, en abandonnant les droits fonciers.

II. *Des droits fonciers relativement aux tiers.*

De l'aliénation des droits fonciers. — La vente des droits fonciers est soumise aux règles relatives aux ventes immobilières.

Les principes de la garantie sont les mêmes en cette matière qu'en droit commun. Le vendeur garantit à l'acheteur que les droits fonciers sont tels qu'ils se comportent d'ordinaire. Si donc ils se trouvent restreints en quelque point, par une convention antérieure à la vente, les droits fonciers étant incomplets, il y a lieu, suivant les distinctions établies par les articles 1626 et suivants du Code civil, à résilier la vente, ou à accorder à l'acheteur une indemnité. Cette hypothèse se rencontre assez souvent : effectivement il n'est pas rare que les domaniers aient le *droit de bois*, c'est-à-dire que les bois fonciers leur soient attribués par une clause du bail ou par une convention postérieure ; si le foncier vend ses droits sans faire mention des concessions qui ont été faites au colon, l'acquéreur pourra lui réclamer la valeur des bois sur lesquels il devait compter, et qui au contraire étaient détachés de la foncialité : « Une rente convenancière et la foncialité d'une tenue emportent naturellement la propriété des bois à merrain, au lieu que, loin de les posséder dans l'espèce, le foncier est obligé de les rembourser en cas de congément. » (Baudouin, II, 487). Il faut observer avec Baudouin (II, 488) que la concession des droits de bois n'est opposable à l'acquéreur de la foncialité qu'autant qu'elle a date certaine antérieure à la transcription de la vente ; si ces droits sont constitués par un acte sous seings privés n'ayant pas date certaine, ils sont valablement établis à l'égard du concédant et de ses héritiers, mais ils restent sans effet contre l'acquéreur du fonds, le domanier n'aura alors d'autre ressource que de se faire indemniser par son ancien foncier à raison de l'éviction qu'il subit.

Le propriétaire peut aliéner la rente et le fonds ensemble, ou séparément.

Le propriétaire qui ne conserve que le fonds, s'il congédie, devient débiteur de la rente au lieu et place du colon. Si c'est le colon qui a acheté la rente, le congément peut avoir lieu, mais la rente, qui se trouvait éteinte par confusion, revit, et les arrérages doivent en être payés au colon par le congédiant jusqu'au rachat de la rente (Aulanier, 398).

La difficulté est souvent de reconnaitre quelle a été l'intention des parties : en principe la vente d'une rente convenancière n'emporte pas l'aliénation des droits fonciers ; il est inutile que le propriétaire se réserve expressément la foncialité ; mais en fait il arrive souvent qu'on a employé l'expression rente convenancière au lieu de droits fonciers; il faut donc dans la plupart des cas rechercher quelle a été l'intention des parties. (Baudouin, I, 186, 187, 188).

De la prescription des droits fonciers. — Dans l'ancien droit, les règles relatives à la prescription de la foncialité variaient suivant les usements qui admettaient ou repoussaient la présomption que toute terre est tenue à domaine congéable s'il n'y a preuve par acte au contraire. L'imprescriptibilité des droits fonciers n'a jamais été telle que les tiers fussent complétement incapables de prescrire contre le foncier; « leur possession, dit Baudouin (1, 202), n'a point, comme celle du domanier, le vice de précaire qui forme un obstacle perpétuel à la prescription : mais l'on doit également considérer que le colon étant un être purement passif relativement à la foncialité, il n'a pas le pouvoir, par ses simples déclarations, de rendre un étranger seigneur de la tenue au préjudice du vrai propriétaire. Outre ce service fictif du colon, il faut ou des actes approbatifs du propriétaire ou des actes effectifs de l'usurpateur. » L'application de ces principes soulevait dans la pratique plusieurs questions assez délicates, et qu'il fallait résoudre différemment selon les usements dans le ressort desquels la tenue était située. Il est inutile de nous arrêter à ces controverses qui sont aujourd'hui sans objet.

Les principes posés par le Code en matière de prescription d'immeubles sont applicables aux droits fonciers. En conséquence, ces droits se prescrivent par dix ou vingt ans avec juste titre et bonne foi (art. 2265) ou par trente ans, sans titre, ni bonne foi (art. 2262). La maxime d'après laquelle le vice de précaire était attaché à la possession de tous ceux qui avaient acquis du colon se trouve abrogée par l'article 2239 : « Ceux à qui les fermiers, dépositaires et autres détenteurs précaires ont transmis la chose par un titre translatif de propriété, peuvent la prescrire. »

Le point le plus délicat est de discerner quand la possession réunira les conditions exigées par l'article 2229 aux termes duquel, « pour pouvoir prescrire, il faut une possession continue et non interrompue, paisible, publique, non équivoque, et à titre de propriétaire. »

Supposons d'abord que le possesseur prétend avoir prescrit les droits fonciers, en qualité de propriétaire foncier, c'est-à-dire sans avoir prescrit en même temps les droits réparatoires ; lui suffira-t-il, pour justifier sa prétention, de prouver qu'il a, pendant dix, vingt ou trente ans, perçu les redevances, reçu des déclarations du domanier, lorsque dans le même temps le foncier qu'il veut évincer, percevait aussi des redevances et recevait des déclarations ? Cette situation paraît invraisemblable ; nous pouvons cependant affirmer qu'elle existe ; non-seulement les auteurs qui ont écrit sur cette matière y font allusion, mais nous avons vu le fait se présenter dans la pratique. Evidemment dans cette hypothèse, le tiers possesseur ne peut justifier sa prétention en s'appuyant sur ce qu'il a perçu des redevances, reçu des déclarations, et en soutenant qu'il possédait par le colon ; il serait repoussé par l'ancien foncier qui peut prouver à son profit des faits identiques, et qui, n'ayant cessé de posséder, est préférable au simple possesseur ; le colon a continué à posséder pour son propriétaire foncier, il n'a pu en payant une rente à un tiers et en lui fournissant des déclarations, intervertir le titre en vertu duquel il continuait toujours sa possession. Pour que le tiers possesseur triomphât, il faudrait qu'il prouvât que le foncier avait cessé de posséder, et que lui-même prouvât sa possession par des faits publics, tels qu'un congément, une vente sur simples bannies, la disposition des bois fonciers. (Aulanier, 429).

Supposons maintenant que le possesseur prétende avoir prescrit la tenue comme héritage, c'est-à-dire que sa prétention porte simultanément sur les droits fonciers et superficiaires réunis. S'il prouve qu'il a possédé à ce titre par lui-même ou par un fermier, sa possession est certainement publique, mais elle pourra bien être équivoque : il se peut en effet que les actes qu'il a faits soient tous au nombre de ceux qu'un colon aurait pu faire, et le foncier voyant faire sur la tenue les actes qui rentraient dans les limites permises au domanier, a pu croire que ce possesseur jouissait de la tenue en qualité de domanier; celui-ci ne pourra triompher que s'il établit qu'il a usé de la tenue comme s'il en était pleinement propriétaire; par exemple s'il a disposé des bois fonciers ou construit au delà des limites imposées par le bail. «Vainement le possesseur dirait-il que l'on est toujours présumé avoir commencé à posséder pour soi, lorsqu'il n'est pas prouvé que l'on a commencé à posséder pour un autre. On lui répondrait, ce semble, avec avantage que sa possession ayant commencé dans un temps où les édifices étaient séparés du fonds, il doit être présumé n'avoir possédé, et par suite n'avoir prescrit que la propriété des édifices et superfices puisqu'il n'a fait que des actes de possession qui étaient permis au simple propriétaire des droits convenanciers: d'où il suit qu'il y a lieu de lui appliquer la maxime *tantum præscriptum, quantum possessum.* » (Aulanier, 430.)

Une tenue à domaine congéable peut être grevée par prescription d'une servitude continue et apparente; le colon qui a laissé s'établir cette servitude, devra des dommages-intérêts au foncier.

En sens inverse, le colon peut acquérir sur les fonds voisins des servitudes qui profiteront au propriétaire foncier aussi bien qu'à lui.

Il peut même acquérir par prescription pour lui

les droits convenanciers, pour son propriétaire les droits fonciers de fossés ou de parcelles de terres qui appartenaient à des tiers ; lorsque les superfices seuls sont prescrits, le colon usurpateur les tient sous leur vrai foncier, et doit à celui-ci les prestations dont ils étaient grevés entre les mains de l'ancien possesseur ; mais, si le fonds est prescrit aussi bien que les superfices, « il se fait à la tenue une accession du tout, et par ce moyen, le colon, qui y ajoute ses nouveaux droits convenanciers, ne doit rien que les prestations seules du convenant auquel l'annexe s'est opérée. » (Baudouin, II, 478.)

De l'hypothèque consentie sur les droits fonciers. — Les droits fonciers peuvent être grevés d'hypothèque ; à ce point de vue ils ne présentent aucune particularité ; la seule question spéciale qui puisse se présenter est celle de savoir quels effets peut avoir sur l'hypothèque la réunion ou la séparation des droits fonciers et réparatoires.

Un immeuble à héritage est grevé d'hypothèque : le propriétaire baille cet immeuble à convenant, les superfices, quoique détachés du fonds par l'effet de ce bail ne sont évidemment pas affranchis de l'hypothèque, le colon pourra être poursuivi et sera tenu, comme un acquéreur ordinaire, de payer ou délaisser ; il pourrait aussi recourir aux formalités de la purge.

Au cours d'un bail à convenant, le foncier grève

ses droits d'une hypothèque, plus tard il réunit à
ses droits les droits convenanciers ; l'hypothèque
consentie sur la foncialité s'étendra-t-elle aux superfices ? L'affirmative nous paraît certaine lorsque
la réunion des superfices au fonds a lieu par congément ou par remboursement effectué sur la demande
du colon. En effet, dans ces deux cas les droits superficiaires viennent se réunir au fonds dont ils sont
l'accessoire en vertu de l'exercice d'un droit foncier ;
cette réunion a donc lieu *ex causa antiqua*, elle a sa
cause dans un droit affecté directement à la sûreté
des créanciers ; elle a pu entrer en considération
à leurs yeux lorsqu'ils ont accepté une hypothèque.
Mais si la réunion a lieu par une vente volontaire
consentie par le colon, la solution sera-t-elle la
même ? Elle sera la même pour ceux qui pensent
qu'aujourd'hui l'acquisition volontaire des superfices par le foncier équivaut au congément (Carré,
page 342). Mais, si on suit la règle admise dans
l'ancien droit, à savoir que l'aliénation volontaire
consentie par le colon, qu'elle soit consentie au
profit du foncier ou d'un tiers, produit les effets
d'une vente et non d'un congément, il faut décider
que l'hypothèque ne s'étendra pas du fonds aux
superfices, car il est impossible de considérer cette
acquisition comme constituant une amélioration
suivant les termes de l'article 2133. Il est utile de
remarquer que, dans l'opinion même où l'hypothèque ne s'étend pas du fonds aux superfices, le

créancier hypothécaire qui poursuivra la vente de son gage devra, si le débiteur le requiert, poursuivre simultanément la vente du fonds et des superfices, sauf ventilation du prix de l'adjudication par application de l'article 2211 qui prescrit de vendre ensemble, si le débiteur le demande, tous les biens faisant partie d'une seule et même exploitation, quoique tous ne soient pas hypothéqués.

Des droits de mutation dus sur la foncialité. — L'évaluation des droits fonciers en matière d'enregistrement soulève des difficultés.

Pour les aliénations à titre onéreux, le droit se perçoit sur le prix stipulé, si c'est la foncialité même qui est aliénéc ; sur le capital au denier 20 si on aliène seulement la rente. Mais, pour les aliénations à titre gratuit, il est beaucoup moins facile de fixer la valeur sur laquelle les droits de mutation devront être perçus. Autrefois on évaluait les droits fonciers au denier 25 des prestations annuelles dues par le colon, sans avoir égard aux bois fonciers ni aux commissions; nous avons déjà rencontré ce mode de procéder dans les partages.

Cette évaluation amène un résultat défavorable au foncier ; car ses droits sont le plus souvent bien loin de valoir l'évaluation au denier 25 ; tous les autres immeubles s'estiment au denier 20 ; il est vrai qu'ici nous avons, en plus de la redevance,

les bois et les commissions, mais, d'un autre
côté, les droits fonciers ont bien diminué de
valeur depuis la loi de 1791; d'abord ils ont été
directement amoindris par la suppression des
corvées et l'attribution au colon des noyers et châtaigniers; en second lieu le droit donné au colon
de provoquer le remboursement a considérablement déprécié les droits fonciers, en sorte que
l'estimation au denier 25 qui se justifiait dans
l'ancien droit, n'est vraiment plus admissible.
L'administration de l'enregistrement l'avait cependant maintenue jusqu'en 1823. Un foncier réclama:
il prétendit que l'évaluation devait se faire en mul-
tipliant par 20 les redevances annuelles et en ajou-
tant le 9ᵉ des commissions perçues dans la dernière
baillée. Le tribunal de Morlaix donna raison à ce
système, l'administration de l'enregistrement l'ac-
cepta, et, par une circulaire du 12 juin 1823,
ordonna à ses agents d'en faire l'application.

Nous avons vu que le foncier, au lieu d'effectuer
le remboursement, préfère quelquefois abandonner
au colon la foncialité; le colon devra évidemment
payer un droit de mutation; mais quelle base doit-
on prendre ? On pourrait penser que le droit doit
être perçu sur le capital de la rente convenancière,
mais l'administration se contente de prendre pour
base la plus-value résultant au profit du colon de
la réunion de la foncialité à ses droits superficiaires.

TROISIÈME PARTIE

Des droits convenanciers.

Les droits du colon, consistent dans la jouissance du fonds, la propriété des édifices et superfices, le droit de faire des améliorations qui lui devront être remboursées en congément, le droit de provoquer son remboursement, le droit de faire abandon des édifices et superfices pour être libéré des charges qui pèsent sur lui.

CHAPITRE I.

DE LA JOUISSANCE DU FONDS.

Les droits de jouissance du colon, très-étendus relativement aux superfices, sont assez restreints rélativement au fonds ; la propriété du fonds reste au foncier, le colon possède au nom de celui-ci, et n'a d'autre pouvoir que celui de détenir et exploiter la terre, comme le ferait un simple fermier ; il doit jouir et user en bon père de famille ; il ne peut en aucune façon dégrader le fonds : ainsi il n'a pas le droit de creuser des carrières, même pour en extraire des matériaux destinés à réparer la enue, ni arracher les bois taillis, ni épuiser la terre par des récoltes qui consument les sucs qu'elle contenait. (Baudouin, II, 251); il ne peut pas anticiper les coupes des émondes d'arbres émondables, ni les coupes des taillis. (Carré, page 235.) Il ne peut pas changer la destination de l'immeuble ; toutefois, à ce point de vue, ses pouvoirs sont un peu plus étendus que ceux d'un fermier : il n'a à respecter que le fonds même de la tenue, au lieu que la jouissance d'un fermier est limitée, relativement aux superfices comme à l'égard du fonds.

Quelle est la nature de ce droit de jouissance du fonds accordé au domanier par le bail à convant ? est-ce un droit réel? L'affirmative paraît évidente au premier abord, car ce droit sert de base à la propriété superficiaire, qui est bien un véritable droit réel immobilier ; la propriété des superfices ne peut pas être détachée du droit de jouissance du fonds, car si on admettait cette division, celui qui aurait le droit de jouissance ne pourrait en faire usage qu'autant qu'il exigerait l'enlèvement des superfices, et de son côté celui qui aurait les superfices sans la jouissance du fonds, se trouverait privé de l'utilité de son bien, puisque l'usage du fonds lui étant interdit, il se trouverait dans la nécessité d'enlever ses superfices, pour en retirer quelque utilité; comment admettre que ce droit de jouissance du fonds, qui est non-seulement la cause et la base de la propriété superficiaire , mais la condition essentielle de son existence, ne soit pas un droit réel ? cette objection n'est sérieuse qu'en apparence : il ne faut pas oublier que le bail à convenant est simplement un bail à ferme du fonds avec vente accessoire des superfices, et que la clause dominante est la location du fonds ; si donc nous voulons nous rendre compte de la nature des droits conférés au colon par le bail à convenant, il faut considérer quel est le but principal du contrat qui leur donne naissance, au lieu de nous attacher à un effet accessoire, la translation des superfices ; l'assimilation entre le colon et le fermier relativement au droit de jouissance sur le fonds était universellement admise dans l'ancien droit ; or à cette époque on ne reconnaissait pas au fermier un droit réel, sauf pour les baux à longues années, dans lesquels on considérait la propriété comme transmise au fermier sous condition résolutoire, ce qui ne peut évidemment pas s'appliquer au bail à convenant. La loi de 1791 assimile aussi le colon au fermier toutes les fois que les dispositions relatives aux baux à ferme, ne répugnent pas à la nature du du domaine congéable; la solution de notre question dépendra donc de l'opinion qu'on adoptera sur le point de savoir si le fermier a oui ou non un droit réel.

CHAPITRE II.

DES ÉDIFICES ET SUPERFICES.

Outre le droit d'user et jouir du fonds, le colon a la propriété des édifices et superfices : nous avons vu, que le foncier conserve seulement ce qui constitue le fonds, c'est-à-dire l'immeuble tel qu'il existe à l'état sauvage, sans clôture, sans habitation, nous avons même vu que les arbres fonciers lui étaint attribués seulement parce qu'on les considérait comme produits naturels du sol. Les droits réparatoires consistent au contraire dans tout ce qui se trouve établi sur la tenue par le fait de l'homme.

Ainsi : les constructions, maisons d'habitation, écuries, granges, fours, murs, puits, fontaines, réservoirs ; les améliorations ayant pour objet la culture ou le service des champs : défrichement, labours et engrais, tissu des prairies, canaux d'irrigation ou de drainage, aires à battre, fossés et talus, barrières, chemins particuliers (Aulanier, 298), les bois convenanciers.

On s'est demandé si un pressoir faisait partie des droits convenanciers, et si par conséquent il devait être compris dans les objets qui doivent rester sur la tenue et être remboursés. Baudouin (tome II, 302) pense que si le convenant produit du cidre, il n'y a pas de difficulté à admettre que le pressoir fait partie des objets remboursables, lors même qu'il ne serait pas scellé dans un bâtiment et qu'il pourrait être facilement démonté ; « l'utilité de ce pressoir, ainsi que l'observent Bourjon et Duparc Poullain (Cout., art 424, notes), le rendrait immeuble dans les mains du propriétaire de l'héritage dont il est accessoire ; la destination à exploiter les fruits est la même, chez le convenancier; il en résulte une incorporation avec les autres droits superficiels et remboursables. » — Cette décision doit être appliquée non-seulement au pressoir même, mais encore aux auges en pierre ou en bois qui servent pour piler les pommes, (Aulanier, 304); l'usage est effectivement de considérer ces auges comme un accessoire nécessaire du pressoir; mais si au lieu d'un auge, le colon se servait pour écraser les fruits d'une sorte de moulin en fonte, comme il en existe actuellement, nous pensons que cette machine ne devrait pas être comprise parmi les objets remboursables n'étant pas attachée aux édifices; d'ailleurs, dans les tenues à héritage, ces machines sont généralement la propriété du fermier.

Quant aux colombiers et volières, nous avons vu, après avoir parlé des bois fonciers, quels sont les droits du foncier et du colon.

Quels bois sont convenanciers? Baudouin (tome I,

̧) nous indique quelle est l'idée première qui a
amené la distinction entre les bois fonciers et convenanciers : le colon doit améliorer la tenue; il
reçoit à l'origine du domaine congéable une terre
inculte; il doit la mettre en culture, y établir une
exploitation; pour cela, il faut non-seulement
construire et défricher, mais planter des arbres,
les uns fruitiers, les autres destinés à fournir du
bois de chauffage; toutefois, on n'a pas voulu que
le remboursement pût devenir trop onéreux pour
le foncier, ce qui serait arrivé s'il avait dû rembourser les futaies. D'ailleurs, il était assez juste
d'établir, comme présomption, que les bois à merrain appartenaient au foncier, puisque la plupart
des terrains concédés à domaine congéable étaient
couverts de bois. Tels sont les motifs pour lesquels on a divisé les bois entre le foncier et le
colon.

Il résulte de ces observations qu'on peut définir
bois convenanciers les arbres fruitiers et ceux qui
ne peuvent guère être employés que comme bois
de chauffage. « Les bois puînais, qui s'apprécient,
tronc et branches en entier, sont ceux qui n'appartiennent pas au seigneur, qui ne sont pas dans
la classe des bois fonciers; ils consistent principalement dans les neuf espèces énumérées par l'article 5 du titre des bois en grûrie de l'ordonnance
des eaux et forêts : saulx, morsaulx, épines, pui-
nes, seur (sureau), aulnes, genêts, genêvres et

ronces. Les genêts ne sont estimés que passé un an, parce qu'avant cet âge ils sont imperceptibles et d'une valeur presque nulle (Baudouin, II, 305. Usement de Cornouaille, 26). » Il faut encore ajouter à cette énumération le houx, le bouleau et le coudrier (Leguével, page 117. Aulanier, 298, 4°).

Indépendamment de ces espèces particulières, on considère encore comme convenanciers les bois taillis, quelle que soit leur essence. Ce n'est point seulement la pousse des taillis, mais leur souche même qui appartient au colon ; il paraît que ce point a été contesté autrefois, mais la question avait fini par ne plus faire doute (Baudouin, II, 304).

Dans l'ancien droit, les noyers et châtaigniers, quoique portant fruits, étaient considérés comme bois fonciers. On pensait que leur avantage principal consistait plutôt dans les planches qu'ils fournissaient que dans les fruits qu'ils rapportent. La loi de 1791 (art. 8) les a attribués au colon.

Dans l'ancien droit, les trempes et engrais qui se trouvaient enfouis dans les terres ou étendus sur la surface du sol, au moment du congément, étaient seuls estimés en congément ; les pailles et engrais amoncelés n'entraient donc pas dans le prisage. On les considérait comme des provisions nullement attachées à la terre, et dont le congédié pouvait disposer à son gré (Baudouin, II, 300 et 301). Faut-il, de nos jours, admettre encore cette distinction ou décider que les engrais, même sim-

lement amoncelés, font partie des droits répara-
oires? M. Carré (page 228) pense que la loi de 1791
a entendu que les pailles et engrais amoncelés
devaient être compris dans le congément. Cette
loi soumet, en effet, le colon aux lois établies ou. à
établir dans l'intérêt de l'agriculture. Or, l'article
1778 du Code civil décide que « le fermier sortant
doit laisser les pailles et engrais de l'année, s'il les
a reçus lors de son entrée en jouissance, et, quand
même il ne les aurait pas reçus, le propriétaire
pourra les retenir suivant l'estimation. » Aux pailles
et engrais il faut évidemment ajouter les foins et
autres fourrages de l'année. Le Code a voulu que
le fermier sortant laissât à celui qui va le remplacer les pailles et fourrages nécessaires à la nourriture de ses bestiaux jusqu'à la prochaine récolte,
et les engrais indispensables pour que les terres
puissent être immédiatement tournées et ense-
mencées. Les mêmes motifs qui ont fait admettre
cette décision pour le fermier doivent la faire admettre pour le colon. D'ailleurs, la loi de 1791,
dans son article 19, déclare positivement que les
engrais doivent entrer en estimation, sans distinguer s'ils sont ou non enfouis en terre. La Cour
de Rennes avait admis ce système avant même la
publication du Code, dans un arrêt du 26 thermidor an X. M. Aulanier ne partage pas ce sentiment : il pense, au contraire, que de nos jours,
comme dans l'ancien droit, ce sont seulement les

engrais enfouis ou répandus sur le sol qui font
partie des droits réparatoires. La loi de 1791, en
disant que : « les propriétaires fonciers seront obligés de rembourser... même les labours et engrais,
sur le pied de l'estimation, » a voulu parler des
engrais enfouis. Cette interprétation est d'autant
plus vraisemblable que le mot *engrais* est joint,
dans cette phrase, au mot *labours*. D'ailleurs, le but
de cet article est parfaitement visible : le législateur a simplement voulu reproduire l'ancien usage
relativement aux engrais, en abrogeant la disposition de l'usement de Brouërec, qui permettait
de ne rembourser que les trois quarts des engrais
enfouis. Il suffit de lire l'article 19 pour se convaincre de la justesse de cette observation.

Les fourrages et engrais ne peuvent donc pas
être considérés comme rangés par la loi de 1791
dans la classe des droits réparatoires. Il nous reste
à voir maintenant si l'article 1778 du Code civil
autorise à les déclarer tels. Assurément, nous pensons que cet article est applicable au colon comme
au fermier, et que le propriétaire foncier ou la
personne à qui il accorde une faculté de congédier,
peut retenir les pailles et engrais, suivant estimation ; mais, de l'admission de cette faculté, il nous
paraît impossible de conclure que ces objets font
partie des droits réparatoires : l'article 1778 donne
au propriétaire le choix de retenir ou non les
pailles et engrais ; appliquons purement et simple-

ment cette disposition au domaine congéable
puisque nous n'avons aucun autre texte qui puisse
nous guider en cette matière ; donnons donc au
foncier, comme au propriétaire de droit commun,
le droit d'obliger le colon à lui laisser ces objets,
suivant estimation, mais ne disons pas qu'ils font
partie des droits réparatoires. Cette question ne
paraît au premier abord qu'une question de mots,
mais elle a une importance réelle : si on dit que
les pailles et engrais font partie des droits réparatoires, le foncier est tenu de les prendre à son
compte : ils doivent être prisés et remboursés avant
la Saint-Michel, à peine de nullité du congément ;
si on admet, au contraire, que les pailles et engrais, en matière de domaine congéable, doivent
être simplement soumis à l'application de l'article 1778, ils peuvent être, au gré du foncier,
pris par lui ou laissés au colon, et l'estimation,
ainsi que le remboursement, peut avoir lieu après
la Saint-Michel, sans entraîner la nullité de la procédure. Cette dernière conséquence a une importance d'autant plus grande qu'en fait il est difficile que l'estimation des pailles et engrais soit
terminée avant le 29 septembre, puisqu'elle porte
sur les pailles et engrais de l'année, et que les
récoltes, surtout pour le blé noir, dont la culture
est très-répandue dans les pays de domaine congéable, sont terminées bien peu de temps avant
cette époque.

Ce que nous avons dit relativement aux pailles et engrais est également applicable aux landes et genêts qui servent de litière, ou sont répandus sur le sol des cours et chemins, ou mêlés aux fumiers (Carré, page 236).

Le colon est propriétaire des droits réparatoires, ilpeut en faire ce qui lui plaît, il a le *jus abutendi;* il peut aliéner les édifices et superfices à titre gratuit ou onéreux, les hypothéquer, les affermer (Aulanier, 306 et 307). Quoique l'article 13 de la loi de 1791 accorde aux parties la plus grande latitude pour régler, par les clauses du bail, les droits du colon, il est certain qu'elles ne pourraient retirer au colon la propriété des superfices, ce droit est un des éléments essentiels du domaine congéable; le colon ne peut pas même renoncer au droit d'aliéner les superfices (loi de 1791, art. 3), ou de les affermer (Carré, page 192). Quant au droit de les hypothéquer, la renonciation du colon serait à plus forte raison sans valeur, car elle n'offre aucun intérêt au foncier, l'hypothèque n'étant pas opposable à celui-ci.

Le colon peut non-seulement disposer, au profit d'un tiers, de ses droits réparatoires, il peut même les anéantir, abandonner ou détruire ses édifices et clôtures, laisser les champs sans culture. Baudouin cite (tome II, 247) un arrêt du 27 juillet 1759, par lequel il fut jugé que la démolition d'un fossé n'était pas une malversation qui autorisât le congément avant l'expiration de la baillée. Le droit qu'a le colon de dégrader ses superfices n'est limité qu'en un point : il faut que le service de la rente convenancière, assuré par une hypothèque sur les droits superficiaires, ne soit pas compromis par les détériorations; sauf cette restriction, le droit de disposer des droits superficiaires est absolu (Usement de Cornouaille, art. 23). Lorsqu'il y a plusieurs codomaniers et qu'un d'entre eux laisse les champs en friche, démolit des fossés ou laisse tomber en ruine les édifices, ses consorts peuvent, comme le foncier, requérir le rétablissement des objets dégradés, si la détérioration est telle qu'il y ait lieu de craindre pour la sûreté de la contribution aux charges. La raison de leur donner cette action est qu'ils sont solidaires, et que, par conséquent, si un colon détruit les édifices de sa portion et laisse arrérager ses redevances, ses consorts seront obligés de payer pour lui. Il est donc juste de leur permettre de veiller efficacement à ce que les édifices, sur lesquels ils pourront se faire rembourser leurs avances, ne soient pas dégradés (Baudouin, II, 472).

Mais ce droit pour le fermier et les codomaniers de s'opposer aux dégradations et d'exiger le rétablissement des objets détériorés, ne peut être exercé que si la dégradation provient du fait du colon : « Si les bâtiments tombent en ruine par vétusté, le seigneur ne peut contraindre le vassal (colon) de

réédifier, sauf à lui à exercer le droit de congément. (Carris sur Rohan, art. 12.)

L'assignation en congément retire au colon le
droit de dégrader les édifices et superfices; « il peut
bien, suivant Gatechair, pendant l'instance en
congé, faire tous actes de propriétaire, comme labourer, ensemencer, couper, cueillir, réparer les
édifices et superfices, le tout en temps et saison
et en bon père de famille; mais l'homme domanier (observe Bélordeau, lettre D, controverse 109)
ne peut détériorer sa tenue en abattant les arbres
fruitiers, encore qu'il semble en apparence ne faire
préjudice qu'à lui-même, en diminuant d'autant
ses augmentations. » Baudouin (II, 248 et suiv.)
reconnaît que cette opinion est contestée, et que
plusieurs experts et avocats regardent comme
licites ces dégradations commises par le colon au
cours de l'instance. Suivant eux, « le convenancier
ne fait qu'user de ses droits, et nul n'attente qui en
use, suivant l'article 107 de la Coutume. » Mais
comme l'observe M. de Perchambeault, cet axiome
a un sens général et indéfini et n'est pas applicable ici; user de son droit signifie faire ce qui est
légitime. Or, la faculté que les colons invoquent
ici est évidemment contraire à tous les principes
du droit : il est de principe qu'un propriétaire
qui évince un possesseur a toujours le droit de
prendre pour son compte les améliorations faites
par celui-ci, en les remboursant. C'est ce que dit

Pothier, dans son Traité des retraits (partie I, ch. 9, n° 332, 2e alinéa) : « Si l'acquéreur, sans qu'il lui en revînt aucune utilité, détruisait les améliorations qu'il a faites, uniquement *animo nocendi*, et pour empêcher le retrayant d'en profiter; comme s'il effaçait des peintures, s'il détruisait des plantations de charmilles, etc., il ne serait pas excusable, et il ne lui suffirait pas d'offrir de remettre les choses en l'état qu'elles étaient lors de son acquisition, il devrait être condamné aux dommages et intérêts du retrayant : *Neque enim malitiis indulgendum;* Arg., 1, 38, f. f. *de rei vind.* » Ce que Pothier dit du retrait est à plus forte raison applicable au cas de congément, car le bail à convenant a pour objet l'amélioration de l'immeuble. « Il répugne à ce but (observe Baudouin, II, 250), qu'un foncier soit privé de l'avantage de trouver une tenue améliorée par un domanier qu'il en a constitué l'améliorateur, et qui peut exiger le remboursement de ses augmentations. D'ailleurs, le foncier, ou son cessionnaire, a *jus ad rem*, par l'exercice commencé de la faculté de réméré. »

Le foncier a même le droit d'empêcher le colon d'enlever les constructions qu'il a faites en dehors des limites permises, en lui offrant de les rembourser : « Quod inscio domino ædificatum est (dit d'Argentré, Traité des lots et ventes, § 40), jure communi tollere licet colono : volens dominus non amplius quam materiæ pretium, sine ullo manu-pretio refundit. » (Baudouin, II, 271.) Cette faculté doit encore être accordée au foncier de nos jours ; seulement il remboursera la main-d'œuvre aussi bien que les matières brutes (Code civil, art. 555). Toutefois, le congédiant ne peut se plaindre de la destruction de ces objets, que si elle a eu lieu après qu'il avait fait connaître au colon son intention de les conserver ; si le congédiant n'avait pas fait cette déclaration, on devrait supposer que le colon n'a pas agi avec une idée malveillante, et qu'il a seulement détruit ces objets parce qu'il pensait qu'on ne voudrait pas lui en tenir compte et qu'on le forcerait même peut-être à les enlever (Aulanier, 310).

Lorsqu'une tenue appartient à plusieurs domaniers, chacun d'eux ne peut faire aucune modification sans l'agrément des autres (Aulanier, 312. Cour de Rennes, 25 nov. 1811 et 16 mars 1812).

Quelles sont les actions qui compètent au colon à raison des droits réparatoires ? « Le domaine congéable (dit Rosmar, art. 2), est un titre par lequel le convenancier devient propriétaire à perpétuité des maisons et superfices en sa tenue. » Etant propriétaire à perpétuite, ou, plus exactement, pour un temps indéfini ; le colon doit nécessairement avoir toutes les actions réelles qui résultent d'un droit de propriété. Il a donc qualité pour soutenir par lui-même devant la juridiction dont relève la tenue, toutes les contestations qui s'élèvent sur les droits superficiaires (Baudouin, II, 458); il peut, sans le consentement ni l'assistance du foncier, figurer, soit comme demandeur, soit comme défendeur, dans toutes les actions possessoires ou pétitoires, de bornage, servitude, etc., dans lesquelles ses droits seuls sont en jeu. Mais il arrivera souvent qu'une action intentée au sujet de la tenue intéressera également la foncialité et les superfices. Alors, le colon ne devra pas agir seul, il devra prévenir le propriétaire et se faire assister par lui. Enfin il y a des cas où la foncialité seule étant en question, le colon n'aura pas lieu de figurer au procès (Aulanier, 332 et 333).

Lorsqu'une contestation s'élève entre les codomaniers, le propriétaire n'a jamais l'occasion d'être mis en cause; les domaniers sont tenus, solidairement envers lui, de toutes les obligations nées du bail à convenant; par conséquent, qu'ils divisent entre eux leurs droits réparatoires comme ils voudront, qu'ils établissent au profit de la portion de l'un une servitude sur la part de l'autre, qu'ils répartissent entre eux la contribution à la redevance, qu'ils plaident l'un contre l'autre au sujet de ces conventions, les droits du foncier ne reçoivent aucune atteinte; le foncier n'a donc aucune raison d'intervenir (Aulanier, 334).

Mais, lorsqu'une contestation s'élève entre le colon et un tiers, le foncier est presque toujours intéressé à l'affaire, et par suite doit y intervenir;

par exemple, si le colon revendique contre un tiers un édifice ou un fossé, le foncier est intéressé à ce que la prétention du colon soit admise; car, si le colon est reconnu propriétaire de l'édifice ou du fossé, le foncier est conséquemment reconnu propriétaire du sol sur lequel se trouvent l'édifice ou le fossé. Le tiers qui plaide contre le colon peut même exiger que le foncier soit mis en cause; car, si ce dernier n'intervenait pas, le jugement ne lui serait pas opposable, et le tiers qui aurait triomphé contre le colon se trouverait bien propriétaire de l'édifice, mais il aurait à soutenir une nouvelle action contre le foncier relativement à la propriété du fonds.

Si, au lieu d'agir contre le colon, le tiers, qui prétend que tel édifice lui appartient à héritage, actionne le foncier seul, le colon peut certainement intervenir au procès; mais s'il n'intervient pas, le jugement rendu contre le foncier lui est aussi opposable; c'est une application de la maxime: *ædificium solo cedit*. La seule ressource qui reste au colon sera de prouver qu'il y a eu collusion entre le foncier et le tiers, ce qui ferait considérer le jugement comme non avenu, ou de prouver que le foncier s'est mal défendu, et que lui, colon, aurait démontré facilement que les édifices lui appartenaient, ce qui lui permettra de recourir contre le foncier en garantie et indemnité. (Aulanier, 337.)

Relativement aux contestations élevées sur la

foncialité seule, sans qu'il soit porté aucune atteinte aux droits réparatoires, le colon étant simplement détenteur précaire de ce fonds, se trouve exactement dans la même situation qu'un fermier ; le droit de jouissance qui lui est accordé, ne lui donne pas qualité pour plaider, il n'a pas à intervenir au procès, il doit simplement prévenir le foncier et le laisser agir. (Aulanier, 336.)

Dans le cas où le foncier usurperait les droits convenanciers, Baudouin (II, 468) donne au colon une action spéciale qu'il appelle « action de spoliation, très-équivalente à celle de réintégrande, et après l'an de sa dépossession, l'action de revendication. » Cette action de spolation étant inconnue de nos jours, nous devrons donner au colon l'action possessoire, et si l'usurpation date de plus d'un an, la revendication. La raison pour laquelle Baudouin refusait l'action en réintégrande proprement dite, est que les superfices sont meubles envers le foncier. Evidemment, ce raisonnement n'est pas admissible, les superfices sont meubles envers le foncier, quand il agit en qualité de foncier, mais quand il agit comme spoliateur, il ne peut évidemment pas invoquer sa qualité de propriétaire de la foncialité, il doit être traité comme un tiers, puisque, loin d'invoquer le titre du convenant, il prétend au contraire dépouiller le colon de la qualité que celui-ci avait reçue en contractant. D'ailleurs, Baudouin reconnaît lui-même dans un autre passage, que le foncier ne saurait prétendre que les droits réparatoires sont meubles, lorsqu'il veut les usurper ; il décide (t. I, 46 et 47) que le foncier ne peut prescrire les superfices que par le laps de temps requis pour la prescription des immeubles, quarante ans ; « car la mobilité des droits superficiels entre le foncier et le colon, ne saurait être opposée par l'usurpateur, et c'est à ce dernier titre, non à celui du foncier, que le seigneur du convenant s'en arroge la disposition. »

Selon Baudouin (II, 466 et 467) le colon n'a pas qualité pour agir contre les tiers sur les terres desquels il prétend avoir un droit de servitude ; mais il peut défendre à l'action qui lui serait intentée pour souffrir telle servitude. M. Aulanier (341) trouve que ces deux décisions sont contradictoires : « Bien que le droit de se défendre soit toujours favorable, nous ne voyons pas pourquoi le domanier qui ne peut pas plaider pour demander une servitude, pourrait plaider pour en contester une. Si la servitude réclamée lui était onéreuse, celle qu'il aurait le droit de demander lui serait avantageuse ; son intérêt est donc le même, soit qu'il s'agisse de demander, soit qu'il s'agisse de défendre. D'un autre côté, le motif qui, d'après M. Baudouin, lui interdit d'agir pour demander, lui interdit également d'agir pour contester : en effet, si la servitude qu'il aurait à réclamer, est due au fonds, et non aux superfices, la servitude demandée sur sa tenue est due par le fonds et non par les superfices. Cela est tellement vrai, que les édifices et superfices pourraient être détruits en totalité sans que la servitude cessât de subsister. N'est-ce pas le cas d'appliquer la maxime : *Ubi eadem ratio, ibi idem jus ?* » Nous croyons cependant que la décision de Baudouin peut se justifier : on comprend que le colon ne puisse pas réclamer une servitude active, parce que, comme l'observe Baudouin (II, 467), « ces droits incorporels sont parfaitement distincts de la superficie qui, seule lui appartient propriétairement ; ils constituent proprement le fonds même dont il a la jouissance, mais précaire : c'est par conséquent au foncier que compètent les actions à cet égard ; le colon doit le mettre en cause dès que la contestation s'élève sur le fonds du droit, et se borner en événement d'éviction à une indemnité vers lui ; jusqu'à ce que cette contestation soit liée, l'action du domanier est valide. » La qualité de détenteur précaire ne suffit pas pour lui donner action ; mais, dans le cas où on veut établir une servitude sur la tenue, la situation est différente ; indépendamment de la faveur que la loi accorde en général à la défense, il y a une autre raison pour permettre au colon de plaider ; ce n'est pas comme détenteur précaire qu'il agira, c'est comme propriétaire des superfices, que cette charge va, suivant l'expression de Baudouin (II, 466) « affecter directement. »

CHAPITRE III.

DU DROIT D'AMÉLIORER LA TENUE.

Non-seulement le colon est propriétaire des superfices existant au jour de l'acconvenancement, mais il a le droit de créer des superfices nouveaux qui lui seront remboursés en congément aussi bien que les anciens.

Toutefois cette faculté d'améliorer, ne constitue pas un droit absolu, certaines limites sont imposées au colon, soit par le bail, soit par l'usage général des pays de domaine congéable. Les améliorations qui lui sont interdites, sont désignées sous le nom d'innovations ou novalités.

Comment distinguer les améliorations permises et les novalités? La distinction est souvent difficile à établir, plusieurs points sont même controversés; on peut cependant poser comme principe général: que le colon a le droit de faire toutes les améliorations qui ont pour objet la fertilisation ou l'entretien de la tenue, ou le rétablissement des édifices et superfices détériorés, ainsi, il peut engraisser et ensemencer les terres, planter des arbres fruitiers, faire des jardins ou des prairies, rétablir dans leur état primitif les constructions qui sont écroulées. (Aulanier, 313 et 314,) Ces améliorations «permises

par le seul titre de superficiaire, licites *vi legis*, »
suivant l'expression de Baudouin (II, 256 et 257),
peuvent être exécutées par le colon de son propre
mouvement, sans qu'il ait besoin d'une permission
spéciale du foncier. Quant aux novalités ou innovations, ce sont, d'une manière générale, toutes
les améliorations qui consistent dans l'établissement sur le fonds d'un objet complétement nouveau ; lorsque le colon fait une *innovation*, on dit
qu'il *grève le fonds* ; cette expression indique parfaitement le motif pour lequel on a défendu au colon
d'innover ; on a voulu l'empêcher de grever le
fonds, c'est-à-dire d'augmenter la valeur de ses
droits par des améliorations, au point de rendre le
congément tellement onéreux, qu'il devînt presque
impossible. (Hévin, consult. 104, page 481.)

D'après l'article 10 de l'usement de Cornouaille,
le fonds était grevé quand les édifices valaient plus
que la foncialité : « grever le fonds, s'entend quand
les édifices, une fois payés, valent plus que le fonds
une fois prisé. » Furic, en commentant cet article,
déclare injuste la disposition qui y est contenue,
« y ayant tel fonds qui peut payer aisément quarante écus de rente à son foncier, qui ne lui en
paye que quatre. » Baudouin (II, 262) repousse
aussi la doctrine de cet usement : « Les édifices
aliénés par le premier bail ou permis par des baillées subséquentes, excèdent souvent la valeur du
fonds, le foncier, qui en a reçu le prix, n'a point

lieu de s'en plaindre : d'un autre côté, les édifices quelconques, bâtis sans permission, sont illicites, quoique leur ensemble vaille moins que le fonds. »

Tels sont les principes généraux qui règlent cette matière ; on comprend aisément que, dans la pratique, on hésitera souvent pour décider si une amélioration rentre ou non dans les limites permises ; car on se trouve en présence de deux principes opposés : d'un côté, le bail à convenant est un contrat de « ménagement et labourage, » suivant l'expression d'un ancien auteur que nous avons déjà citée, c'est-à-dire qu'il a pour objet l'amélioration du fonds ; d'un autre côté, le colon ne peut pas nuire au foncier, il doit respecter tous les droits que celui-ci s'est réservés, et parmi ces droits, se trouve celui de congédier, qui ne peut pas plus être compromis que les autres. Il n'est donc pas étonnant que des contestations se soient élevées à ce point de vue sur presque tous les objets qui composent les droits réparatoires.

Relativement aux édifices, maisons d'habitation, étables, granges, le principe est que le colon ne peut construire aucun bâtiment nouveau, mais il peut rétablir ceux qui sont tombés ; rigoureusement il devrait les reconstruire avec des matériaux identiques, mais on lui accorde dans la pratique une plus grande latitude : « Les convenantiers, dit Rosmar (art. 15) peuvent aussi bâtir sur les anciens fondements et masures, pourvu qu'ils ne bâtissent

avec trop de somptuosité, comme de bâtir de pierres
de taille et couvrir d'ardoises, qu'ils ne fassent
plusieurs étages.» De nos jours, les toitures en
paille étant généralement abandonnées, on ne saurait reprocher au colon de couvrir d'ardoises, d'autant plus qu'en fait, dans beaucoup de cantons, la
paille étant d'un prix fort élevé, la toiture en ar-
doise n'est plus un objet de luxe ; mais le reste de
la décision de Rosmar est encore applicable. On ne
doit pas exiger que la construction soit rétablie
exactement sur les mêmes fondations, mais plutôt
qu'elle ait les mêmes dimensions, il importe peu
en effet que l'emplacement soit modifié. (Leguével,
sur l'usement de Rohan, page 114).

Lorsque le colon a reçu, par le bail ou par une
convention spéciale, le droit de construire sans que
les dimensions aient été déterminées, il devra se
borner à élever une construction modeste et en
rapport avec les besoins de la tenue : « quoique
cette permission soit achetée à prix d'argent, et
qu'en général, les clauses obscures s'interprètent
contre le vendeur, je pense, dit Baudouin (II, 261),
que cet acte n'autorise qu'une maison ordinaire ;
elle n'empêcherait pas de condamner une magni-
ficence excessive, car la bonne foi fait l'âme des
conventions, il faut toujours s'attacher à leur but
naturel qui se trouve déterminé par l'usage du
pays. Les circonstances sont d'un grand poids
dans cette matière ; il serait injuste de chicaner

un colon qui, en vertu d'une faculté indéterminée, n'a pas mis un excès évident dans ses constructions; et l'arrêt du 21 novembre 1608, référé dans Bélordeau (lettre D, controverse 106) condamne un seigneur à payer le tout des édifices, parce que le revenu de la tenue en était augmenté, et qu'outre la stipulation générale opposée dans le bail convenantier, que le colon serait remboursé des édifices qu'il ferait, il paraît que le bailleur et ses représentants avaient expressément consenti à chaque augmentation. La clause du contrat primordial, qui permettait de clore et de bâtir indéfiniment suivant la volonté du colon, suffisait pour légitimer tous les édifices d'une forme non excessive, quand même la tenue eût passé, par congément ou par vente, à plusieurs domaniers successifs. »

Pour les clôtures, comme pour les édifices, le colon a le droit de relever celles qui sont tombées, et de les rétablir dans leur ancienne forme. Carris (sur Rohan, art. 12) rapporte qu'il a été jugé par un arrêt de 1649, que : « le colon ne peut faire des fossés neufs, où il n'y en avait point auparavant : autrement, toutes ces innovations lui tomberaient en pure perte. » Baudouin est plus large (t. I, 50; t. II, 259) ; il admet que le colon a le droit d'élever des clôtures neuves, quand il y a nécessité absolue, ce qui arrive lorsque le terrain acconvenancé est déclos ; autrement dit, il ne peut pas établir des clôtures pour diviser des champs de la tenue, mais il peut clore les pièces de terre, afin d'empêcher les étrangers d'y pénétrer. Les clôtures, de même que les édifices, ne doivent pas être somptueuses ; ainsi, le colon ne pourrait pas établir des murs ou des haies, il doit se contenter de clore avec un fossé, suivant l'usage général, à moins qu'il n'existât auparavant un mur ou une haie ; dans ce cas, il peut rétablir les choses dans leur ancien état. (Aulanier, 317.)

Le droit de planter paraît devoir être accordé au colon d'une façon absolue ; il est vrai que Gatechair pose en principe, qu'il faut une permission expresse pour *planter les bois fruitiers* ; mais Baudouin (II, 258) observe que cet auteur se contredit lui-même en disant que le droit de clore les terres de fossés, *même y planter quelques arbres fruitiers*, est dans la nature du domaine congéable ; d'ailleurs, l'article 9 de l'usement de Cornouaille dit expressément que le colon peut « sans permission faire vergers, jardins et prairies. » L'usement de Rohan (art. 13), et Rosmar (art. 16) garantissent au colon le remboursement intégral de ses fruitiers, ce qui implique le droit de planter sans l'assentiment du foncier.

Le colon ayant la liberté de planter à son gré, et pouvant cultiver la terre comme il lui plaît, il faut nécessairement admettre qu'il peut se servir d'une parcelle dépendant de la tenue pour faire

des semis et établir une pépinière; mais, lorsqu'il
sera congédié, quel sera le sort des plantes qu'il a
fait venir? Doit-on les considérer comme objets
remboursables, ou bien le colon les doit-il enlever?
Il est hors de doute que les semis font partie des
superfices, et doivent être remboursés; quant aux
arbustes plantés en pépinière, ils ne peuvent être
considérés comme faisant partie des superfices;
ils ne sont placés dans la tenue que pour y rester
quelque temps; ils sont destinés à être bientôt enlevés et transplantés ailleurs; en droit, ils ne sont
pas attachés au sol : ils sont meubles, et par conséquent ils ne sont pas remboursables; le domanier devra les enlever (Aulanier, 320, Carré,
p. 238 et suivantes). La loi de 1791 ordonne que
le colon sera prévenu du congément six mois
avant la Saint-Michel; elle lui laisse donc un
temps assez long pour enlever les arbustes. Le
colon pourrait-il obtenir judiciairement la permission de laisser ses plants dans la pépinière
après le 29 septembre? M. Carré (p. 242 et 243)
pense qu'en thèse générale la prétention du colon
doit être repoussée; le juge n'a pas le pouvoir de
retarder l'entrée en jouissance du congédiant,
lorsque celui-ci a rempli à temps toutes les formalités voulues. Cependant, si on peut prouver que le
propriétaire a connu la plantation de la pépinière
et ne s'y est pas opposé, et si d'un autre côté on
reconnaît que la transplantation des arbres dans

les six mois avant la Saint-Michel eût été difficile et dangereuse, on pourrait accorder un supplément de délai en exigeant du colon une indemnité pour le temps pendant lequel les arbres resteront sur la tenue après le congément. En effet, « il pourrait se faire que les juges considérassent le silence gardé lors de la plantation comme approbation tacite, et renonciation à la faculté de faire extraire les plants à contre-saisons. » M. Aulanier (520) repousse cette opinion ; cette distinction nous paraît effectivement mal fondée, car le propriétaire ne pouvait pas s'opposer à l'établissement d'une pépinière, puisqu'on reconnaît au domanier le droit d'en planter une sans demander aucune autorisation ; on ne pourra donc jamais considérer le silence du foncier comme une approbation tacite.

L'objet primitif et principal du bail à convenant étant l'amélioration de la tenue, il semble que le colon devrait avoir le droit de défricher les terres incultes comme il veut et quand il lui plaît, sans consulter le foncier. Baudouin paraît bien effectivement lui accorder cette faculté : il nous dit (t. I, 50) qu'en Tréguier et Goello les colons peuvent jouir des *issues* (terrains vagues entourant la tenue), « comme des terres cultivées, *ab œvo* ; ils peuvent les clore, les labourer, sans payer d'autres dîmes que celles qui ont cours dans le surplus du convenant » Il reconnaît cependant que cette règle n'est pas suivie dans tous les usements, et que dans d'autres cantons le domanier doit un droit de champart *lorsqu'on laboure les terrains vagues aux environs de la tenue, ce qui s'appelle égobuer* (Poullain-Duparc, Principes, t. III, p. 28); mais il ne dit nulle part que le défrichement doit être autorisé par le foncier; il semble même professer le contraire (t. II, 470, *in fine*, et 471): « La culture des terres intéresse privativement le convenantier.... Il s'ensuit que c'est à lui qu'il appartient d'entreprendre des défrichements et desséchements, de profiter des exemptions de dîmes et des priviléges que la déclaration du roi, du 6 juin 7681, y a attachés : *Son bail convenantier renferme pour cette entreprise un consentement suffisant du propriétaire*, tel que l'exige l'art. 2 de cette loi. » Quelque bien fondée que paraisse la décision de Baudouin, il est certain qu'elle n'était pas généralement admise. Un des griefs présentés contre le domaine congéable a été que cette tenure arrête les défrichements : «Il n'est aucun colon qui veuille s'exposer à de pareilles dépenses ; elles ne lui seraient pas remboursées dans l'appréciation de la tenue lors du congément. » (Le Quinio, Elixir du régime féodal). M. Desnos, propriétaire de domaines congéables dans l'usement de Brouërec, dans un mémoire qu'il écrivit pour répondre à la pétition du corps électoral du Morbihan, et à l'Elixir du régime féodal, ne reconnaît pas non plus au colon le droit de défricher ; le colon a seulement la jouissance précaire du fonds, le défrichement est un acte trop important pour qu'il puisse être fait sans autorisation du foncier. « Les défrichements, dit-il, pourraient devenir très-onéreux au foncier. Il y a en Bretagne beaucoup de terres incultes, connues sous le nom de landes. Le défrichement de ces terres, ordinairement remplies de pierres, coûte beaucoup, et les engrais encore davantage. Après y avoir fait deux ou trois récoltes passables, on est obligé de les abandonner parce que la terre est déjà épuisée. Si le colon avait la liberté indéfinie de défricher les terrains dépendant de la tenue, il entourerait de fossés des terres qu'il ne mettrait pas en valeur, ou bien il défricherait des terres dont il recueillerait les trois premières récoltes, les seules dont on puisse retirer quelque profit ; et lors du congément il se ferait payer des fossés inutiles, et les frais d'un défrichement qui ne profiterait en rien au propriétaire. Il faut donc que ce dernier donne son consentement aux défrichements, si on veut lui en faire supporter les frais ; ou que le domanier les fasse pour son compte, sans pouvoir rien répéter lors du congément, s'il n'a pas obtenu l'agrément du foncier. Mais lorsqu'un défrichement est véritablement lucratif, le foncier y consent ; s'il est chargé de rembourser une somme plus forte quand il congédie, il gagne d'un autre côté par l'accroissement de la valeur de sa tenue. »

Girard, dans son Traité des usements ruraux, refuse aussi au colon le droit de défricher sans le consentement du propriétaire. Au contraire, Le Guével, dans son Commentaire sur l'usement de Rohan, émet la même opinion que Baudouin ; il considère (page 6) comme faisant partie des droits réparatoires le premier défrichement des terres mises en valeur. Carris (sur l'usement de Rohan, p. 5) pense de même : « Maisons, murs, etc., tout cela appartient au colon, même ce qui a coûté pour ouvrir premièrement les terres labourables, faire rigoler et améliorer les prés, ainsi qu'il a été jugé par arrêt, et tout cela s'estime en congément. »

On ne peut méconnaître que les auteurs anciens étaient en divergence sur cette question des défrichements ; mais d'où procédait cette contradiction ?

M. Aulanier (p. 190) regarde simplement cette question comme controversée entre les jurisconsultes, et il déclare que le système développé par Baudouin lui paraît de beaucoup préférable : l'amélioration des terres est le but du bail à convenant ; si le défrichement augmente la somme remboursable, il augmente d'autant la valeur du terrain, le colon n'a pas intérêt à faire des défrichements onéreux, puisqu'il serait le premier à en supporter le dommage ; l'intérêt de l'agricul-

ture réclame que les défrichements soient pro-
tégés. Ces raisons détermineraient certainement
à permettre au colon les défrichements, si la question était simplement controversée entre les jurisconsultes; mais nous croyons que la contradiction existe entre les usements et non entre les auteurs; et comme, suivant les termes de l'art. 7 de
la loi de 1791, « les propriétaires fonciers et le domanier en tout ce qui concerne leurs droits respectifs, sur la distinction du fonds et des édifices
et superfices, des objets dont le remboussement
doit être fait au domanier lors de sa sortie, la faculté de bâtir de nouveau, ou de changer les bâtiments existants, se régleront, à défaut de stipulation, d'après les usements tels qu'ils sont observés dans les lieux où les fonds sont situés, »
nous pensons qu'on devra suivre l'usage local en
ce qui concerne les défrichements. Les usements
ne contiennent pas de disposition formelle à cet
égard; mais il est facile de constater sous quels
usements les défrichements sont permis au colon ;
il suffit même, pour cela, de remarquer que les
auteurs que nous venons de citer, quoique en contradiction les uns avec les autres, posent leur avis
comme un principe assuré , et n'indiquent pas
qu'il y ait controverse; or, ils écrivent sous des
usements différents; c'est donc que chacun signale
la coutume de son canton. Il nous est donc permis
de croire que les défrichements étaient interdits

au colon en Cornouaille et Brouerec; qu'ils lui
étaient permis en Rohan et Tréguier. Pour l'usement de Brouërec, le mémoire de M. Desnos, que
nous avons cité, ne laisse guère de doute sur la
nécessité, pour le domanier, d'obtenir une autorisation afin de mettre les terres en culture; nous
avons vu, au contraire, les deux commentateurs
de l'usement de Rohan, Carris et Le Guével, permettre les défrichements sans hésitation; pour
l'usement de Cornouaille, nous avons deux sources
différentes pour nous renseigner : Girard, qui écri-
vait sous cet usement, interdit au colon de défricher sans autorisation. Baudouin (t. I, 50) ne
dit pas formellement que l'autorisation du foncier
était exigée; mais il le laisse entendre implicite-
ment, puisqu'il indique que dans ce canton le
colon qui défriche doit payer une redevance sur
ses défrichements, cette redevance est bien certainement le prix de l'autorisation du foncier,
car Baudouin indique qu'elle est temporaire; elle
n'est due qu'au temps du défrichement; « cette obligation, dit-il, ne va pas jusqu'à les forcer d'égobuer, et les domaniers en sont même totalement
exempts, lorsqu'ils ont clos et converti en terres
chaudes les issues de leurs convenants. »

Quant à l'usement de Tréguier et Goollë, il
permet assurément les défrichements sans le concours du propriétaire, puisque c'est la théorie
que Baudouin développe dans ses Institutions con-

venantières, lesquelles (comme l'observe l'auteur dans sa préface, p. xi) concernent les domaines congéables en général, et *spécialement l'usance de Tréguier et Goëllo*. D'ailleurs, dans le passage où il parle de la redevance due en Cornouaille, par le colon qui égobue, il signale positivement que cet usage n'existe pas en Tréguier : « L'on ne connaît pas en Tréguier le champart, dont M. Duparc-Poullain, t. III de ses Principes, p. 28, surcharge encore les domaniers, lorsqu'on laboure les terrains vagues aux environs de la tenue. » (t. I, 50.) Cette divergence entre les usements peut avoir son explication dans la différence qui existe dans les modes de culture. Dans une grande partie de la Bretagne, l'usage est de brûler le tissu de la *lande* qu'on veut défricher, en sorte que la terre produit de belles récoltes pendant quelques années, mais se trouve épuisée ensuite, et doit être laissée en friche. On comprend que, dans les pays où cet usage existe, et nous savons qu'il est encore pratiqué en Cornouaille et en Brouërec, le défrichement ne donnant de profit que pendant deux ou trois ans, le foncier se trouverait obligé de rembourser au colon des frais de mise en culture, dont il ne profiterait en aucune façon.

Ce que nous avons dit pour les défrichements est également applicable aux desséchements. Les auteurs qui ont écrit sur cette matière donnent les mêmes solutions dans les deux hypothèses ; toutefois M. Aulanier qui pense que le droit de défricher doit être accordé au colon dans tous les pays de domaine congéable, admet que le foncier pourrait contester au colon le droit de dessécher; il ne soumet cependant pas le colon à la nécessité d'obtenir toujours une autorisation, la solution de la question dépendra des circonstances : « Il est visible que les dépenses de desséchement pourraient être contestées au colon avec beaucoup plus d'avantages que celles de défrichement : outre qu'elles sont bien plus considérables, et que les desséchements exigent ordinairement la construction de digues très-coûteuses, il semble que les entreprises de desséchements tiennent moins à la nature du domaine congéable que celles de défrichement. » (Aulanier, 321, *in fine*).

Cette distinction entre le défrichement et le desséchement, qui ne se rencontre pas dans les anciens auteurs, ne nous paraît pas fondée : le but du bail à convenant est l'amélioration de la tenue; la mise en culture, mérite autant de protection lorsqu'il s'agit d'un terrain marécageux que lorsqu'il s'agit d'une lande.

Après avoir recherché quelles améliorations sont permises ou défendues, il nous reste à déterminer quels sont les droits respectifs du foncier et du domanier lorsqu'il est reconnu qu'un édifice ou superfice constitue une novalité.

Il importe tout d'abord de remarquer que le

consentement du foncier habilite le colon à faire toute espèce d'améliorations; il est indifférent que ce consentement soit donné d'une façon spéciale pour tel objet déterminé, ou d'une façon générale, par exemple au moyen d'une clause insérée dans un bail ou une baillée et permettant au colon de construire, clore et cultiver, comme bon lui semblera; toutefois, dans ce dernier cas, le colon doit avoir soin que les ouvrages entrepris par lui soient en rapport avec l'étendue et les besoins de la tenue. (Aulanier, 323.)

Les innovations, excédant les pouvoirs accordés au colon par son titre, se trouvent dans la situation de toutes les améliorations faites par un possesseur de mauvaise foi sur le terrain d'autrui. En conséquence, le foncier a le droit ou d'exiger que ces objets soient enlevés, ou de les conserver pour lui en les remboursant; dans l'ancien droit il devait seulement rembourser le prix de la matière brute, sans main-d'œuvre (Baudouin, II, 271); mais aujourd'hui on doit tenir compte du prix de la main-d'œuvre en sorte que les innovations que le foncier veut conserver seront estimées sur les mêmes bases que les autres améliorations; la différence qui existe à cet égard entre l'ancien droit et le droit actuel résulte de ce que l'article 555 du Code civil a modifié en ce sens les principes posés par la coutume de Bretagne relativement aux sommes que doit rembourser le propriétaire qui veut conserver les constructions faites sur son terrain par un possesseur.

Le propriétaire n'est pas obligé d'attendre qu'il congédie pour exiger la démolition des novalités : il peut s'opposer à ce qu'elles soient faites, où les faire enlever aux frais du colon, même pendant le cours du bail à convenant. « Superficies congediales, nisi dominus velit, imponi non possunt, et impositæ teneri nequeunt, et auferendæ sunt. » (D'Argentré sur l'art. 408 de la coutume ancienne, gl. 2, n° 10.)

Si le colon trouvait dans une construction que le foncier refuse d'autoriser un avantage considérable, il pourrait offrir au foncier une reconnaissance écrite par laquelle il constaterait le refus d'autorisation, et s'engagerait à ne pas faire estimer ces innovations en congément. Mais le foncier a même le droit de refuser ces reconnaissances dites *lettres de non-préjudice.* « Il serait dangereux, dit Gatechair dans ses Mémoires, de contraindre le seigneur à accepter une simple reconnaissance, vu qu'il arrive souvent que le seigneur ne congée jamais telle tenue, pour la grande surcharge d'édifices qu'il y a, ou autres considérations ; et cependant cet écrit se pourrait perdre. » Baudouin donne deux autres motifs à l'appui de cette décision (II, 265) : « Tout propriétaire a le droit d'abattre ce qu'on a édifié sur son fonds contre son gré ; il y est ordinairement intéressé en matière de domaines congéables, parce que la vue d'édifices considérables écarte ceux qui viendraient demander le pouvoir de congédier une tenue peu chargée de bâtiments et qui ignorent que telle ou telle construction n'entrerait point dans ce remboursement. »

L'équité exige qu'une exception soit admise à la règle suivant laquelle le foncier n'est point tenu d'accepter des lettres de non préjudice : il s'agit du cas où la novalité consiste, non pas dans un bâtiment entier, mais dans une partie trop somptueuse d'un édifice permis qui ne peut être démolie sans entraîner la perte de tout l'édifice. (Baudouin, II, 266).

Le droit pour le foncier de faire enlever une novalité et de ne pas la compter au nombre des objets remboursables se prescrivait autrefois pas quarante ans; le Code civil a réduit à trente années le délai requis pour l'accomplissement de cette prescription. Ainsi lorsque trente ans se sont écoulés depuis l'établissement d'une novalité, sans qu'il soit intervenu, ni lettre de non préjudice, ni réclamation du foncier, cette amélioration perd le caractère d'innovation et se trouve mise au rang des améliorations permises; le propriétaire est censé avoir consenti à son établissement ou avoir donné une ratification tacite en n'exigeant pas la démolition.

Une question assez délicate s'élève au sujet de

cette prescription : un colon fait une innovation illicite, puis il fournit, quelques années après, des lettres récognitoires dans lesquelles il ne fait aucune mention des objets nouveaux, doit-on considérer cette omission de la novalité comme un aveu de son caractère illicite, et par conséquent les lettres récognitoires interrompent-elles la prescription ? Baudouin (II, 269 et 270) établit à cet égard une distinction : la prescription est interrompue si les lettres récognitoires renferment une dénégation formelle des novalités, ainsi : le colon déclare que sa maison a un étage seulement, des fenêtres en simple maçonne, or la maison a deux étages, et les fenêtres sont faites de pierres de taille, évidemment il y a interruption de prescription, car sa fausse déclaration donne un titre contre lui, en déclarant que sa maison a un étage et des fenêtres en simple maçonne, le colon renonce pour ainsi dire à demander le remboursement du second étage et des pierres de taille. Mais, si au lieu d'être dénégatif, le titre nouveau est simplement omissif, si le colon se contente de ne pas mentionner une innovation, sans que rien dans sa déclaration exclue l'existence de cet objet, la prescription continue de courir. M. Aulanier (329) conteste avec raison l'exactitude de cette dernière solution : on comprend que l'omission faite par le colon lui permette de continuer à prescrire lorsque l'objet omis est accessoire et peu important, car l'omission est alors excusable; mais, lorsqu'il s'agit d'un objet ayant une existence propre et une importance considérable, par exemple un édifice, un fossé, la décision de Baudouin n'est plus admissible, le silence du colon n'a plus qu'une seule explication possible: l'intention de cacher au foncier l'existence d'un superfice illégalement établi, et par suite ce silence équivaut à un aveu formel que cet objet omis est une innovation. Baudouin dit lui-même (I, 122) que le principal intérêt que les lettres récognitoires fournissent au foncier est *d'empêcher le changement des choses*. « Ces déclarations, dit-il (I, 121), doivent rapporter les dimensions des bâtiments jusque aux pieds et aux pouces, suivant l'expression d'Hévin, consult. 104, c'est-à-dire le nombre de pignons, longères, murs de refend, avec leur longueur, laise et hauteur, cheminées, portes, fenêtres, escaliers et les matériaux dont ils sont construits. La nécessité de cette description provient de la prohibition faite au domanier par tous les usements de changer l'état primitif des anciens édifices et d'en construire de nouveaux sans la permission expresse et littérale du seigneur. » A quoi servirait une description tellement minutieuse, si l'omission d'un objet même important n'avait aucune conséquence défavorable pour le colon. Évidemment les innovations non déclarées dans des lettres aussi détaillées sont tacitement reconnues illicites, l'omission

faite par le colon équivaut à un aveu, car la loi
n'exige pas une reconnaissance formelle et expli-
cite pour interrompre la prescription. Il semble
bien que le colon en dissimulant au foncier l'existence d'un objet a craint que l'illégalité de la
construction ne fût découverte et la démolition
exigée ; enfin il serait injuste d'admettre la prétention du colon : si le foncier n'a pas constaté l'omission c'est qu'il s'en est rapporté à la bonne foi de
son domanier, et celui-ci va se prévaloir, pour se
faire rembourser une innovation, de ce qu'il a fait
lui-même une déclaration inexacte, c'est-à-dire.
qu'il triomphera en s'appuyant sur une omission
qu'il a faite ou frauduleusement, ou tout au moins
par négligence.

Jusqu'à quelle époque le foncier peut-il réclamer
contre une innovation ? Jusqu'à la fin des opérations du congément, c'est-à-dire jusqu'au remboursement ; en remboursant une innovation, il
est censé l'approuver, et s'il détache de nouveau
les droits réparatoires des droits fonciers, la novalité fera sans contestation partie des édifices et
superfices du nouveau colon. (Aulanier, 330 ; Baudouin, II, 334.)

Ce que nous venons de dire relativement à l'approbation tacite des innovations qui résulte du
remboursement, s'applique seulement au cas où
le foncier a congédié lui-même et en son propre
nom : lorsque le congément est exercé par un ces-

sionnaire, les innovations remboursées par celui-ci
ne sont pas pour cela opposables au foncier ; le
foncier peut contester qu'elles soient licites et
refuser de les comprendre dans le prisage des droits
réparatoires quand, à son tour, il voudra congédier. Bien entendu le fait qu'un cessionnaire a
exercé un congément n'empêche pas la prescription de courir contre le foncier au point de vue
des novalités, et le cessionnaire qui a remboursé
une innovation peut joindre à sa possession celle
du colon qu'il a expulsé, pour accomplir le laps
de temps requis afin de prescrire.

Ainsi le cessionnaire de la faculté de congédier
est responsable vis-à-vis du foncier des innovations
qu'il rembourse ; en effet il n'a reçu le droit de
rembourser que les droits véritablement remboursables; s'il a compris dans le prisage des objets qui
n'y devaient pas figurer, il est en faute et ne saurait tirer de ce fait argument contre le foncier : il
devait en congédiant s'assurer de la légitimité des
superfices ; mais, lorsque le foncier exigera l'enlèvement de ces innovations ou refusera de les faire
estimer, le colon actuel qui les a remboursées à
son prédécesseur ne pourra-t-il pas recourir contre
celui-ci et se faire restituer la valeur des objets
indûment compris dans le congément ? Baudouin
paraît lui accorder ce recours d'une façon absolue :
« le colon, dit-il, doit s'instruire sur la légitimité
des édifices qu'il soupçonne être des innovations ;

ou, dans la suite, il ne lui reste, contre le blâme de son seigneur, qu'une action en garantie vers le domanier auquel il remboursa les objets blâmés. » (Baudouin, II, 334, 2ᵉ alinéa). M. Aulanier (nº 331) combat cette décision : à son avis le congédiant, représentant le foncier envers le congédié, le remboursement d'une innovation doit être considéré comme une approbation ; le congédiant, en remboursant un objet le prend à sa charge et met le congédié à l'abri de tout recours ; d'après cette observation, on devrait refuser au congédiant toute action en garantie contre le congédié. M. Aulanier pense cependant qu'on doit lui donner action, mais pendant un an seulement, parce qu'après un an le fermier sortant ne peut plus être poursuivi pour dégradation et défaut de réparations. Cette dernière décision nous paraît inexacte, car nous ne voyons aucun rapport entre les dégradations et le cas qui nous occupe ; la décision de Baudouin nous paraît préférable : il est vrai que le congédiant représente le foncier à l'égard du colon, mais il n'a pas vis-à-vis de lui tous les pouvoirs attachés à la qualité de foncier, il a seulement le pouvoir de congédier il n'a pas le pouvoir d'approuver les innovations ; si donc il les rembourse, il peut bien les prendre à sa charge, mais il ne leur enlève pas leur caractère illicite, comme le ferait le foncier en remboursant lui-même. Elles restent illégales au point de vue du foncier, non-seulement

dans ses rapports avec le congédiant, mais absolument ; le remboursement d'une innovation lui fait
perdre son caractère illégal quand le foncier
congédie, parce qu'il comprend une approbation
tacite, et qu'on refuse au foncier, une fois qu'il a
payé, le droit de combattre cette présomption ;
mais, quand c'est un tiers qui congédie, la situation
n'est plus la même : la présomption d'approbation
est inapplicable; le congédiant n'a pu rembourser
l'innovation que par suite d'une erreur ; il doit
donc être autorisé à recourir contre le congédié
en se fondant sur ce qu'il a payé par erreur une
chose qui ne faisait pas partie des droits réparatoires.

CHAPITRE IV.

DU DROIT DE PROVOQUER LE REMBOURSEMENT.

Nous avons vu qué, dans l'ancienne législation,
le foncier seul avait le droit de demander la réunion
des superfices au fonds, en provoquant le congément. Cette faculté accordée au foncier seul a été
considérée comme un privilége exorbitant, et la
loi de 1791 (art. 11), a cru devoir y apporter un
tempérament en accordant au domanier un droit
analogue et réciproque, en lui permettant de
demander le remboursement des édifices et superfices lorsqu'il exploite la tenue.

Cette disposition de la loi de 1791 a le grave inconvénient d'être rétroactive puisqu'elle s'applique

aux baux antérieurs à sa promulgation; les colons avaient accepté l'acconvenancement avec la faculté de congément au profit du foncier seulement; pour leur accorder le droit de provoquer leur remboursement, il a fallu que le législateur les déliât d'une des obligations qu'ils avaient contractées; on comprend qu'une telle mesure ne peut se justifier que si elle s'appuie sur des motifs considérables : les fonciers ne congédiaient presque jamais, aussi il leur arrivait souvent de permettre au domanier d'élever sur la tenue de nombreuses constructions. Le seul inconvénient que présentait pour eux la grande valeur des édifices était une entrave à l'exercice du congément ; mais, du moment que le colon peut provoquer le remboursement, la question change de face, et le foncier est bien plus intéressé à refuser des améliorations qu'il sera peut-être contraint de payer prochainement, il est arrivé que des fonciers ont dû renoncer à leurs droits parce que la valeur des édifices, telle qu'elle doit être fixée par les experts, était supérieure à la valeur totale de la tenue, droits fonciers et droits réparatoires réunis (Aulanier, 355).

Le motif qui a déterminé le législateur à accorder aux domaniers le droit de provoquer le remboursement n'est assurément pas à l'abri de la critique : il repose à notre avis sur une erreur : on a cru que le colon ne pouvant pas demander le remboursement était en quelque sorte attaché à la tenue, et

que le bail à convenant le mettait dans une position inférieure à celle du foncier, en laissant à
celui-ci le choix du moment où il voudrait congédier. Ces deux idées sont fausses ; d'abord le
colon n'était pas du tout attaché à la tenue, il
pouvait la quitter quand il voulait, il pouvait
vendre ses droits ou les affermer ; en second lieu
il est inexact de dire que le foncier est dans une
situation supérieure à celle du colon, que (suivant
l'expression de Tronchet dans son rapport du
12 vendémiaire an VI, page 19) « la maxime intolérable qui, à l'expiration du terme fixé par le
bail, ne donnait qu'au foncier le droit de continuer
ou de ne pas continuer le bail.... rendait la convention indéfinie pour le bailleur et à temps pour
le preneur, et détruisait la réciprocité naturelle qui
doit résulter d'une convention entre les parties
contractantes. » Evidemment on ne saurait poser
comme condition essentielle des contrats en
général que la situation des contractants dût être
égale en tous points ; d'abord cette égalité n'existe
dans aucun contrat unilatéral, et ces contrats ne
sont cependant pas contraires à l'ordre public ;
quant aux contrats synallagmatiques, ils offrent
souvent l'exemple d'une inégalité entre les contractants analogue à celle qui nous occupe : ainsi
le vendeur à réméré peut seul demander l'annulation de la vente ; dans le contrat de société, la
part que les associés prélèvent sur les bénéfices est

souvent inégale, elle n'est même pas toujours proportionnelle à leur mise ; cependant on n'a jamais
songé à attaquer la vente à réméré, et la société
comme blessant le principe de réciprocité. Dans le
domaine congéable, la redevance est très-faible,
comme nous l'avons observé déjà ; elle est généralement fort loin d'égaler l'intérêt que devrait produire la somme représentant la valeur de la
foncialité ; il faut donc que le foncier ait quelque
avantage qui compense les sacrifices qu'il s'est
imposés en concédant la jouissance du fonds moye-
nant une prestation minime. Le bail à convenant
est un contrat librement consenti ; le colon a pu
discuter les conditions; s'il a accepté de supporter
le congément sans pouvoir en échange le provoquer,
c'est qu'il a trouvé dans les autres conventions
des clauses assez avantageuses pour compenser
celle-ci. Le foncier s'est obligé à rembourser les
superfices quand il congédiera ; il s'est réservé le
choix du moment où il devra congédier; il ne s'est
pas soumis à payer au colon la valeur des superfices quand celui-ci l'exigera ; en modifiant cette
convention, la loi de 1791 a causé un grave préjudice au foncier et l'a mis dans une situation
bizarre : elle le force à acheter une propriété dont
il ne veut pas ; elle le met dans un grand embarras,
car s'il a plusieurs tenues, ses domaniers peuvent,
d'un commun accord, demander tous en même
temps leur remboursement et choisir à cet effet le

moment où le foncier n'a pas les sommes nécessaires, en sorte qu'il sera obligé d'abandonner ses
droits; cet inconvénient est d'autant plus grave
que, dans la pratique, presque tous les baux, sont
fort anciens et les domaniers jouissent de leur
tenue sans baillée nouvelle; comme la tacite
reconduction triennale n'est applicable qu'aux
baux postérieurs à la loi de 1791, ils peuvent
demander le congément tous les ans. C'est surtout cette considération qui a amené les propriétaires fonciers de nos jours à abandonner la
tenure à domaine congéable et à congédier leurs
colons pour affermer simplement leurs terres ; ce
résultat est regrettable, car il est certain que le
bail à convenant offrait de grands avantages pour
les progrès de l'agriculture : le domanier étant
propriétaire des édifices, et restant généralement
fort longtemps dans la même tenue, s'y attachait
et la cultivait avec beaucoup plus de soin qu'un
simple fermier ; le fermier n'a pas le même intérêt ;
il craint toujours d'être expulsé à la fin du bail, et,
s'il a amélioré la culture, il craint de voir augmenter
son prix de fermage, au lieu que le domanier a
l'espoir de rester dans sa tenue, car le propriétaire à
l'expiration de la baillée n'aura peut être pas somme
suffisante pour le congédier; d'ailleurs le domanier
peut sans crainte améliorer la culture, puisqu'il
sera remboursé de ses frais ; nous avons vu en effet
qu'on lui doit payer ce qu'il a dépensé pour frais

de mise en culture, et que le tissu des prairies doit être estimé en congément.

Quelle que soit la valeur de ces observations longuement développées, pour la plupart, dans le mémoire de M. Desnos (pages 74 et suivantes) que nous avons cité à propos des défrichements, le législateur de 1791 a, dans l'article 11, formellement autorisé le colon à provoquer son remboursement.

Cette disposition applicable aux baux antérieurs à la loi de 1791, s'applique *à fortiori* aux baux postérieurs ; mais on s'est demandé si, dans les baux nouveaux, le domanier pouvait renoncer au droit de demander le remboursement des edifices et superfices ; la loi de 1791 laisse à l'avenir les parties libres de faire telles conventions qu'elles voudront sauf celles qui porteraient sur une des clauses qu'elle interdit formellement ; or nulle part elle n'interdit au colon de renoncer à la faculté de demander le congément ; d'un autre côté, il semble bien singulier que les contractants puissent à l'avenir stipuler une clause que la loi a fait disparaître des baux anciens, où elle existait par suite d'une convention tacite. On comprend que la question est fort délicate ; aussi est-elle l'objet d'une vive controverse, il y a des arrêts dans les deux sens.

Pour soutenir la validité de la renonciation du colon, on dit que cette clause ne contient aucune

dérogation aux principes du droit commun : le colon qui a renoncé au droit de provoquer son remboursement n'a pas accepté une condition servile,
il ne s'est pas soumis à une obligation féodale; il
conserve son droit de propriété intact, il peut à son
gré exploiter lui-même, louer ou vendre ses droits.
On ne saurait prétendre que cette renonciation as-
servit la propriété superficiaire vis-à-vis de la foncialité et crée entre deux propriétés une préémi-
nence de l'une sur l'autre (Code civil, art. 638)
en obligeant le colon à payer une redevance à perpétuité, car cette redevance est due au foncier, non
pas en considération d'un droit attaché à son
fonds, mais en échange de l'obligation qu'il contracte de fournir au preneur la jouissance du
fonds. La propriété du colon est, par sa nature
même, imparfaite et résoluble, puisqu'au lieu de
porter sur un objet qui ait une existence propre,
elle porte sur l'accessoire d'une autre chose ; il est
aisé de comprendre que cette situation tout à fai
exceptionnelle crée des droits spéciaux ; le colon,
comme l'engagiste dans l'ancien droit conserve la
chose, qu'il détient moyennant l'aliénation d'un
capital, jusqu'à ce qu'il soit remboursé; il peut
bien laisser le foncier libre de choisir l'instant où
il devra rembourser. La renonciation du colon a
été faite librement, s'il n'avait pas voulu la
faire, le foncier n'aurait sans doute pas acconvenancé sa tenue, car nous avons vu plus haut les

inconvénients immenses que présente pour lui une demande de remboursement sur laquelle il ne compte pas. Pourquoi délier le colon d'une obligation librement consentie, puisque les conventions tiennent lieu de loi entre les parties? (Code civil, art. 1134.)

Cette renonciation n'est donc pas contraire à l'ordre public. Est-elle interdite par la loi de 1791 ? Non, cette loi abroge la disposition des anciens usements qui donnait au foncier seul le droit de congédier ; elle l'abroge, parce que c'était une disposition générale à laquelle le colon était soumis sans convention expresse, et à laquelle il ne pouvait guère se soustraire, puisqu'elle était d'un usage général; mais aujourd'hui, quand un colon renonce à provoquer le congément, il le fait de son plein gré, après avoir pesé les conséquences de cette clause et sans être influencé par l'usage général, puisque cet usage n'existe plus. Quand la loi de 1791 veut interdire une clause, elle le fait expressément, les articles 3 et 15 en fournissent la preuve ; mais, en dehors de ces clauses formellement interdites, les parties peuvent faire telles conventions qu'elles voudront (art. 13). L'article 13 permet aux contractants de fixer à leur gré la durée du bail; on en a conclu que les contractants devaient nécessairement fixer une époque à laquelle le colon pourrait demander le congément. Cette déduction n'est assurément pas lo-

gique : la loi de 1791, en parlant de la durée des
baux, s'occupe évidemment du droit de jouissance
du fonds, et non pas des superfices. Le colon n'est
pas attaché à la tenue par le fait qu'il ne peut se
faire rembourser, il a toujours la liberté de vendre
ou affermer. Le bail à ferme ne peut être consenti
que pour un temps fixé, parce qu'il porte sur un
droit de jouissance seulement, mais on ne saurait
à ce point de vue assimiler le bail à convenant au
bail à ferme, puisque dans le domaine congéable
le colon a un droit de propriété, droit perpétuel de
son essence, qui modifie considérablement la nature de cette sorte de bail. (Carré, pages 165 et suivantes : Consultation de MM. Desnos et Lesbaupin,
du 2 mai 1811.)

Pour combattre la validité de cette clause, on dit
qu'elle est en contradiction avec les principes du
droit commun, qu'elle met le colon dans une position servile vis-à-vis du foncier, et crée une préé-
minence du fonds sur les édifices, ce qui est contraire à l'esprit du Code. Nous venons de voir comment les partisans de l'autre système répondent
à cette objection ; on se refuse à admettre que les
parties puissent stipuler une clause qui, lorsqu'elle
existait par la force des usements, était considérée,
suivant l'expression de Tronchet, comme une
maxime intolérable ; c'est bien dire, en d'autres
termes, qu'elle est contraire à l'ordre public. Cette
renonciation n'est pas plus admissible que la re-

nonciation à la prescription interdite par l'article 2220 du Code civil, car elle deviendrait bien plus encore que celle-ci de style dans tous les contrats, puisque l'ancien usage était de la sous-entendre. (Carré, pages 188 et suivantes.) La loi de 1791 a mis au nombre des conditions essentielles du domaine congéable la faculté de demander le remboursement; en introduisant ce droit même dans les baux antérieurs, elle a entendu modifier en ce sens les conditions autrefois exigées pour la validité du bail à convenant. La clause insérée tacitement dans les baux anciens par la force des usements méritait plus de respect que les clauses à venir, et la loi n'a pas craint de l'annuler,

M. Aulanier (n° 358) adopte un système intermédiaire : à son avis, la renonciation indéfinie au droit de provoquer le congément est contraire à l'esprit de la loi, mais la renonciation serait valable si elle était temporaire; l'effet de cette renonciation doit être limité à trente ans. Le défaut de réciprocité dans le droit de provoquer le congément n'est intolérable que s'il est perpétuel; la renonciation du colon à demander le remboursement pendant trente ans n'entrave pas sa liberté, et offre un avantage suffisant au foncier. On peut, conformément à l'article 530 du Code civil, stipuler qu'une rente foncière ne sera pas rachetable pendant trente ans; les motifs qui ont fait déclarer rachetables les rentes foncières sont ceux invoqués

pour annuler la renonciation du colon : la crainte
d'établir une servitude perpétuelle, d'affecter indéfiniment un fonds au service d'une rente; le domaine congéable présente une situation analogue,
il faut lui appliquer la même décision.

Ce système ne nous paraît pas admissible :
l'article 530 se refère à un ordre d'idées complète-
ment étranger au domaine congéable; le rachat
d'une rente foncière a pour objet de dégrever
l'immeuble affecté au service de cette rente; il
permet au propriétaire de soustraire son immeuble
à une charge qui l'affectait. La demande de remboursement a un objet tout différent : elle permet
au colon de forcer le foncier à lui racheter les édifices et à faire cesser les effets du bail à convenant.
Il n'est aucunement question d'affranchir un immeuble d'une servitude : en déclarant la rente
foncière essentiellement rachetable, les rédacteurs
du Code ont voulu faire disparaître la théorie ancienne, d'après laquelle la rente était considérée
comme un droit réel retenu par l'aliénateur, ce
qui asservissait en quelque sorte l'immeuble grevé
et mettait une entrave infranchissable à la libre
circulation des biens. On comprend que cette situation, lorsqu'elle est perpétuelle, soit considérée
comme contraire à l'ordre public; mais, dans le
domaine congéable, la rente convenancière est
simplement un prix de fermage; l'objet, en raison
duquel elle est due n'est pas les droits réparatoires,

mais la jouissance du fonds; elle ne grève pas directement la propriété superficiaire; elle est seulement garantie par un privilége sur les édifices et superfices. Il ne peut donc pas être question ici de servitude perpétuelle : les superfices sont libres dans la main du colon; l'hypothèque qui les grève garantit un prix de fermage. Il n'y a là rien d'insolite. La rente convenancière consiste en des prestations annuelles dues en échange de la jouissance annuelle du fonds; il serait impossible de comprendre que cette rente fût rachetable. D'ailleurs, ce n'est pas d'un rachat de la redevance qu'il s'agit pour le colon : en provoquant le remboursement, il force le foncier à reprendre les édifices, et perd lui-même tous droits sur la tenue; il n'a pas en vue le dégrèvement de ses droits, il veut les aliéner; or, il pourrait les aliéner au profit d'un tiers, sa liberté n'est donc pas entravée. Il nous paraît difficile d'établir une analogie entre deux hypothèses aussi différentes : du moment qu'on reconnaît que le colon peut renoncer au droit de provoquer le congément, il n'y a aucune raison pour limiter le temps pendant lequel sa renonciation lui sera opposable. La validité de cette renonciation nous paraît d'autant plus admissible que le droit de provoquer le congément est refusé au colon, s'il n'exploite pas lui-même la tenue. Comment expliquer qu'un droit représenté comme une des conditions essentielles du bail à convenant, auquel on ne pourrait pas renoncer, soit supprimé dans certains cas? Évidemment, si l'interdiction de la faculté de provoquer le congément constituait un asservissement du colon au foncier, des droits réparatoires à la foncialité, cet asservissement existerait aussi bien, que le colon habitât ou non la tenue, et, dans tous les cas, la loi aurait dû l'abolir. Il est difficile d'admettre que le colon ne puisse pas renoncer à un droit que la loi lui retire elle-même lorsqu'il cesse d'exploiter la tenue.

Lorsque, dans la discussion de la loi de 1791, on proposa d'accorder au domanier le droit de provoquer le remboursement, on eut d'abord l'idée d'établir cette faculté d'une manière absolue, sans tenir compte du fait que le colon exploitait ou non la tenue. Cette décision eût été plus logique que celle qui a été admise; car le premier motif invoqué est le défaut de réciprocité entre les contractants: Or, ce défaut existe dans un cas comme dans l'autre. Mais on a fini par reconnaître que cette faculté, concédée sans limites, aurait porté une atteinte trop grave aux intérêts du foncier, et qu'elle aurait été contraire à la nature même du bail à convenant. Les domaniers qui exploitent eux-mêmes provoquent rarement leur congément: ils ont une sorte d'affection pour la tenue où ils sont nés le plus souvent, qu'ils ont toujours vue entre les mains de leur famille, qu'ils ont eux-mêmes cultivée et améliorée; au contraire, le domanier qui n'exploite pas la tenue est, en général, un riche propriétaire, très-fréquemment un spéculateur qui a acheté pour un prix inférieur à la valeur remboursable les édifices mis en vente par le colon originaire; il n'a aucun souvenir, aucun intérêt d'affection qui le rattache à cette tenue; il fait cette acquisition avec l'espoir que les droits réparatoires seront prisés par les experts en congément beaucoup plus cher qu'ils ne lui ont coûté. On peut craindre de lui, beaucoup plus que du colon exploitant lui-même, l'intention de choisir le moment favorable pour demander le congément, c'est-à-dire l'instant où le propriétaire, se trouvant dans un embarras pécuniaire, sera peut-être forcé d'abandonner ses droits, parce qu'il ne trouvera pas à temps somme suffisante pour rembourser.

Quoique l'article 11 pose expressément, comme condition du droit de demander le congément, que « les domaniers exploitent eux-mêmes leur tenue, » on a cependant soutenu que les domaniers peuvent exercer cette faculté lorsqu'ils n'exploitent pas; cette prétention s'appuyait sur quelques passages des orateurs entendus dans la discussion de la loi du 9 brumaire an VI (Aulanier, 362, 2e alinéa); mais elle n'est évidemment pas admissible : d'abord le texte de la loi est formel en sens contraire, ensuite le projet primitif de la loi de 1791 ne contenait pas cette restriction, et

il est certain qu'elle a été admise avec intention,
et après un sérieux examen de la question, dans la
rédaction définitive. Deux arrêts de la cour de
Rennes (9 janvier et 26 mai 1809) ont formellement reconnu que les domaniers qui exploitent
eux-mêmes peuvent seuls exiger leur remboursement, « et que les autres demeurent toujours
soumis à l'obligation qu'ils ont contractée expressément ou tacitement, sous l'empire des usements,
d'attendre leur remboursement sans pouvoir l'exiger. » (Carré, pages 138 et 139, et page 137, 2ᵉ alinéa *in fine*.)

Une autre question a été soulevée à propos des
mots : *qui exploitent leur tenue*. On a prétendu que
cette expression pouvait s'appliquer seulement
lorsque la tenue consiste en une exploitation rurale, mais, lorsqu'il s'agit de maisons ou d'usines,
l'expression de l'article 11 ne peut s'y référer, et
par conséquent la disposition de cet article ne doit
pas avoir en vue cette hypothèse; le colon peut
donc demander le remboursement de la maison
ou de l'usine qu'il tient à domaine congéable, lors
même qu'il ne l'occupe pas. Cette opinion, qui repose simplement sur une équivoque de langage,
n'est pas admissible; le fait que la tenue consiste
en une maison ou usine, au lieu d'une exploitation
rurale, ne modifie en rien la position du colon, il
ne mérite pas plus de protection; d'ailleurs cette
distinction est évidemment contraire à l'esprit de

la loi ; l'article 11, comme les articles qui le précèdent, est conçu dans le sens le plus général, comme l'article 1 et la rubrique de la loi qui parlent de *toutes les concessions ci-devant faites sous le titre de baux à convenant ou à domaine congéable*. (Carré, page 139.)

Mais l'exploitation par le colon, exigée pour lui permettre de provoquer le congément, doit-elle porter sur la totalité de la tenue, ou bien suffit-il que le colon exploite ou habite une portion seulement? La question est assez délicate, et peut faire doute en raison des circonstances qui se présentent dans la pratique, mais nous pensons qu'on peut poser comme principe que le colon doit exploiter la totalité de la tenue : telle nous paraît être l'intention du législateur ; la faveur qu'il accorde au domanier exploitant la tenue est certainement contraire aux principes du domaine congéable ; elle ne doit donc pas être étendue en dehors des cas spéciaux pour lesquels elle a été créée ; d'ailleurs, si on admet que le colon peut louer une partie de la tenue sans perdre le droit de demander le congément, on arrive à des décisions arbitraires, on ne sait plus à quelle limite s'arrêter ; le défaut de cette concession apparaît bien clairement dans le commentaire de M. Carré sur la loi de 1791. Cet auteur (pages 140 et suivantes) rapporte un arrêt de 1808 par lequel la cour de Rennes a décidé qu'un domanier qui s'était réservé une pièce dans une maison sise à Lorient, et louait le reste, ne pouvait pas demander le congément de sa maison. M. Carré tire de cet arrêt la règle suivante : le domanier exploite la tenue dans le sens de l'article 11, lorsqu'il habite la majeure partie de la maison (en supposant que la tenue consiste en une maison de ville); autrement dit, pour savoir si le domanier exploite ou non la tenue, il faut appliquer la règle : que l'accessoire doit suivre le principal. M. Carré pense toutefois que cette faveur doit être restreinte aux maisons de ville. Pour les *tenues à culture*, il admet que le domanier doit exploiter toute la tenue. Cette distinction ne nous paraît pas acceptable ; il est évident que les maisons doivent être soumises aux mêmes règles que les tenues à culture ; le seul tempérament qui nous paraîtrait admissible serait de décider que le colon pourra provoquer le congément de sa tenue urbaine ou rurale lorsque cette tenue a été, dès l'origine, et suivant convention insérée au bail, disposée de telle sorte qu'une partie seulement devait être occupée par le domanier : tel serait le cas d'une maison dont chaque étage forme un appartement distinct et séparé, d'un bien rural sur lequel il existe plusieurs corps de ferme ; dans ces deux cas, effectivement, on exigerait du colon une chose anormale en le forçant à conserver pour son usage personnel des habitations qui feraient double emploi ; encore devons-nous avouer que, même dans ces hypothèses, la question nous paraîtrait fort douteuse, car, suivant l'observation que M. Carré présente lui-même contre son système, là où la loi ne distingue pas, nous ne devons pas distinguer, « et s'il est un cas surtout où cette maxime doive recevoir son application, c'est sans contredit lorsqu'il s'agit de faire profiter de la faveur d'une exception des personnes qui évidemment ne sont pas comprises dans la généralité des expressions de la loi : Celui qui n'exploite qu'une partie de sa tenue n'exploite pas sa tenue dans le sens de l'article 11. » (Carré, pages 144 et 145.) D'ailleurs, c'est surtout en faveur des colons agriculteurs que la loi a voulu établir cette faculté de demander le congément; elle a craint que par le domaine congéable on n'arrivât à rétablir une espèce de servage ; nous avons vu que cette idée était absolument fausse, mais elle existait certainement dans l'esprit du législateur; or, dans le système que nous combattons, c'est précisément aux cultivateurs que cette faveur sera le moins accordée. N'est-ce pas méconnaître le sens de la loi et se mettre en contradiction avec son intention formelle ?

Lorsque les droits réparatoires appartiennent à plusieurs colons, quelques difficultés s'élèvent relativement au droit de provoquer le remboursement.

L'hypothèse la plus simple est celle où tous les

colons, s'accordant pour demander le congément, exploitent eux-mêmes leurs parts; les choses se passent comme si la tenue était exploitée par un colon unique. La solution est encore la même lorsqu'un seul des colons exploite la tenue en totalité, la détenant à titre de domanier pour sa propre part, à titre de fermier pour les parts de ses consorts ; on admet que dans ce cas le colon exploitant couvre la tenue entière ; cette décision est fondée sur ce que la division de la tenue étant étrangère au foncier ne peut pas plus être invoquée par lui qu'elle ne pourrait lui être opposée. (Aulanier, 367 et 368.)

Si un ou plusieurs domaniers exploitent leurs parts, et que d'autres afferment les leurs à des tiers, le remboursement peut-il être demandé ? M. Carré (page 150) admet l'affirmative ; « les domaniers étant solidaires, et la tenue étant indivisible par rapport au propriétaire, le domanier qui exploite sa portion est dans la tenue, et la couvre tout entière à l'egard de ce même propriétaire foncier. Ce domanier peut donc, ou se réunir à ses consorts pour demander le remboursement des édifices et superfices de toute la tenue, ou en faire la demande pour lui et ses consorts. Le propriétaire foncier ne peut pas éluder la demande de remboursement, en se prévalant de faits et de circonstances qu'on ne pourrait lui objecter pour faire rejeter sa demande de congément, s'il lui plaisait de congédier, ni pour le forcer à faire autant de prisages que le partage des colons contiendrait de lots. » M. Aulanier (n° 369) soutient la négative, il pense que les arrêts sur lesquels est fondée l'opinion de M. Carré ont été mal interprétés par cet auteur : toutes les décisions de la jurisprudence en cette matière reposent sur l'idée d'une fiction en vertu de laquelle, le colon qui exploite la tenue est considéré comme seul propriétaire des droits réparatoires, or cette fiction n'est admissible qu'autant que le colon détient réellement la totalité de la tenue ; autrement on arriverait à un résultat choquant : le colon propriétaire des édifices pour partie pourrait demander le congément quoiqu'il n'exploitât en fait qu'une partie de la tenue, tandis qu'un colon qui serait propriétaire de la totalité des droits réparatoires ne pourrait pas demander le congément s'il exploitait seulement une partie de la tenue ; en sorte qu'on traiterait plus favorablement le colon quand sa demande est autorisée par une fiction qui le fait regarder comme colon pour la totalité de la tenue, que lorsqu'il est réellement propriétaire de la totalité des droits réparatoires.

Nous avons supposé jusqu'ici que le congément était poursuivi du consentement unanime des colons, soit par tous simultanément, soit par un seul agissant au nom de tous ; nous avons à rechercher maintenant ce qui arrivera lorsque la demande sera formée par un seul colon sans l'assentiment des autres : deux cas peuvent se présenter : ou le colon demande le congément de sa portion, ou il demande le congément de la totalité de la tenue.

La première hypothèse n'offre pas de difficulté: la tenue étant indivisible, et les partages faits entre colons n'étant pas opposables au foncier, la demande du domanier qui veut faire congédier sa portion seulement doit être repoussée (Carré, 149) On ne saurait tirer argument du principe de réciprocité et dire : le foncier peut congédier un seul des domaniers sans congédier les autres, un domanier doit pareillement pouvoir demander que sa portion soit congédiée sans que les autres demandent leur remboursement. Le vice de ce raisonnement est facile à saisir : la tenue ne consiste pour chaque colon que dans sa part; en lui remboursant cette part, le foncier lui retire toute espèce de droits sur la tenue: le principe de l'indivisibilité convenancière est donc sauvegardé ; au contraire, si le colon pouvait obtenir le remboursement de sa part isolée, il forcerait le foncier à congédier une partie de la tenue, en conservant la foncialité des autres portions, l'indivisibilité ne serait pas respectée (Aulanier, 370).

La seconde hypothèse est beaucoup plus délicate : la cour de Rennes a plusieurs fois décidé qu'un ou plusieurs colons peuvent demander le remboursement de la tenue entière, sans le concours de leurs cotenanciers (Arrêts du 15 avril 1811, 3 mai et 6 juin 1813) et même contre leur gré. Cette décision a été vivement critiquée (Carré, pages 154 et suivantes : Aulanier, 371) et nous paraît contraire aux principes du domaine congéable ; les arguments sur lesquels elle est fondée sont que: un seul des fonciers pouvant demander le congément de toute la tenue, par réciprocité on doit admettre qu'un seul des colons peut aussi demander le remboursement de toute la tenue (arrêt du 3 mai 1813); d'un autre côté, exiger le concours de tous les cotenanciers serait rétablir le servage, puisque les tenanciers non exploitants seraient facilement portés à refuser leur assentiment (arrêt du 15 avril 1811).

L'argument tiré de la réciprocité qui doit exister entre les fonciers et les colons peut être attaqué à plusieurs points de vue : d'abord il est faux de dire qu'un seul des fonciers peut provoquer le congément, malgré ses consorts; ce qui est vrai, c'est simplement qu'un seul foncier peut se charger de procéder au congément, mais il lui faut l'assentiment de ses consorts, tout au moins il faut que ceux-ci ne fassent pas opposition, et que leur silence puisse être considéré comme une approbation ; mais jamais on n'a été jusqu'à permettre à un foncier de congédier contre le gré des copropriétaires, c'est donc à tort qu'on a invoqué le droit de réciprocité pour permettre à un colon de demander le remboursement contre la volonté de ses cotenanciers. D'ailleurs, en admettant même l'idée de réciprocité, la situation du foncier qui congédie sans l'assentiment de ses consorts diffère essentiellement de celle du domanier qui demande le remboursement de tous les droits superficiaires sans le concours de ses cotenanciers ; le foncier, en congédiant la totalité de la tenue, ne porte aucune atteinte aux droits des autres copropriétaires ; le congément ne produit tous ses effets, en ce qui touche la réunion des droits réparatoires à la foncialité, que pour la part du foncier congédiant ; relativement aux parts des copropriétaires, il a pour effet de substituer le foncier congédiant aux domaniers congédiés ; les droits des cofonciers ne subissent donc aucune transformation. La situation est toute différente quand un seul des colons provoque le remboursement de la totalité de la tenue; cette demande porte atteinte aux droits des cotenanciers, puisqu'elle a pour but de transformer en une somme d'argent leurs droits réparatoires, leur consort en provoquant le congément les force à aliéner leurs droits malgré eux, ce qui nous paraît inadmissible ; le seul moyen qui leur reste pour éviter cette aliénation forcée est de rembourser à celui qui demande le congément sa part dans les édifices et superfices, comme au cas où un seul des domaniers veut faire l'abandon des droits superficiaires. Cette conséquence du principe de réciprocité nous semble mal déduite : de ce qu'un seul foncier peut demander le congément de toute la tenue, il résulte, à notre avis, non pas qu'un seul colon peut provoquer le remboursement total, mais bien que les domaniers peuvent demander leur remboursement à un seul foncier ; cette seconde hypothèse est seule la réciproque du cas où le congément est poursuivi par un des fonciers. (Carré, page 159).

Quant à l'argument consistant à dire qu'exiger le concours de tous les cotenanciers serait rétablir le servage, puisque les tenanciers non exploitants seraient facilement portés à refuser leur assentiment, il repose sur une double erreur : d'abord nous ne voyons pas le rapport qui existe entre le rétablissement du servage et l'obligation imposée à un copropriétaire de ne pas provoquer l'expropriation de ses consorts sans leur assentiment. De plus, il est faux de dire que les tenanciers non exploitants seraient facilement portés à refuser leur assentiment ; il est au contraire parfaitement certain que le colon non exploitant est bien plus disposé à consentir au congément que celui qui exploite lui-même la tenue ; cela est si vrai que la loi a cru devoir poser, comme condition de la faculté de provoquer le congément, que les colons exploitassent eux-mêmes, sans quoi

s demandes de remboursement eussent été beau-
oup trop fréquentes, et les propriétaires fonciers,
mbarrassés souvent pour trouver les sommes né-
essaires, auraient fini par renoncer complétement
acconvenancer leurs propriétés.

La demande en remboursement ayant pour
bjet de faire perdre au colon ses droits répara-
oires, et de les remplacer dans son patrimoine
ar une somme d'argent, il semble évident que,
our former cette demande, il faut avoir la capa-
ité requise pour aliéner des immeubles ; par conséquent, on devrait sans hésitation refuser cette
aculté à tous ceux qui ont simplement le droit
l'administrer, soit à titre de mandataires, soit en
vertu d'un droit réel : ainsi, le mari administra-
eur des biens de sa femme, le tuteur, l'usufruitier. Cependant, il y a controverse sur ce point ;
la question s'est présentée à propos du tuteur.
M. Carré (page 259) pense que la demande en
remboursement peut être formée par un tuteur
sans autorisation du conseil de famille : si le foncier avait provoqué le congément, le tuteur n'aurait pas eu besoin de se faire autoriser pour défendre les intérêts de son pupille; si, la demande
étant formée par le tuteur, le foncier, au cours de
la procédure, déclare accepter l'instance et se
porter de son côté demandeur en congément, il
est certain qu'il pourra dès lors poursuivre sans
crainte le remboursement; c'est donc que le fon-

cier n'a pas qualité pour se prévaloir du défaut d'autorisation, celle-ci n'étant exigée que dans l'intérêt du mineur. En acceptant la demande du tuteur et en laissant poursuivre l'instance jusqu'au remboursement, le foncier a validé la procédure, en la prenant pour ainsi dire sous sa responsabilité ; les choses doivent se passer comme s'il avait provoqué le congément, puisqu'il l'a ratifié : la procédure est donc parfaitement valide.

M. Aulanier (n° 361) soutient le système contraire : le tuteur n'a pas capacité suffisante pour aliéner sans autorisation les droits réparatoires ; or, demander le remboursement, c'est aliéner volontairement ces droits ; peu importe qu'ils soient acquis par le foncier ou par un tiers, du moment que ce n'est pas le foncier qui a exercé le droit de congédier, l'aliénation est volontaire. L'acquiescement du foncier, serait-il même formel, ne peut pas valider la procédure, car l'aliénation volontaire des droits réparatoires, lors même qu'elle est faite au profit du foncier, est toujours rescindable, comme l'atteste Baudouin (t. II, 432) : « La minorité du colon est un moyen de rescision contre l'aliénation conventionnelle de ses droits réparatoires quand même elle serait consentie au foncier. Le mineur même y perd des superfices fructueux qui lui tenaient lieu d'immeubles, il les perd par la seule convention, sans y être forcé par la loi ; il est censé lésé, il est donc restituable. » M. Aulanier (n° 361) cite à l'appui de son opinion deux arrêts de la Cour de Rennes, qui nous paraissent fournir un puissant argument. Le premier (5 décembre 1809) décide que le tuteur du foncier ne peut pas poursuivre le congément sans autorisation du conseil de famille; à plus forte raison, le tuteur du colon ne peut pas former une demande en remboursement, car il faut une capacité plus grande pour aliéner que pour acquérir. Le second arrêt (20 mars 1813) homologue une délibération du conseil de famille, qui autorisait un mineur émancipé à former, avec ses cotenanciers, une demande en remboursement; cet arrêt est motivé sur l'art. 437 du Code; c'est donc que la Cour a vu, dans la demande en remboursement, un acte ayant pour but l'aliénation d'un immeuble, et soumis par conséquent à l'autorisation du conseil de famille et l'homologation du tribunal.

Les formalités relatives à la demande en remboursement formée par le colon sont les mêmes que pour la demande en congément formée par le foncier; les mêmes délais sont applicables dans les deux cas; les règles relatives à la compétence ne sont pas modifiées; les frais du prisage et du remboursement sont toujours à la charge du foncier.

De même que le congément peut être poursuivi contre un seul des colons, de même le remboursement peut être demandé contre un seul des fonciers. Cette décision, plusieurs fois admise par la Cour de Rennes, est fondée sur le système de réciprocité ; elle a d'ailleurs un intérêt pratique : il arrive souvent que les droits fonciers sont diviés entre un grand nombre de copropriétaires ; il serait difficile au colon de les mettre tous en cause. Au contraire, le foncier mis en cause doit nécessairement connaître ses consorts, et pourra les retrouver facilement.

Lorsque toutes les formalités auront été accomplies, et que les experts auront terminé leur travail, le colon notifiera au foncier le cahier de prisage, avec sommation de payer la valeur des droits réparatoires, telle qu'elle est fixée.

L'art. 23 de la loi de 1791 prévoit le cas où le foncier refuserait d'effectuer le remboursement : « à défaut de remboursement effectif de la somme portée en l'estimation, le domanier pourra, sur un simple commandement fait à la personne ou au domicile du propriétaire foncier, en vertu de son titre, s'il est exécutoire, faire vendre après trois publications, de huitaine en huitaine, et sur enchères en l'auditoire du tribunal du district, les édifices et superfices, et subsidiairement, en cas d'insuffisance, le fonds ; pourra néanmoins le foncier se libérer, en abandonnant au colon la propriété du fonds et la rente convenancière. » Ainsi, orsque le foncier ne rembourse pas les droits réparatoires, le colon peut, après sommation, faire vendre non-seulement les droits qui devaient être remboursés, mais encore la foncialité. Cette vente des droits réparatoires offre une grande analogie avec la vente sur simples bannies, le colon n'est pas obligé de recourir à la saisie avant de procéder à la vente (Carré, page 326). La procédure est la même pour ces deux sortes de ventes (Carré, page 320). Dans la vente sur simples bannies, les droits superficiaires ne peuvent être vendus que si les meubles du colon ne suffisent pas à désintéresser le foncier; dans la vente poursuivie par le colon, la foncialité ne peut être vendue que si les droits superficiaires ne suffisent pas à le désintéresser.

Comment le colon peut-il avoir un titre exécutoire contre le foncier, ainsi que l'exige l'art. 23? Il faut supposer que le foncier a, par un acte authentique, consenti à effectuer le remboursement, ou bien qu'il a été condamné par jugement à payer le montant de l'estimation (Carré, page 313). Mais quel est ce jugement qui aura condamné le foncier? Ce n'est pas le jugement qui ordonnait le prisage, puisque, lorsqu'il a été rendu, la valeur des droits réparatoires n'était pas fixée. M. Aulanier (n° 382) pense que le titre exécutoire auquel fait allusion l'art. 23, est en dehors du cas où le foncier se serait obligé, par acte authentique, à effectuer le remboursement, un jugement spécial que le colon doit obtenir après que toutes les formalités ont été accomplies. Ce jugement a pour but de condamner le foncier à payer, et d'obliger le colon à se dessaisir des droits superficiaires ; autrement dit, il prononce la résiliation du bail à convenant. La nécessité d'obtenir ce jugement spécial est du reste conforme aux principes de cette matière, puisque la vente sur simples bannies, réglée par les art. 24 et 25, dont les formalités s'appliquent à la vente des droits réparatoires et du fonds poursuivie par le colon, doit aussi être précédée d'un jugement de condamnation ou de résiliation du bail (loi de 1791, art. 24 *in fine*).

La disposition finale de l'art. 23, qui permet au foncier de se libérer en abandonnant ses droits au colon, n'existait pas dans le projet de la loi de 1791 ; elle a remplacé la phrase suivante : « Si le prix de la vente des édifices, superfices et du fonds ne suffit pas pour le remboursement du domanier, il pourra se pourvoir par les voies du droit pour le payement du surplus. » Que conclure de la suppression de cette phrase dans le texte définitif, et de son remplacement par la disposition qui donne au foncier le droit de faire abandon de la foncialité ? M. Aulanier (n⁰ˢ 138 et 384) observe, avec beaucoup de raison, que le même fait s'est présenté pour le cas de vente sur simples bannies ; le projet accordait expressément au foncier le droit de se pourvoir par les voies de droit, en cas d'insuffisance des meubles et des superfices, lorsque le colon n'a pas fait abandon en temps utile; cette disposition n'a pas été inscrite dans le texte définitif parce qu'elle est conforme à l'esprit de la loi et aux principes du droit commun; elle doit évidemment être admise. Dans l'hypothèse qui nous occupe actuellement, la situation du foncier est semblable à celle du colon au cas de vente sur simples bannies; le même fait s'est présenté dans la discussion de la loi, l'explication doit être la même.

Ainsi, le foncier peut se libérer en abandonnant au colon la propriété du fonds et de la rente convenancière; mais il faut que cet abandon soit fait en temps utile, c'est-à-dire avant que le foncier se soit personnement obligé à effectuer le remboursement. L'abandon pourra être fait valablement après le jugement qui nomme les experts, et même après le prisage, en un mot jusqu'à ce que les opérations du congément soient terminées; lorsque toutes les formalités seront accomplies, le foncier devra opter entre les deux moyens que la loi met à sa disposition : rembourser les droits réparatoires ou faire abandon de la foncialité; mais une fois qu'il aura choisi le parti qu'il veut prendre, il ne pourra plus revenir sur sa détermination, lors même qu'il se serait décidé avant que les opérations du congément fussent terminées; ainsi le foncier perdrait le droit de faire abandon de la foncialité, si, lorsque le remboursement lui est demandé, il s'engageait à payer une somme déterminée en stipulant que le colon restera dans la tenue jusqu'à l'époque du payement. (Carré, page 311.)

Si, après avoir promis de payer la valeur estimative des droits superficiels, le foncier se refuse ensuite à effectuer le remboursement, il peut non-seulement être poursuivi par les moyens de droit jusqu'à concurrence de la somme promise, mais encore être condamné à une indemnité à cause de sa négligence, et le colon, à qui seront alloués ces dommages-intérêts, ne sera pas tenu de payer la redevance convenancière pour le temps que la tenue aura été laissée en ses mains par suite de ce retard. (Arrêts de la Cour de Rennes, 25 août 1809, 23 février 1819 ; Aulanier, 390.)

L'abandon des droits fonciers doit être total, cela résulte de l'indivisibilité de la tenue ; le domanier pourrait refuser l'abandon partiel de la foncialité et de la rente ; s'il y a plusieurs fonciers, ils doivent tous s'entendre pour prendre le même parti, rembourser ou faire abandon (Carré, page 310).

Cet abandon des droits fonciers est une sorte de *datio in solutum,* c'est donc une vente volontaire d'immeubles ; aussi lorsque le foncier est mineur, son tuteur ne peut faire cet abandon qu'après avoir obtenu une autorisation du conseil de famille homologuée par le tribunal ; d'ailleurs la même formalité est exigée lorsque le tuteur d'un domanier veut faire l'abandon des droits superficiaires (Poulain-Duparc, tome I, page 287; Carré, page 310). Lorsqu'il y a plusieurs cofonciers, et que parmi eux se trouve un mineur, l'abandon de la foncialité, pour la part de ce mineur, doit être aussi autorisée par le conseil de famille et approuvée en justice (Carré, page 311).

Si les droits fonciers sont grevés d'usufruit, l'usufruitier qui refuse le remboursement ne peut pas s'opposer à ce que le nu propriétaire fasse abandon (Aulanier, 389).

L'abandon de la foncialité dispense le propriétaire de payer la valeur des édifices et superfices, et lui fait perdre tout droit sur la tenue ; le principe ne fait aucun doute ; mais quelques-unes des conséquences qu'il entraîne peuvent être contestées : deux questions se sont élevées à ce sujet : on s'est demandé d'abord si le foncier, en abandonnant ses droits restait néanmoins tenu de payer les frais de l'estimation, et en second lieu, si la perte de tout droit sur la tenue retirait au foncier la faculté de réclamer les arrérages échus avant la demande, et qui n'avaient pas été payés.

Sur la première question, M. Carré (page 309) est d'avis que les expressions : *pourra se libérer*, employées dans l'article 23, ont un caractère général, l'abandon du fonds et de la rente opère donc libération complète du propriétaire, relativement aux frais de l'estimation aussi bien que pour la valeur donnée par les experts aux droits réparatoires ; le seul point contestable serait celui de savoir si les frais occasionnés par le mauvais vouloir du foncier ne devraient pas être laissés à sa charge, mais c'est là une question de fait ; lorsque les frais ont pour seule cause l'accomplissement régulier des formalités du congément, le foncier n'est pas en faute, que lui reprocherait-on ? On ne peut exiger de lui qu'il rembourse dès qu'on lui en fait la demande ; avant de savoir si le congément était trop onéreux pour qu'il l'acceptât, il a dû se rendre compte de la valeur des droits remboursables, il a dû, par conséquent, laisser les experts d'éterminer cette valeur ; c'est seulement après le prisage qu'il a pu se rendre compte de la situation. Pourquoi mettre à sa charge des frais qu'il ne pouvait éviter, lorsque pour se libérer complétement, il abandonne tous ses droits dans la tenue ? M. Aulanier (n° 391) combat ce système : selon cet auteur, le foncier devait faire l'abandon de ses droits avant le prisage, il a laissé le colon faire des frais qui auraient pu être évités, il est en faute ; l'expression *pourra se libérer* n'a pas par elle-même un sens général ; elle doit s'expliquer par le commencement de l'art. 23 où il est seulement question de *la somme portée en l'estimation.* Cette opinion nous paraît devoir être rejetée. Le sens général des mots *pourra se libérer* ne peut faire aucun doute ; lorsque l'art. 23 parle de la somme portée en l'estimation, il n'a pas en vue le droit d'abandon, il parle des moyens que le colon peut employer pour se faire payer ; du reste, il est certain que dans l'hypothèse, à laquelle se réfère cette phrase, les frais doivent être joints au montant de l'estimation, puisqu'il s'agit de poursuivre le foncier comme s'il acceptait le congément. Tout le monde est d'accord pour reconnaître que l'abandon de la foncialité peut avoir lieu après le prisage; faire supporter au foncier les frais de prisage serait en quelque sorte le priver du bénéfice des délais qui lui sont accordés ; il est juste que le colon, lorsqu'il provoque le congément, mette le foncier à même de prendre une décision; nous avons d'ailleurs exposé plus haut les raisons qui nous font penser que le propriétaire foncier peut difficilement prendre partie avant la fin de l'expertise.

La seconde question nous paraît ne devoir souffrir aucune difficulté : si des arrérages arriérés sont dus au foncier, l'abandon de la foncialité ne peut pas libérer le colon ; le foncier n'abandonne ses droits que pour l'avenir; il peut réclamer ce qui lui reste dû pour le passé ; la rente convenancière est éteinte, mais les arrérages échus avant l'extinction de la rente avaient une existence propre depuis leur échéance; ils constituent, au profit du foncier, une créance mobilière dont le payement pourra être poursuivi contre le colon; ces arrérages étaient dus en échange de la jouissance du fonds, et le colon a joui du fonds en vertu du titre convenancier pendant la période correspondant à la levée des arrérages. Comme l'observe M. Aulanier (n° 392) « ce cas n'a aucun rapport avec l'abandon que le colon fait pour se décharger des levées échues : si ce colon se trouve libéré même pour le passé, sa libération n'est pas gratuite ; il perd la propriété de ses droits qui payent le propriétaire. Mais dans le cas où le foncier abandonne le fonds, il ne reçoit rien en échange. »

CHAPITRE V.

DU DROIT D'ABANDONNER LES ÉDIFICES ET SUPERFICES.

Cette espèce de déguerpissement existait dans l'ancien droit, et a été reproduite par l'article 26 de la loi de 1791 ; on la désigne le plus souvent sous le nom d'exponce, qui s'appliquait au déguerpissement des débiteurs de rentes foncières.

L'exponce a pour but de soustraire le domanier aux charges que lui imposait la détention de la tenue ; dans l'ancien droit, le colon, en déguerpissant, se libérait seulement pour l'avenir du service de la rente convenancière, mais la loi de 1791 déclare que le colon sera libéré, même des arrérages échus (art. 26) : « Pourront les domaniers éviter la vente de leurs meubles et la vente subsi-

diaire de leurs édifices et superfices, en déclarant
au propriétaire foncier qu'ils lui abandonnent
leurs édifices et superfices, auquel cas ils seront
libérés envers lui ; ladite faculté n'aura lieu que
pour les arrérages à écheoir, à compter de la publication du présent décret. »

L'usement de Cornouailles (art. 21) ne permettait
l'exponce que *quand le dernier bail était fini, non
autrement*, mais Furic atteste que cette disposition
était tombée en désuétude, et que le domanier
pouvait déguerpir en tout temps, même pendant
le bail. Le colon ne peut renoncer expressément
au droit de faire exponce (Bélordeau, lettre R, controverse 80) ; à plus forte raison, une baillée d'assurance qui lui assure la jouissance du fonds
pendant un certain nombre d'années, ne saurait
lui enlever la faculté de déguerpir dans le même
temps. (Baudouin, II, 252.)

Suivant Rosmar, le déguerpissement ne pouvait
avoir lieu qu'à la Saint-Michel ; le sens de ces expressions serait simplement, au dire de Baudouin
(II, 252), que le colon, s'il déguerpissait à une autre
époque, n'en devait pas moins payer les redevances
jusqu'à la Saint-Michel suivante ; du reste, Baudouin repousse ce système ; il pense que le colon
peut déguerpir en tout temps, et cesse d'être tenu
au payement des arrérages, du jour où il abandonne
la tenue. Cette question ne présente plus le même
intérêt aujourd'hui, puisque l'exponce libère le

domanier des arrérages antérieurement échus, mais elle peut avoir une certaine importance à un autre point de vue : si le colon doit déguerpir à la Saint-Michel seulement, le foncier aura droit de lui demander des dommages-intérêts pour avoir abandonné la tenue à un autre moment. M. Aulanier (n° 344) décide que «le colon peut aujourd'hui faire l'abandon à toutes les époques de l'année sans distinction. » Cette solution nous paraît contestable, car un des motifs sur lesquels Baudouin s'appuyait pour soutenir que le colon pouvait déguerpir en tout temps, est que « le colon étant expulsable à chaque instant de l'année par son seigneur, doit être, par réciprocité, libre de déguerpir en tout temps. » Or, aujourd'hui, le congément ne peut plus avoir lieu qu'à la Saint-Michel ; l'argument de réciprocité doit donc amener à décider que le colon doit attendre cette époque pour déguerpir ; cette décision aurait l'avantage de ne pas exposer le foncier à recevoir la tenue au milieu de l'année et à se trouver embarrassé pour la faire cultiver ; elle serait certainement conforme à l'intérêt de l'agriculture.

L'exponce, constituant une aliénation volontaire des droits réparatoires, ne peut être faite que par des personnes capables d'aliéner un immeuble. (Aulanier, 343.)

L'exponce ne peut être partielle, «il faut que le déguerpissement soit de la tenue entière. Bélordeau cependant (lettre R, controverse 81) cite un arrêt du 28 août 1612, qui a dû recevoir, malgré le seigneur foncier, des convenantiers à faire exponce de leurs portions ; mais cette décision étrange n'est pas suivie ; le bailleur n'est point obligé de morceler ni sa rente, ni son héritage. » (Baudouin, II, 253; Poullain Duparc, Principes, t. II, page 107 ; Pothier, Bail à rente, n° 129.)

Il résulte de ce principe que, s'il y a plusieurs codomaniers, tous doivent s'entendre pour faire exponce simultanément ; un seul d'entre eux ne pourrait pas, en faisant isolément l'abandon de sa part, éteindre la rente convenancière proportionnellement à la part qu'il avait dans la tenue.

Ainsi, le colon ne peut forcer le foncier à recevoir exponce pour partie ; mais, si ses consorts refusent de se joindre à lui pour déguerpir, va-t-il se trouver obligé de conserver sa part des droits réparatoires, avec les charges qu'elle entraîne ? Dans l'ancien droit, le domanier, qui voulait déguerpir sans l'assentiment de ses consorts, en avait le droit, et le foncier, pour éviter les conséquences de cette exponce partielle, devait dénoncer aux codomaniers restant son refus d'accepter le déguerpissement de leur consort, en les subrogeant dans ses droits contre lui ; c'est ainsi que la jurisprudence conciliait les intérêts du foncier et des colons. Cette décision était d'ailleurs conforme aux principes généraux sur le déguerpissement des débiteurs de rentes (Pothier, Bail à rente, n° 176) ; mais doit-elle être encore appliquée aujourd'hui ? La raison de douter vient du silence de la loi de 1791 sur ce point, et de la modification apportée aux principes du déguerpissement qui libère maintenant le colon des arrérages arriérés. Occupons-nous d'abord de l'objection tirée du silence de la loi ; elle est facile à écarter : la loi de 1791 n'a pas restreint la faculté de faire exponce ; elle l'a au contraire étendue, en décidant que désormais l'exponce permettrait au colon de se soustraire aux charges qui pesaient sur lui, non-seulement pour l'avenir, mais encore pour le passé ; il serait bien singulier que la loi nouvelle, en voulant se montrer favorable au colon, lui eût retiré une partie des avantages que lui accordait l'ancienne législation ; il est donc bien naturel de penser que, si nous rencontrons une disposition favorable au domanier, admise autrefois, et non reproduite par la loi de 1791, on devra suppléer au silence de la loi, et non supposer que cette omission équivaut à une abrogation ; d'ailleurs, les termes de l'article 26 sont tellement généraux qu'ils ne peuvent en aucune façon être considérés comme contenant une abrogation de l'ancien usage.

La seconde objection est plus sérieuse : la loi de 1791 a changé le caractère de l'exponce : autrefois, le colon, en déguerpissant, faisait simplement cesser les effets de l'acconvenancement pour l'avenir, aujourd'hui, l'exponse contient en outre une *datio in solutum* pour les arrérages échus ; la loi a bien imposé au foncier l'acceptation de cette *datio in solutum* dans le cas d'abandon total, mais elle ne l'a pas imposée aux codomaniers ; or, ce sont eux qui la supporteraient dans le cas d'abandon partiel, et, comme cette obligation ne leur est pas imposée, ils ont le droit de refuser de s'y soumettre.

Ce raisonnement nous semble irréfutable, mais quelle est la conséquence qui en résulte ? C'est que le déguerpissement partiel ne peut pas avoir pour effet de libérer le colon des arrérages échus ; pour les arrérages à échoir, au contraire, le déguerpissement partiel peut être admis aujourd'hui comme autrefois ; nous déciderons donc que le colon peut forcer ses consorts à accepter son déguerpissement, mais que cette exponse partielle n'a effet que pour l'avenir, et ne libère pas des arrérages arriérés : il ne peut, en effet, forcer ses codébiteurs solidaires à se charger des conséquences de la négligence qu'il a mise à se libérer ; lorsque la tenue a été divisée entre les divers domaniers, chacun d'eux s'est obligé à faire raison aux autres des charges correspondant à sa part de jouissance ; l'exponse ne peut faire disparaître cette obligation. (Carré, pages 333 et suivantes. Aulanier, 347.)

Dans l'ancien droit, le colon, avant de faire exponse, devait fournir au foncier une déclaration par tenants et aboutissants des terres qu'il voulait déguerpir, afin que le foncier pût constater que la tenue lui était restituée telle qu'il l'avait acconvenancée, et que le colon ne cherchait pas à en soustraire quelques parcelles ; toutefois le colon qui avait déjà fourni des lettres récognitoires était dispensé de cette formalité (usement du Cornouaille, art. 22 ; Rosmar, Baudouin, II, 255). L'usage d'exiger une déclaration du domanier avant son déguerpissement n'existe plus maintenant. (Aulanier, 348.)

En règle générale « l'héritage déguerpi doit être remis en aussi bon état et valeur qu'il était lors de la prise. » Ce principe s'appliquait strictement dans tous les cas de déguerpissement ; mais, en matière de domaine congéable, on était un peu moins rigoureux : « Le colon reçoit réellement le fonds comme tout nu des mains du propriétaire ; il doit conséquemment lui suffire de le rendre tel qu'il est au temps de l'exponse, avec les droits convenanciers qui peuvent y exister sans les dégrader, mais aussi sans rechercher s'ils sont d'une valeur égale ou inférieure à ceux qui furent aliénés lors du bail à convenant. L'article 21 de l'usement de Cornouaille semble appuyer cette opinion, en n'assujettissant le domanier qu'à *renoncer à ses droits convenanciers;* elle est dans l'équité, et l'on ne peut la dire contraire à la jurisprudence des arrêts et des auteurs qui parlent uniquement des

oncessions en fiefs ou rente foncière ; aussi est-elle
doptée par les consultants les plus célèbres du
alais. (Baudouin, II, 254). » La loi de 1791 n'a
as touché à cette matière ; on doit donc admettre
ncore aujourd'hui que le colon, lorsqu'il déguerpit,
st simplement tenu de livrer les édifices dans
eur état actuel, et qu'il serait seulement respon-
able des dégradations qu'il commettrait volontai-
ement, dans l'intention de nuire au foncier.
Aulanier, 348.) Le colon peut rétracter l'exponse
usqu'à ce qu'elle ait été acceptée par le foncier
xpressément ou tacitement. (Aulanier, 353.)

Les formalités relatives à l'exponse ne sont
ndiquées par aucune disposition de la législation
actuelle ; on suit en cette matière les principes de
l'ancien droit : l'exponse peut se faire par acte
authentique sous seings privés ; si le foncier se
refuse au déguerpissement, le colon le lui notifie,
par acte d'huissier signé de lui, ou fait une déclaration devant notaire, et signifie cette déclaration ;
quand le colon a fait une simple dénonciation par
exploit, le foncier peut assigner le colon devant le
tribunal afin que l'exponse soit authentiquement
constatée, et qu'il en reste minute. (Aulanier, 349.)
Tous les frais de l'exponse sont supportés par le
colon ; les droits de mutation peuvent seuls être
mis à la charge du foncier.

Les effets de l'exponse sont les mêmes que ceux
du congément ; les droits réparatoires se réunis-

sent à la foncialité libres de toutes les charges que le colon leur avait imposées; le colon perd tout droit sur la tenue, il doit la remettre au foncier, il est affranchi de toutes les obligations que lui imposait le titre convenancier.

CHAPITRE VI.

DES DROITS CONVENANCIERS ENTRE CODOMANIERS ET RELATIVEMENT AUX TIERS.

1. *Des droits convenanciers entre codomaniers.*

Du partage des droits convenanciers. — L'évaluation des droits convenanciers en matière de partage présente de sérieuses difficultés; il est très-embarrassant de décider quelles bases on doit prendre : faut-il estimer ces droits d'après leur revenu annuel, déduction faite des charges, ou bien les priser par le menu comme en congément? En estimant les droits convenanciers d'après leur produit, on arrive à un partage égal et équitable, tant que la tenure à domaine congéable subsiste; mais le jour où le congément aura lieu, l'égalité qui existait entre les copartageants sera bien probablement rompue : les lots chargés d'édifices seront remboursés bien plus cher que les terres sur lesquelles il n'y a pas de constructions, et cependant le revenu des uns et des autres était égal avant le congément; si au contraire on estime

s droits par le menu, le copartageant qui aura
ans son lot de nombreux édifices recevra bien en
as de congément, la même somme que son consort
ans le lot duquel se trouvent des terres seulement;
ais tant que l'acconvenancement subsistera, il
evra se contenter du revenu minime que pro-
uisent des bâtiments infructueux, au lieu que
on consort retirera de ses terres un produit beau-
oup plus considérable. Ainsi les deux systèmes
elatifs à l'évaluation des droits convenanciers
mènent à un résultat choquant : l'un pour le
résent, l'autre pour l'avenir; Baudouin (tome II,
40) pense que le seul remède à ces inconvénients
est de combiner ensemble et le revenu annuel
les droits convenanciers, et leur prise en congément, afin de former *les plus grands lots et les plus
profitables* qu'ils se pourraient faire, suivant le
précepte de la coutume (art. 591). »
Évidemment on n'arrive pas par ce moyen à
une égalité parfaite, mais il est impossible de procéder autrement : les droits convenanciers ont
effectivement deux valeurs différentes, suivant
qu'on les envisage au point de vue de leur produit ou au point de vue du congément, il faut
tenir compte de ces deux valeurs: on ne peut pas
laisser complétement de côté, l'estimation par le
menu, car le congément peut avoir lieu d'un instant à l'autre ; et cependant il est trop incertain
que le remboursement soit effectué prochaine-

ment pour qu'on puisse se placer exclusive·
ment à ce point de vue. Si donc on veut arriver
à une appréciation aussi exacte que possible, il
faut avoir égard à cette double situation : on
estimera les droits convenanciers d'après leur
produit, puis il faudra ajouter à cette valeur ou
en retrancher l'estimation de l'avantage ou désa-
vantage que le colon retirera du congément, en
ayant soin de tenir compte d'un caractère aléa-
toire qui existe dans l'attente du remboursement.

Nous avons parlé jusqu'ici du cas où il s'agit
d'évaluer les droits convenanciers pour les diviser en autant de lots qu'il y a de copartageants ;
l'estimation devient encore plus embarrassante
quand on veut faire entrer les droits convenanciers dans un ou plusieurs lots, et former les
autres lots avec des objets de nature différente.
Baudouin (II, 342) critique vivement l'usage d'estimer les droits superficiaires au denier 20,
comme les autres immeubles ; il y a une grande
différence entre la propriété de droit commun et
les superfices ; les charges qui grèvent la propriété
superficiaire diminuent de beaucoup sa valeur : le
colon ne peut pas améliorer à son gré la tenue, ni
disposer des bois fonciers ; il est sous le coup d'une
expulsion sans cesse imminente, il doit payer des
commissions, s'il veut obtenir une baillée ; tout
cela doit entrer évidemment en déduction de la
valeur des droits superficiaires fixée d'après leur

revenu. Baudouin pense que « la disparité frappante (qui existe entre la propriété du droit commun et les superfices) et l'apprécation des rentes convenancières, au denier 25 conduisent à évaluer au denier 15 le revenu des superfices. Les charges convenancières, en effet, ne surpassent en valeur celles d'un simple fonds, qu'autant qu'elles diminuent celle des droits convenanciers : ce sont les deux bassins d'une balance, l'un ne peut s'élever au-dessus du plan horizontal que l'autre ne s'abaisse au-dessous. » — Cette décision serait parfaitement juste, si l'évaluation des droits fonciers au denier 25 donnait leur valeur exacte ; mais nous avons vu plus haut que dans la pratique, les rentes convenancières sont presque toujours fort loin de représenter la valeur locative des droits fonciers, et que par conséquent l'estimation de ces droits au denier 25 de la redevance, donne un résultat complétement faux; il est donc impossible de se servir de cette évaluation pour arriver à celle des droits superficiaires. Dans cette hypothèse, comme dans celle où il s'agit simplement de diviser la tenue entre les codomaniers, nous croyons que le seul moyen d'arriver à un résultat équitable, est d'estimer les droits convenanciers, d'après leur produit, déduction faite des charges, et la plus ou moins value résultant de l'expectative du congément.

Des droits convenanciers considérés au point de vue des conventions matrimoniales. — Les droits convenanciers ne soulèvent aucune difficulté particulière lorsqu'ils constituent des acquêts de communauté ; mais, lorsqu'ils sont propres à l'un des conjoints, ils donnent naissance à plusieurs questions délicates.

Les droits convenanciers de chaque époux forment, suivant l'expression de Rosmar (art. 10) *son propre héritage immeuble ;* si donc ils sont aliénés pendant le mariage, récompense sera due à l'époux domanier. A cet égard, Rosmar établit une distinction (art. 12) : suivant cet auteur, l'époux domanier a droit à récompense si l'aliénation a été volontaire, mais non si elle a été forcée, c'est-à-dire si elle a eu pour cause le congément poursuivi par le propriétaire ; les deniers du remboursement sont meubles et entrent en communauté, *et n'est obligé le mari colon d'en faire assiette ou employer en fonds.* Baudouin (II, 358) traite cette distinction de frivole : « La reprise du produit d'un congément est incontestable au conjoint dont la tenue propre a été remboursée. » On ne comprend pas en effet, pourquoi le prix des droits réparatoires qui représente l'immeuble propre de l'un des époux tomberait en communauté ; il est vrai que le foncier, en congédiant, acquiert des droits qui étaient des meubles à son égard ; mais au point de vue des colons et des tiers les droits réparatoires sont toujours immeubles, et quelle que soit la cause de l'aliénation, il est certain que le prix reçu représente pour l'époux domanier l'immeuble qui lui était propre.

Ainsi on peut dire d'une façon absolue que l'époux domanier peut réclamer à la communauté le prix de ses droits réparatoires aliénés pendant le mariage. Cette décision est applicable non-seulement aux cas de vente volontaire et de congément, mais à tous les cas possibles d'aliénation même à ceux de vente sur simples bannies et d'exponse. La somme due au conjoint domanier sera, suivant les circonstances, soit la somme que la communauté a effectivement reçue pour prix des droits réparatoires, soit la somme que l'abandon de ces droits a permis à la communauté de ne point payer. (Aulanier, 462.)

Il arrive quelquefois que le congément soit simulé, c'est-à-dire que le congédiant et le congédié conviennent de la somme remboursable, et que le prisage ne soit pas sérieusement effectué. Si les droits réparatoires ainsi vendus sous l'apparence d'un congément appartiennent à une femme mariée, Baudouin (II, 382) décide que « la femme est recevable à prouver la fraude même par témoins, et à exiger ses reprises sur le pied de la juste valeur de son patrimoine au temps de l'éviction. » Si les droits réparatoires appartenaient au mari, celui-ci n'aurait évidemment pas cette ressource ; « ses droits sont fixés irrévocablement par le profit que la communauté retire de l'aliénation conventionnelle deson propre.»Cette dernière hypothèse ne peut pas soulever de difficultés, mais pour la première la décision de Baudouin doit-elle encore être admise de nos jours? La raison de douter vient de ce que, suivant l'article 1436 du Code civil, « la récompense n'a lieu que sur le prix de la vente quelque allégation qui soit faite touchant la valeur de l'immeuble aliéné. » Mais cet article ne peut être appliqué à la question qui nous occupe, car il prévoit une situation toute différente : il parle d'une vente volontaire à laquelle la femme a nécessairement consenti, ici au contraire, il s'agit d'uncongément qui a pu être poursuivi contre le mari seul, même à l'insu delafemme; celle-ci n'a eu aucun moyen de s'opposer à l'aliénation de ses droits réparatoires ; il serait injuste de l'obliger à subir les conséquences d'un acte frauduleux qu'elle n'a peut-être même pas connu en temps utile. (Aulanier, 462.)

Lorsque, pendant le mariage, la redevance due sur les droits convenanciers propres à l'un des époux est augmentée par une baillée nouvelle, quel est l'effet de cette convention à l'égard du conjoint pour qui les droits convenanciers formaient un propre? Si les droits appartenaient au mari, la convention lui est opposable sans qu'il puisse prétendre à aucune indemnité, car cette surcharge de la tenue n'a pas fait arriver à la communauté un excédant de revenu au détriment de la fortune personnelle du mari. Si les droits appartenaient à la femme, il faut distinguer : a-t-elle concouru au traité, elle n'a rien à réclamer, en effet (comme l'observe Baudouin, II, 381); « son consentement, joint au désintéressement du mari qui n'en retire aucun avantage personnel, fait de droit présumer que l'acte est un arrangement avantageux à la femme pour la conservation de son propre et en empêcher l'éviction infaillible. » La convention a-t-elle été faite sans l'assentiment de la femme, elle ne lui est pas opposable. Si la femme renonce à la communauté, elle reprendra ses droits réparatoires et ne sera pas tenue de la surcharge qui leur a été imposée, elle paiera simplement l'ancienne redevance; si elle accepte la communauté, elle devra respecter la clause consentie par son mari, mais elle pourra réclamer récompense à la communauté. Baudouin (II, 381 *in fine*) donne aux héritiers du mari « l'option, au lieu d'accorder ce dédommagement, de prendre la baillée pour eux et de congédier la veuve qui, en demandant une récompense, se plaint nécessairement de ce que son mari n'ait laissé congédier la la tenue. »

Lorsque les droits réparatoires propres à l'un des époux ont été détériorés pendant le mariage, la communauté doit-elle récompense ? Lorsque c'est au mari que les droits appartiennent, la communauté ne doit récompense que si elle a profité des détériorations; lorsqu'ils appartiennent à la femme, récompense est due toutes les fois que la détérioration provient d'une faute du mari, lors même que la communauté n'en aurait pas tiré profit. (Aulanier, 465.)

Lorsque l'un des époux a obtenu avant de se marier une baillée de congément, et que le congément est effectué pendant le mariage, les droits congédiés forment un acquêt de communauté; ils ne peuvent pas être considérés comme propres, car c'est seulement par le remboursement que le congédiant acquiert la propriété des droits réparatoires; mais la communauté devra récompense du prix de commission payé pour obtenir la baillée. Si la communauté se dissout avant que le congément ne soit effectué, l'action en congément apportée par l'un des époux étant immobilière est reprise par l'époux qui l'a apportée ou ses héritiers (Baudouin, II, 361).

La communauté a droit à récompense toutes les fois qu'elle a fourni des sommes pour l'amélioration des droits convenanciers de l'un des époux (Aulanier, 465). Par exemple, lorsqu'on a reconstruit un édifice tombé en vétusté, ou simplement réparé des bâtiments qui menaçaient ruine (Carré, page 102); lorsque des constructions nouvelles ont été élevées avec l'assentiment du foncier, ou qu'on a acquis de lui le droit de planter et de disposer des bois fonciers. (Baudouin, II, 360.) Le quantum de la récompense est égal à la somme payée pour obtenir l'autorisation du foncier et au prix des matériaux et de la main-d'œuvre. Mais, si les travaux ont été faits sans l'autorisation du foncier, M. Aulanier (n° 466), pense que la valeur des matériaux seulement, sans main-d'œuvre, devra être remboursée à la communauté; nous ne voyons pas le motif de cette décision : Le remboursement des matériaux sans prix de main-d'œuvre était dû autrefois par le foncier qui voulait conserver une innovation, mais nous avons vu qu'aujourd'hui le foncier devait rembourser même la main-d'œuvre ; d'ailleurs, l'hypothèse actuelle est toute différente : les droits convenanciers appartiennent-ils au mari? En construisant avec l'argent de la communauté sur sa tenue, il a fait un acte qu'il croyait avantageux à son immeuble propre ; il doit donc rembourser intégralement la communauté ; les droits appartiennent-ils à la femme, les bâtiments élevés sans l'assentiment du foncier ne constituent pas une amélioration, ils n'ont aucune valeur pour le domanier, puisqu'ils ne sont pas remboursables et que leur enlèvement peut être demandé par le foncier ; ce sont des édifices établis sur le terrain d'autrui par un possesseur de mauvaise foi : Si la femme a été d'accord avec son mari pour que ces constructions fussent faites, elle devra complétement récompense à la communauté ; si, au contraire, le mari a agi de son propre mouvement, il nous semble qu'au lieu de forcer la femme à payer le prix des matériaux, il faut lui donner le droit, ou de laisser peser sur le mari les conséquences de son fait et le forcer à enlever les bâtiments indûment établis, ou de prendre à sa charge la construction illicite, et alors de la payer intégralement, matériaux et main-d'œuvre compris.

Lorsque la communauté a payé une commission pour le renouvellement d'une baillée, et qu'elle est dissoute avant l'expiration de cette baillée, l'époux, dans les propres duquel se trouve la tenue, doit-il récompense ? Baudouin (II, 362) décide que non, parce qu'il est impossible de faire rentrer cette hypothèse dans les termes de la coutume, laquelle exige, pour que récompense soit due à la communauté, que la somme fournie ait *déchargé et acquitté l'héritage ou chose immeuble de l'un des mariés de droits naturels, rentes, charges anciennes et devoirs réels dus sur iceux.* Mais les termes de l'art. 1437 du Code civil sont assez larges pour s'appliquer à notre hypothèse : « Toutes les fois que l'un des époux a tiré un profit personnel des biens de la communauté, il en doit la récompense. » Nous devons donc décider de nos jours que l'époux domanier doit tenir compte à la communauté des commissions payées par elle pour une baillée, dont la période d'assurance n'est pas encore écoulée. (Aulanier, 467.)

Nous avons vu que, durant le mariage, le congédiant peut valablement rembourser au mari seul les superfices de la femme, puisque, suivant l'expression de Gatechair, *il n'est obligé de connaître que le détenteur, auquel payant il est quitte*. Il en résulte que tous les propres de la femme peuvent successivement être convertis en deniers, sans qu'elle en soit prévenue, en sorte qu'ils se trouveront fort compromis si le mari est peu solvable. Le seul remède à cette situation critique est le droit pour la femme de demander la séparation de biens. La coutume de Bretagne protégeait beaucoup plus efficacement la femme dans cette hypothèse. Par application de l'art. 436 de cette coutume, on décidait que la femme peut intervenir dans l'instance en congément, « sous l'autorité de justice, pour requérir que les fonds du remboursement passent directement à tel emploi, s'il se présente aussitôt une collocation avantageuse, ou si le mari n'est pas solvable, qu'ils soient consignés ou séquestrés en main sûre en attendant une occasion utile de colloquer. » (Baudouin, II, 365 1°.) Cette décision était une conséquence du principe posé par d'Argentré sur l'art. 472 de la Coutume : « Mulieri licet de rebus sui quando-« cumque experiri, etiam constante matrimonio, et « si maritus recuset auctor fieri. » Elle ne peut être admise de nos jours ; le Code, au lieu d'adopter le système particulier de la coutume de Bretagne à cet égard, a suivi la doctrine généralement admise dans les autres coutumes de France et suivant laquelle « la femme n'est point admise, pour le remploi de ses rentes remboursées, à inquiéter son mari tant que la communauté subsiste; elle n'a que la voie de séparation de biens, si elle prétend qu'il est dissipateur; et si elle ne prend pas ce parti, elle est mal fondée. »

(Baudouin, II, 364.)

De l'usufruit des droits convenanciers.—Les droits convenanciers peuvent être grevés d'usufruit, d'usage ou d'habitation. La situation respective du nu-propriétaire et de l'usufruitier se règle d'après les principes posés par le Code en droit commun : l'usufruitier supporte toutes les charges de la jouissance, redevances, impôt ; le nu-propriétaire supporte les dépenses qui ont pour objet la conservation des droits.

Les lettres récognitoires exigées dans l'ancienne coutume devaient être fournies par le nu-propriétaire.

Par qui doivent être payées les commissions au cas de renouvellement d'une baillée ? L'usufruitier n'est pas tenu de payer une partie des commissions que le nu-propriétaire s'est engagé à fournir ; mais, de son côté, s'il a pris lui-même l'initiative et obtenu une baillée, il ne peut pas forcer le nu-propriétaire à contribuer au payement de la commission : « Chacun est sur ce point libre de solliciter et de se procurer l'assurance de jouir, sans qu'il puisse y obliger l'autre possesseur. » (Baudouin, II, 378.) Cette décision est conforme au principe posé par l'art. 607 du Code civil : ni le propriétaire, ni l'usufruitier ne sont tenus de réparer la chose lorsqu'elle vient à être détruite par un cas fortuit : obtenir une baillée nouvelle, en payant une commission, c'est faire revivre le bail à convenant qui vient d'expirer, et rétablir les droits convenanciers à l'instant où le foncier pouvait les détruire par un congément.

L'usufruitier doit user et jouir en bon père de famille; s'il dégrade la tenue il pourra être condamné à des dommages et intérêts, ou même encourir la perte de ses droits ; il importe d'établir ici une distinction suivant la nature des objets détériorés : la dégradation est-elle commise sur une chose qui fait partie des droits réparatoires, le nu-propriétaire pourra réclamer lui-même une indemnité à l'usufruitier ou faire prononcer sa déchéance, suivant les distinctions établies par l'art. 618 du Code civil ; si au contraire l'objet dégradé fait partie des droits fonciers, le nu-propriétaire n'a point qualité pour réclamer contre l'usufruitier, le foncier seul aura action (Aulanier, 474.)

Si la tenue grevée d'usufruit vient à être congédiée, comment doit-on régler les droits du nu-propriétaire et de l'usufruitier sur la somme qui leur est donnée en remboursement des droits réparatoires ? Les anciens auteurs étaient en désaccord à ce sujet : selon d'Argentré, la somme reçue en remboursement doit être divisée en deux parts égales dont l'une sera attribuée au nu-propriétaire et l'autre à l'usufruitier, car, suivant l'art. 241 de la coutume, l'usufruit vaut moitié de la pleine propriété (Traité des lods et ventes, § 40). D'autres auteurs, s'appuyant sur l'autorité de Poulain Duparc (Coutume, tome, III, page 292, notes) soutenaient que l'usufruit consistant de sa nature en un simple droit d'usage et jouissance ne pouvait pas se trouver par le fait du congément converti en un droit de propriété ; le nu propriétaire doit donc conserver intégralement la somme remboursée, et assurer à l'usufruitier le revenu de cette somme ; il s'obligera à payer les intérêts, et donnera pour garantie de son obligation une hypothèque ou une caution. Dans un troisième système, on attribuait à l'usufruitier la somme entière, à la charge de donner caution de restituer une somme égale à la fin de l'usufruit ; c'est l'application de la règle romaine (Inst., § 2, *de usuf.*) : « Si pecuniæ ususfruc-« tus legatus sit, ita datur legatario ut ejus fiat, et « legatarius satis det heredi de tanta pecunia res-« tituenda si morietur aut capite minuetur. » Baudouin (II, 375) repousse ce système, quoiqu'il « paraisse dans la rigueur du droit, » parce que l'usage est contraire, comme l'atteste d'Argentré, » la coutume évaluant l'usufruit à un prix égal à la propriété et l'éviction forcée, que le congément opère, tombant sur l'un et sur l'autre, il est beaucoup plus simple que l'usufruitier et le propriétaire en touchent chacun d'eux le remboursement, puisque le bien de chacun d'eux est remboursé. » Mais aujourd'hui nous n'avons plus à nous occuper de l'usage conforme aux principes de la coutume de Bretagne ; nous devons appliquer simplement les art. 587, 602 et 603 du Code civil, qui admettent une doctrine conforme à celle du droit romain : l'usufruitier recevra intégralement la somme remboursée et donnera caution de restituer somme égale à la fin de l'usufruit ; s'il ne peut donner caution, les deniers seront placés, et il en percevra les revenus.

II. *Des droits convenanciers relativement aux tiers.*

De l'aliénation des droits convenanciers. — Les anciens usements permettaient au colon d'aliéner ses droits, toutefois l'usement de Rohan apportait à cette faculté plusieurs restrictions : Si le colon n'avait pas d'enfants, il ne pouvait aliéner qu'en cas de nécessité absolue, et en offrant au foncier le cinquième denier de la vente pour prix de son consentement ; si le colon avait des enfants, il avait la faculté de vendre, mais le foncier pouvait ou réclamer le prix des lods et ventes fixé par la coutume au denier 8 du prix de vente, ou empêcher le contrat d'avoir effet en remboursant les droits convenanciers à dire d'experts, c'est-à-dire en congédiant, lors même que la période d'un bail ou d'une baillée ne serait pas expirée, ou enfin il pouvait prendre le marché pour son compte en remboursant à l'acquéreur le prix fixé dans le contrat, ce qui constituait une espèce de retrait féodal.

Ces dispositions de l'usement de Rohan ont été abrogées par l'art. 3 de la loi de 1791 : « Pourront les domaniers nonobstant tous usements ou stipulations contraires, aliéner les édifices et superfices de leurs tenues, pendant la durée du bail, sans le consentement du propriétaire foncier, et sans être sujets aux lods et ventes. » Les mots « pendant la durée du bail » contenus dans cet article n'ont pas un sens limitatif, on est d'accord pour reconnaître qu'ils font allusion au droit accordé autrefois au foncier de congédier la tenue pendant la durée des baux ou baillées, si le colon vendait ses droits ; on doit donc sans hésitation accorder au colon la faculté d'aliéner lorsqu'il détient la tenue par tacite reconduction aussi bien que pendant la durée du bail ; il n'y aurait d'ailleurs aucune raison pour établir une distinction à cet égard, puisque l'expiration de la période d'assurance ne modifie en aucune façon la jouissance du colon, et que par conséquent on ne peut lui refuser la faculté de disposer à son gré de son droit de jouissance.

La vente des droits convenanciers est soumise aux règles générales établies pour les ventes d'immeubles. La minorité du vendeur la rend rescindable (Baudouin, II, 432), lors même qu'elle est consentie au profit du foncier. Cette vente peut aussi être rescindée pour cause de lésion ; mais, pour savoir s'il y a ou non lésion, faut-il estimer les droits réparatoires par le menu, comme en congément, ou d'après le revenu qu'ils procurent, déduction faite des charges? Pour l'estimation par le menu, on dit que les droits convenanciers consistent véritablement dans les édifices, fossés, bois, émondes, etc. ; pour connaître la valeur des droits, il faut donc estimer toutes ces choses en détail ; le revenu du convenant ne saurait servir de base, car il appartient au foncier, et le colon le perçoit simplement en qualité de locataire ; le colon est détenteur précaire, et peut à chaque moment être congédié, ses droits lui seront remboursés suivant la valeur des superfices sans qu'on ait aucunement égard au revenu. Dans le système contraire, on dit que la vente volontaire consentie par le colon est une vente d'immeubles et qu'il faut lui appliquer toutes les règles relatives à ces sortes de ventes ; c'est seulement dans les rapports des colons avec le foncier que les droits réparatoires s'estiment par le menu, et dans cette hypothèse ils sont meubles ; il n'a donc aucune raison d'assimiler cette situation avec celle qui nous occupe. Il n'est pas extraordinaire qu'une même chose puisse

avoir deux valeurs différentes; que dans un cas elle
soit estimée au prix que son établissement a coûté,
dans un autre à sa valeur vénale, d'après le revenu
qu'elle produit; on peut en trouver des exemples
en dehors de notre matière : « Un architecte qui
s'est chargé de construire des édifices à condition
d'en être remboursé par le propriétaire du sol avant
sa dépossession; un étranger qui, à la même condition, fait les avances d'un retrait, peuvent bien
exiger, par le menu, du propriétaire, l'universalité
de leurs dépenses, mais il ne sauraient se plaindre
d'un contrat par lequel une tierce personne acquiert
leurs droits à raison du seul revenu. L'incertitude
d'un remboursement, que l'acquéreur n'est pas le
maître de provoquer, rend cette acquisition légitime ; il est certain que tel convenant produit tant
de revenu, il est possible qu'il soit congédié et qu'il
produise tel capital par son remboursement ; or,
pour fixer la vraie valeur d'un objet, abandon-
nera-t-on un rapport certain pour s'arrêter à des
possibilités? Il est vrai que le fonds n'appartient
pas au convenancier, mais la jouissance utile en
est nécessairement unie à ses superfices jusqu'au
congément, qui est une faculté purement potestative dont le seigneur n'usera peut-être jamais. Il
n'est personne qui n'assujettisse le colon vendeur à
l'indemnité des charges qu'il omet de déclarer;
elles entrent donc en considération du prix, et cela
parce qu'elles diminuent le revenu du convenant.

Les droits superficiels s'évaluent donc en instance rescisoire, entre particuliers, par leur revenant-bon annuel, puisque, dans une estimation par le menu, comme en congément, les charges ne sont pas considérées. » (Baudouin, II, 429.)

Nous pensons, conformément à l'opinion de Baudouin, qu'il serait injuste d'appliquer trop rigoureusement cette décision ; puisque les droits convenanciers ont deux valeurs différentes, suivant le point de vue auquel on les envisage, et que l'acquéreur doit profiter de ces deux valeurs, il est équitable de tenir compte de l'une et de l'autre, on peut donc admettre la règle posée par Baudouin (tome II, 430) : « La vente volontaire est légitime toutes les fois que l'acquéreur paie le juste prix, soit sur le pied du revenu, soit à raison de la valeur en congément. »

De nos jours, le colon pouvant provoquer son remboursement, on comprend qu'il faudra bien plus qu'autrefois tenir compte de l'estimation par le menu.

Lorsque la vente de droits convenanciers est consentie au profit du foncier, la lésion doit s'apprécier uniquement suivant l'estimation par le menu ; effectivement, nous ne sommes plus ici en présence d'une vente ordinaire : l'opération se présente bien sous la forme d'une vente, mais, au fond, c'est un congément ; seulement, au lieu de procéder à un prisage long et dispendieux, le fon-

cier et le colon sont tombés d'accord et ont fixé
eux-mêmes la valeur des superfices. Il est évident
que cette valeur a eu pour base unique, dans l'intention des parties, l'estimation par le menu, et
c'est à cette idée qu'il faut se référer pour apprécier s'il y a lésion (Baudouin, II, 428; Aulanier, 450). Il est à remarquer que la rescision
pour lésion est admise sans difficulté, quoique les
superfices soient meubles dans les rapports du
foncier avec le colon ; ce caractère mobilier doit en
effet être invoqué seulement dans les actes qui
sont faits en exécution du bail à convenant, mais
on ne saurait l'étendre ; lorsque le colon vend ses
droits au foncier, il n'exécute pas une des clauses
du bail, il a recours à un mode d'aliénation du
droit commun, au lieu de se laisser expulser par
le mode spécial au domaine congéable. Le foncier
ne peut se prévaloir de la mobilité des superfices
que quand il agit réellement en vertu du titre
convenancier. Nous avons déjà rencontré l'application de cette idée dans une autre espèce : le foncier peut prescrire les droits convenanciers par le
laps de temps requis pour la prescription des immeubles, mais non par celui requis pour la prescription des meubles ; car, suivant l'observation de
Baudouin (I, 47), « la mobilité des droits superficiels ne saurait être opposée par l'usurpateur, et
c'est à ce dernier titre, non à celui du foncier, que
le seigneur du convenant s'en arroge la disposition. »

Si le colon vend sa tenue comme héritage, au lieu de déclarer qu'il la possède comme convenant, il est stellionataire; car il a compris dans l'aliénation, outre ses droits convenanciers, la foncialité qui est à son égard l'immeuble d'autrui; l'acquéreur sera nécessairement évincé par le foncier en ce qui touche la foncialité, mais la vente pourra avoir effet relativement aux superfices; il est hors de doute que, dans tous les cas, et quelque minime que soit la valeur des droits fonciers, l'éviction subie par l'acheteur donnera lieu à l'application de l'article 1636 : l'éviction de la foncialité est assurément, suivant l'intention du législateur, « de telle conséquence relativement au tout que l'acquéreur n'eût peut-être pas acheté sans la partie dont il a été évincé. » On devra donc donner à l'acquéreur le droit de demander soit la résiliation de la vente, soit son maintien avec indemnité. (Arrêt de la cour de Rennes, 23 avril 1819).

Il sera souvent difficile de reconnaître immédiatement si les parties ont bien entendu vendre et acheter les droits réparatoires ou bien si elles ont considéré la tenue comme héritage; les termes du contrat peuvent être ambigus: il y aura là une question d'interprétation laissée à la prudence des juges, qui devront rechercher l'intention des parties, non-seulement dans le contrat lui-même, mais dans les circonstances qui ont accompagné la vente (Aulanier, 442); il semble que ces difficultés devraient se présenter rarement, et que les termes employés dans le contrat pourraient toujours indiquer quelle a été l'intention des parties, Cependant, dans la pratique, il arrive fréquemment que les expressions dont les contractants se sont servis laissent du doute sur le point de savoir s'ils ont eu en vue la pleine propriété ou les droits convenanciers. Beaucoup de domaniers connaissent très-imparfaitement la langue française, et se rendent fort mal compte de l'étendue de leurs droits; ils ne savent souvent pas distinguer la différence qui existe entre leurs droits et la propriété ordinaire. Dans le langage usuel, on se sert souvent des mêmes termes pour désigner la propriété du colon et la propriété de droit commun : ainsi, les mots tenue, biens, métairie, sont appliqués aux droits convenanciers. Hévin atteste (Notes sur la coutume, art. 202) que « dans l'assise et dans les vieux titres, *héritage* est pris pour propriété, » tandis que, dans le pays de domaine congéable, *héritage* doit désigner la propriété opposée au convenant. On trouve même, dans Rosmar et dans l'usement de Cornouaille, la dénomination d'héritage appliquée aux droits convenanciers.

Lorsque la qualité convenancière des droits vendus a été indiquée dans le contrat, ou tout au moins que les parties ne la mettent pas en question, quoiqu'on n'ait aucunement mentionné les charges qui grèvent la tenue en vertu du titre convenancier, l'acquéreur n'est pas moins tenu d'acquittér ces charges, et ne pourrait pas recourir en garantie contre son vendeur pour lui avoir laissé ignorer les redevances dues au foncier; en effet, il est de la nature du domaine congéable que le colon soit obligé à certaines prestations, et quiconque achète des droits convenanciers sait fort bien qu'il devra payer une rente au propriétaire foncier; il est vrai que quelquefois un convenant est libre de toutes charges en raison de conventions passées entre colons, mais c'est là une situation tout à fait exceptionnelle et qui ne peut se présumer; elle est d'ailleurs si peu conforme à notre matière qu'elle n'est même pas opposable au foncier, envers qui les codomaniers sont toujours tenus solidairement. (Baudouin, 413 et 414. — Aulanier, 443.)

Si, au lieu de passer sous silence la question des redevances, le vendeur a indiqué que ses droits étaient grevés d'une rente, mais qu'il ait déclaré seulement une partie des charges qui lui incombaient et omis une autre partie, il devra garantie des charges omises. (Baudouin, II, 415.)

Le vendeur doit, de plus, garantir l'acheteur de toute éviction, non-seulement de celle qui proviendrait d'une réclamation formulée par un tiers, mais de celle qui résulterait du fait du foncier agissant en vertu de ses droits ou en vertu d'une clause spéciale ignorée du vendeur: par exemple, lorsque le foncier réclame une indemnité pour des dégradations du fonds ou de ses bois, antérieures à la vente. Tel serait encore le cas où le vendeur aurait renoncé au droit de provoquer le congément, ou bien aurait fixé d'avance avec le foncier la somme qui lui serait allouée en remboursement de ses droits ; en un mot, toutes les fois que le vendeur a, par une convention conclue avec le foncier, renoncé à quelqu'une des prérogatives accordées aux colons en droit commun. Il est bien entendu que l'acquéreur ne peut, dans tous ces cas, prétendre à garantie que si la situation ne lui a pas été dénoncée par son vendeur. (Aulanier, 444.)

Le domanier qui cède purement et simplement sa baillée à un tiers est-il tenu de garantie des troubles qui surviennent à raison, non pas de la cession qu'il a faite, mais de la baillée même ? Cette question est prévue par Baudouin (II, 416 et suiv.), il importe de déterminer d'abord à quelle hypothèse elle se réfère. M. Aulanier (n° 445), pense qu'il s'agit d'un colon qui « obtient une assurance et la cède à un tiers, entre les mains de qui elle devient une faculté de congédier ; mais l'exercice du congément est empêché par un vice inhérent à la baillée, par exemple, le défaut de qualité de celui qui l'a consentie. » Cette explication ne nous paraît pas satisfaisante, pour deux raisons : en premier lieu, l'espèce, telle que l'indique M. Aulanier, serait bien bizarre : un colon qui vient

d'acquérir une assurance pour éviter le congément de ses droits réparatoires céderait sa baillée
à un tiers, c'est-à-dire se ferait congédier par ce
tiers; ainsi il arriverait, par cette cession de baillée,
au résultat qu'il a voulu éviter en obtenant une
assurance ; cette idée paraît invraisemblable. En
second lieu, M. Aulanier suppose nécessairement
que le colon détient la tenue par lui-même ou par
un fermier, sans cela il ne pourrait être question
d'assurance. Au contraire, Baudouin cite comme
exemple de trouble le cas où le cessionnaire
d'un bail à convenant se trouve en présence d'un
fermier établi par le foncier (Baudouin, II, 418);
d'ailleurs, en admettant que le cédant fût en possession de la tenue, nous ne voyons pas comment
l'exercice du congément peut être entravé même
par un vice de la baillée, le détenteur de la tenue
peut seul s'opposer au congément ; or, c'est lui
qui a, dans cette espèce, cédé la baillée emportant
le droit de congédier, comment serait-il admis à
critiquer aux mains de son cessionnaire le titre
qu'il vient de lui donner ? Nous pensons que Baudouin prévoyait le cas d'un bail à convenant ou
d'une baillée de congément et non d'une baillée
d'assurance : Un individu obtient d'un propriétaire
le droit d'établir des superfices sur un terrain
vague, ou de détenir, à titre de convenant, une
tenue non encore acconvenancée, ou bien il ob-
ient une baillée de congément, c'est-à-dire le

droit de se substituer au colon actuel ; après avoir obtenu ce bail ou cette baillée, il renonce à en profiter lui-même, et cède à un tiers les droits qu'il vient d'acquérir et qu'il n'a pas encore exercés ; telle est, croyons-nous, l'espèce prévue par Baudouin ; la question est de savoir dans quelles limites le cédant doit être tenu à garantie si le cessionnaire est évincé par une cause qui procède de la baillée et non de la cession ?

A cet égard, Baudouin établit une distinction (II, 417, 418 et 419) : « Si la cession est purement gratuite, c'est-à-dire si le cédant ne reçoit aucune somme, pas même celle qu'il a déboursée pour l'obtention de la baillée, il ne doit aucune garantie au cessionnaire, qui peut seulement la réclamer au foncier. » Si la cession n'est pas gratuite, deux cas peuvent se présenter : ou le cédant connaissait le vice de la baillée avant de le céder, et alors il a agi de mauvaise foi, il sera tenu de restituer au cessionnaire tout ce qu'il a reçu de lui, et pourra même être condamné à des dommages-intérêts; ou bien il ignorait le vice de la baillée, et alors il devra restituer le bénéfice personnel qu'il retirait de la cession, mais non les sommes qu'il avait réellement déboursées pour l'obtention de la baillée, commissions et loyaux coûts.

Les droits convenanciers peuvent faire l'objet d'une vente à réméré : si le congément a lieu avant l'exercice du réméré, l'acquéreur reçoit seul le remboursement des droits réparatoires, et le vendeur perd la faculté de rachat sans pouvoir prétendre à aucune indemnité, lors même que la valeur fixée par les experts serait supérieure au prix de vente; en sens inverse, si le montant de l'estimation est inférieur au prix de vente, l'acquéreur ne peut pas recourir contre son vendeur et lui réclamer une indemnité.

Ainsi la vente à réméré des droits convenanciers présente des dangers pour l'acheteur et pour le vendeur, c'est pourquoi on rencontre quelquefois dans ces sortes de contrats une clause par laquelle le vendeur s'engage à tenir compte à l'acheteur de la perte que pourrait lui faire éprouver une estimation en congément inférieure au prix de vente. Dans l'ancien droit, cette clause n'était valable qu'autant que l'acheteur s'engageait, par réciprocité, à faire raison au vendeur de l'excédant qui lui serait alloué dans le cas où la somme remboursée serait supérieure au prix de vente. Si la réciprocité n'est pas stipulée, Baudouin déclare la clause nulle, elle sera effacée, mais le contrat sera maintenu, pourvu toutefois qu'il ne réunisse pas avec cette clause les caractères d'un contrat pignoratif: vilité du prix, relocation de l'immeuble au vendeur. Nous pensons, conformément à l'opinion de M. Aulanier (n° 447), que de nos jours l'absence de réciprocité ne vicierait plus cette clause; cette convention était repoussée par Baudouin parce qu'elle fournissait un moyen détourné pour prêter à intérêts, c'était une clause usuraire, mais non pignorative, Baudouin le dit expressément (II, 422), la législation actuelle ayant modifié à cet égard les principes de l'ancien droit, la clause qui nous occupe doit être déclarée valide, lors même qu'elle n'est pas réciproque.

Mais si à l'existence de cette clause non réciproque se joignaient les autres caractères qui constituent le vice d'impignoration, la vente devrait être annulée de nos jours comme dans l'ancien droit (Baudouin, II, 422).

En droit commun le locataire d'un immeuble lorsqu'il cède ses droits à un tiers reste personnellement tenu envers le bailleur jusqu'à l'expiration du bail; en matière de domaine congéable, le colon lorsqu'il vend ses droits réparatoires est libéré pour l'avenir de toutes les charges du convenant; la seule raison de cette différence entre le fermier et le colon est que l'un est obligé personnellement, l'autre réellement; cela est si vrai que le colon resterait obligé, et après lui, ses héritiers, si on pouvait trouver un caractère personnel dans ses obligations: ainsi le colon reste tenu envers le foncier jusqu'à l'exponse ou le congément, quoiqu'il ait aliéné ses droits réparatoires, lorsqu'au lieu de stipuler la faculté de mettre les terres en culture, il s'est expressément obligé à clore et améliorer: « c'est alors un engagement de la personne même du preneur dont l'obligation directe ne cesse point par la vente des superfices à autrui. » (Baudouin, II, 408.)

Lorsque les superfices vendus sont affermés par le colon, il s'élève souvent des difficultés pour savoir à qui appartient la valeur du renable ou souche laissé au fermier suivant état, lors de l'entrée en jouissance ; et qui doit rester dans la tenue à l'expiration de la ferme. Ces questions doivent être résolues par une distinction : tout ce qui tient à l'immeuble doit être attribué à l'acquéreur, tout ce qui est meuble peut être réclamé par le vendeur. Parmi les objets qui sont meubles et doivent par conséquent être laissés au vendeur, Baudouin cite (II, 437) les fumiers, foins, bestiaux ; cette décision était conforme aux principes de la coutume de Bretagne, mais elle ne pourrait plus être admise maintenant, car l'article 524 du Code civil donne le caractère immobilier à tous les objets placés par le propriétaire d'un fonds pour le service et l'exploitation de ce fonds : animaux attachés à la culture, ustensiles aratoires, semences données aux fermiers, pailles et engrais.

La vente des droits convenanciers est soumise à la nécessité de la transcription depuis la loi de 1855, quoique cette loi ne les mentionne pas expressément, car ce sont des droits réels susceptibles d'hypothèque, et qui par conséquent sont compris dans les termes généraux de l'article I, 1° de cette loi.

De la prescription des droits convenanciers. — Les droits convenanciers peuvent être prescrits par 10, 20 ou 30 ans. Au point de vue de la prescription, ils sont toujours considérés comme immeubles, même vis-à-vis du foncier; c'est une conséquence du principe suivant lequel la mobilité des superfices ne peut être invoquée par le foncier qu'autant qu'il agit en vertu du titre convenancier. Il peut paraître singulier que le foncier puisse prescrire contre le colon, tandis que celui-ci ne peut pas prescrire contre son foncier, il semble que cette différence de situation soit en contradiction avec le vœu de la loi de 1791 qui est d'établir autant que possible l'égalité et la réciprocité entre foncier et colon; la raison de cette différence est cependant conforme aux principes du droit, et inévitable; si le colon ne peut pas prescrire, c'est qu'il est détenteur précaire de la foncialité, au lieu que la position du foncier est toute différente.

Les divers colons d'une même tenue peuvent respectivement prescrire les droits l'un de l'autre (Aulanier, 492).

De l'hypothèque et des rentes consenties sur les droits convenanciers. — La nature immobilière est, comme nous l'avons vu, celle qui domine dans les droits convenanciers; leur mobilité n'existe que dans certains rapports tout particuliers entre le foncier et le colon; de plus, ces droits sont susceptibles d'être vendus aux enchères; il faut donc reconnaître qu'ils sont susceptibles d'hypothèque: la question n'a d'ailleurs jamais fait doute ni dans la pratique ni dans l'esprit des auteurs qui se sont occupés de cette matière.

Comme il est de principe que les conventions passées par les colons entre eux ou avec des tiers ne peuvent jamais nuire aux droits du foncier, l'hypothèque consentie par le colon ne peut pas être opposable au foncier; elle est nécessairement soumise à une condition résolutoire : lorsque les droits réparatoires seront enlevés au colon par suite d'une exponce, d'une vente sur simples bannies ou d'un congément, ils arriveront libres de toutes charges entre les mains du foncier ou de son ayant-cause. Les créanciers du colon ne peuvent pas se prévaloir contre le foncier de l'hypothèque qu'ils ont sur les droits réparatoires; cette hypothèque est éteinte du moment que le foncier, usant d'un droit né de l'acconvenancement, fait cesser la propriété du domanier; d'ailleurs, comme ici le foncier agit en vertu de son titre, les droits convenanciers sont meubles à son égard; on ne comprendrait pas qu'il eût à respecter des hypothèques consenties sur des biens qui pour lui ne sont pas des immeubles.

En présence d'un congément, la seule ressource qui reste aux créanciers hypothécaires est de former saisie-arrêt entre les mains du congédiant.

Celui-ci devra tenir compte de ces saisies-arrêts, les dénoncer au colon en lui déclarant qu'il ne paiera qu'après main-levée ; et, si l'incident ne peut être vidé avant la Saint-Michel, il consignera et signifiera la quittance aux créanciers. (Carré, pages 104 et 105.)

Si les droits réparatoires sont acquis par le foncier ou son ayant-cause, non plus en vertu d'un congément, mais au moyen d'une vente volontaire consentie par le colon, les hypothèques seront-elles maintenues ? La question était déjà controversée dans l'ancien droit. Dans l'intérêt de la négative on invoquait l'article 14 de Rosmar : « les propriétaires consolidant et réunissant les droits au fonds ne prennent aucune nouvelle possession et ne font aucun appropriement. » Cet article ne distingue pas le congément de l'acquisition par vente volontaire, c'est donc que dans un cas comme dans l'autre le foncier réunit au fonds les superfices *ex causa antiqua*, et que les charges établies par le domanier doivent également disparaître ; les droits réparatoires sont meubles à l'égard du foncier ; ils ne peuvent donc à son point de vue avoir suite par hypothèque. En admettant même qu'on pût les considérer comme immeubles, l'hypothèque qui les grève du chef du colon ne pourrait pas être opposée au foncier, car celui-ci, quel que soit le mode d'acquisition employé, ne fait qu'exercer la faculté de réméré spéciale aux baux à convenant ; le contrat de vente volontaire ne sert qu'à fixer à l'amiable la somme à rembourser, pour éviter des frais d'expertise ; or il est de principe constant que l'exercice du réméré fait disparaître les hypothèques consenties par l'acquéreur ; enfin, on tirait argument de ce que l'article 12 de Rosmar et l'article 2 de Cornouailles disposent que, vendus au seigneur, les droits convenanciers ne sont pas susceptibles de retrait lignager. Baudouin (II, 394), combat cette opinion et atteste qu'elle était généralement repoussée. Gatechair, dans ses mémoires sur l'usement de Brouérec, décide que le foncier doit respecter les hypothèques consenties par le colon, lorsqu'il acquiert conventionnellement les superfices : « La réunion de l'édifice au fonds (observe-t-il) se peut faire tant par contrat volontaire que par congément.... laquelle réunion volontaire ou forcée advenant, les ligna gers n'ont de prémesse sur les dernières choses contre le seigneur ou son subrogé, non plus que ses créanciers, *quand le congé est exercé judiciellement et publiquement*, droit d'hypothèque. » Il n'y a rien d'étonnant à ce que l'hypothèque subsiste dans un cas où le retrait lignager est interdit, les créanciers méritent plus de faveur que les lignagers, *certant de damno vitando ;* il est même inexact de dire que les hypothèques sont éteintes dans le cas où le retrait lignager ne pouvait pas être exercé, car le féage, la donation, l'échange, qui ne donnaient pas ouverture à l'exercice du retrait lignager, ne font pas disparaître les hypothèques.

L'article 14 de Rosmar n'a point le sens que lui attribuent les partisans de l'opinion contraire, comme l'observe Baudouin (II, 394) : Rosmar parle en cet endroit « de la réunion faite *jure dominii,* par ce *droit de congément* que les seigneurs *peuvent vendre et céder à un étranger de la famille.* C'est ainsi que la fin de l'article en explique le commencement. »

Dans le cas d'une vente conventionnelle, il est faux de dire que la réunion des superfices au fonds s'opère en vertu d'une faculté de réméré, l'acquisition résulte d'une convention librement faite en dehors de toute faculté résultant du titre convenancier ; le foncier qui achète les droits réparatoires au lieu de congédier, se trouve dans la même position qu'un lignager qui, au lieu d'exercer son droit de retrait judiciairement, achète l'immeuble sujet au retrait. Or, la coutume de Bretagne décidait que le lignager, pour avoir droit aux bénéfices attachés à l'exercice du retrait, par exemple l'immunité des droits de lods et ventes, devait agir en justice et non acheter par un mode de droit commun ; il n'est pas étonnant que le foncier perde le bénéfice d'être exempt des hypothèques consenties par le colon, lorsqu'il achète les droits réparatoires au lieu de les congédier par la voie juridique.

La même raison sert à écarter l'argument tiré
de la mobilité des superfices : « Cette mobilité est
purement respective à la dominité foncière, dont
le propriétaire acquéreur n'exerce point un acte
par son acquisition. Tout mobiliers qu'on les sup-
posât d'ailleurs, les droits convenanciers ne sont
pas de la classe des meubles ordinaires, ils ont
des lois particulières qui les régissent à cause de
leur importance, et ces lois, nos usements indiquent des formalités, des jugements, des prisages
pour les rembourser au possesseur. Il répugne-
rait au bien public qu'un colon, dont la solvabilité
connue a obtenu du crédit dans le commerce et
dans la société, pût frustrer des créanciers légi-
times par un contrat clandestin, avec son foncier
ou même un cessionnaire, car leurs droits étant
les mêmes, leurs priviléges devraient être égaux. »
(Baudouin, II, 394 *in fine*).

Le système de Baudouin était généralement
adopté dans l'ancienne jurisprudence ; mais, selon M. Carré (pages 342 et suiv.), il doit être rejeté sous l'empire de la législation actuelle : les
anciens usements ne peuvent être invoqués que
dans les cas où la loi de 1791 ne contient pas une
disposition contraire, et pour les questions qui
tiennent intrinsèquement au domaine congéable.
Or, ici nous sommes en présence d'une question
qui se rattache directement aux hypothèques et à
la purge ; c'est donc le Code civil qui doit nous

servir de guide. Dans la législation actuelle, quiconque a sur un immeuble un droit conditionnel, résoluble, ou sujet à rescision (art. 2125), ne peut consentir qu'une hypothèque soumise aux mêmes conditions ou à la même rescision. Cet article est naturellement applicable à la propriété superficiaire qui n'est détachée du fonds que sous la condition expresse d'y être réunie au gré du foncier par le congément. Il y a ici une espèce particulière de réméré ; or, la loi ne distingue pas pour régler les effets du réméré, s'il est ou non exercé en justice. Si on conteste que cette clause puisse être assimilée au réméré, on ne peut du moins lui refuser un caractère résolutoire. En vain objecterait-on que les créanciers du colon vont être lésés, et qu'ils peuvent être victimes d'une collusion ; ils ont dû connaître la nature des droits sur lesquels leur hypothèque était assise ; s'ils ne se sont pas rendu compte des conséquences que pouvait entraîner la réunion des superfices au fonds, ils sont coupables d'avoir ignoré la loi, et ne méritent aucune protection ; d'ailleurs, leur condition n'est autre que celle de tout créancier qui accepte une hypothèque sur des droits résolubles ; enfin, s'il y a collusion entre le foncier et le colon, les créanciers hypothécaires ont la ressource de faire rescinder la vente comme faite en fraude de leurs droits, et la rescision devra être facilement accordée, surtout si la vente a eu lieu

au cours d'une baillée, c'est-à-dire à une époque
où les créanciers ne pouvaient pas s'y attendre.

M. Carré cite à l'appui de son opinion (page 349)
une décision de la régie de l'enregistrement, du
6 février 1817, approuvée le 6 mai de la même
année, par le ministre des finances (art. 6059 des
Instructions) : « Quel est le droit à percevoir sur les
actes par lesquels les domaniers abandonnent les
droits réparatoires aux propriétaires fonciers ? Les
uns, considérant que les droits réparatoires sont
toujours réputés meubles à l'égard des propriétaires fonciers, ne percevaient que le droit proportionnel sur la valeur des édifices et superfices ;
les autres, au contraire, se fondant sur ce que les
édifices et superfices sont réputés immeubles à
l'égard des tiers, et qu'ils sont par ce motif susceptibles d'hypothèque, étaient d'avis que, pour
purger cette hypothèque, le propriétaire foncier
était tenu de faire transcrire l'acte d'abandon que
lui fait son domanier, et que, par conséquent, cet
acte était passible de droit du 1/2 pour cent
établi par l'art. 54 de la loi du 28 avril 1816, outre
le droit de 2 pour cent résultant de la loi du
22 frimaire an VII. Le Conseil d'administration
auquel la difficulté a été soumise, a délibéré,
dans sa séance du 6 février 1817, que le propriétaire foncier, en rentrant dans les édifices et superfices par lui engagés pendant un temps, ne
pouvait être assimilé au nouvel acquéreur, et par

conséquent être assujetti à faire transcrire son acte pour purger les hypothèques. » Il résulte bien de cette décision que l'administration de l'enregistrement considérait l'acquisition même volontaire du foncier, comme purgeant les hypothèques, puisqu'à cette époque la seule utilité de la transcription se référait aux formalités de la purge. (Code civil, art. 2181)

Nous pensons, au contraire, avec M. Aulanier (n° 47), qu'il faut encore décider, comme le faisait Baudouin, que l'acquisition volontaire des superfices par le foncier laisse subsister les hypothèques consenties par le colon. Ce n'est pas en vertu d'une disposition des anciens usements, mais à cause de la nature immobilière des superfices que ceux-ci peuvent être grevés d'hypothèque. L'hypothèque doit être opposable à toute personne vis à-vis de qui les droits convenanciers peuvent être considérés comme immeubles. Or, nous avons établi que la mobilité de ces droits envers le foncier ne peut être invoquée par lui que lorsqu'il agit directement en vertu du titre convenancier. Le foncier, lorsqu'il acquiert les droits réparatoires par suite d'une vente volontaire, n'agit pas en vertu de son titre; il se présente comme un acquéreur ordinaire. Les droits sont donc immeubles à son égard dans cette hypothèse, et l'hypothèque lui est opposable.

L'argument tiré de l'article 2125 nous paraît

peu concluant : la maxime contenue dans cet article, et suivant laquelle le propriétaire sous condition résolutoire ne peut consentir qu'une hypothèque résoluble, existait dans la coutume de Bretagne (Duparc, Principes, tome 7, pages 195 et suiv.); elle était appliquée aux cas de congément, d'exponse, de vente sur simples bannies; mais elle était écartée pour le cas de vente volontaire, parce que, dans cette hypothèse, la propriété convenancière n'était pas résolue *ex natura contractus*. Le principe de l'article 2125 étant le même que celui de l'ancienne coutume, la solution autrefois admise et que M. Carré lui-même approuve dans l'ancienne jurisprudence, doit donc être encore appliquée aujourd'hui. Cette distinction était déjà faite par Loyseau (Déguerpissement, liv. VI, ch. 3, n° 6.

Quant à la décision de la régie de l'enregistrement, quelque autorisée qu'elle puisse être, elle n'est en somme que l'expression de l'opinion particulière de personnes peu versées dans la connaissance des droits convenanciers, et ne saurait avoir plus d'autorité que les décisions rendues par les anciennes juridictions bretonnes et approuvées par les auteurs les plus compétents. Les motifs sur lesquels elle repose sont d'ailleurs peu concluants : le point le plus délicat et le plus important de la question n'y est aucunement discuté; il y est dit que le foncier, en rentrant dans les édifices et superfices par lui engagés pendant un temps, ne peut être assimilé au nouvel acquéreur. Mais aucun texte de loi, aucune raison n'est invoquée à l'appui de cette assertion, et c'est là précisément ce qui est contestable. Nous avons vu les arguments sérieux invoqués par Baudouin et par l'ancienne jurisprudence pour établir, au contraire, une distinction entre le cas où le foncier agit en vertu de son titre par congément ou autre mode spécial, et le cas où il se présente simplement comme un nouvel acquéreur. Supposer cette question résolue, c'est assurément laisser de côté l'idée qui domine cette controverse.

A cette discussion théorique, M. Aulanier joint quelques réflexions pratiques à l'appui de son système (477 *in fine*) : « Si la vente consentie volontairement au propriétaire purge de plein droit les hypothèques, la sûreté, que les créanciers ont stipulée, devient illusoire ; il dépend toujours du colon et du propriétaire de s'entendre pour les en priver. Le congément, le remboursement, etc., purgent aussi les droits ; mais ils sont précédés de formalités qui ont toujours une publicité telle qu'un créancier vigilant peut prendre ses précautions. Il n'en est pas de même d'une vente volontaire, qui peut se faire et se consommer dans un instant. Appliqué au passé, le principe que nous combattons aurait pour effet de rendre illusoires des précautions sur lesquelles on a dû compter.

Appliqué à l'avenir, il aurait l'effet d'empêcher aucun créancier de se contenter d'une hypothèque sur des droits réparatoires. Quel préjudice n'en résulterait-il pas pour les colons? Combien de transactions il rendrait impossibles! »

Il arrivait très-souvent autrefois que des tenues étaient affectées au service d'une rente ; quoique moins fréquente aujourd'hui, cette situation se présente encore. Le plus difficile est de reconnaître si la rente est assise sur la foncialité ou sur les droits réparatoires. La solution de cette question offre un grand intérêt : si la rente affecte les droits réparatoires, elle a été créée par le colon et s'éteint avec les droits de celui-ci, par exemple, en cas de congément, pour se transformer en une créance qui devra être remboursée sur le montant de l'estimation. En effet, suivant les termes de l'article 34 de l'usement de Rohan, « le sujet ne peut charger ni constituer rente sur les édifices, sans exprès consentement du seigneur, au préjudice dudit seigneur. » Au contraire, si la rente a été créée par le foncier, elle affecte la foncialité et survit au congément (Baudouin, II, 392). L'usage est que le colon paie en l'acquit du foncier les rentes que ce dernier a créées. Aussi, dans la pratique, comme c'est presque toujours le colon qui se charge du service des arrérages, il devient difficile de reconnaître si c'est le fonds ou les superfices que grèvent les rentes.

Baudouin (II, 391 et suiv.) indique les règles générales qui doivent servir de guide en cette matière : le principe est que les rentes sont, jusqu'à preuve contraire, réputées établies par le colon, et que, par conséquent, elles affectent seulement les droits réparatoires. Pour combattre cette présomption, les créanciers doivent prouver que ces rentes ont été imposées par « le foncier, ou de son consentement, soit exprès, soit implicite et résultant de déclarations anciennes qui y affectent le fonds de la tenue... On alléguerait inutilement leur existence la plus immémoriale ; elle serait absolument insuffisante, et, sans titres contradictoires avec le seigneur du convenant, le propriétaire d'une rente ne saurait la prétendre assise que sur les droits (réparatoires), ni par conséquent empêcher l'extinction par congément dans toutes les usances. »

La circonstance que le colon, en créant une rente, se serait présenté comme propriétaire de droit commun, n'empêcherait pas que le congément éteignît les charges ainsi constituées. (Baudouin, II, 390 ; Aulanier 480).

Nous venons de voir quelle est, vis-à-vis du congédiant, la valeur des hypothèques ou des rentes qui grèvent les droits réparatoires, il nous reste à examiner maintenant quels seront les droits des créanciers vis-à-vis du colon, lorsque les édifices et superfices vont cesser d'être leur gage.

Lorsque le congément a lieu, les créanciers du colon ont le droit d'exiger le remboursement des capitaux ou des rentes à la sûreté desquels les droits réparatoires étaient affectés ; leurs créances deviennent exigibles (Aulanier, 481), ils pourront donc, par voie d'opposition, se faire payer sur le montant du prix fixé par les experts.

Lorsqu'un créancier a hypothèque non-seulement sur les droits actuellement congédiés, mais encore sur d'autres biens, lesquels suffisent amplement à le garantir, il n'est point fondé à réclamer le payement immédiat de sa créance, non encore exigible, sous prétexte que le congément va lui enlever une partie des sûretés qui lui étaient données. (Baudouin, II, 397, 2°.) Cette situation se présentait souvent dans l'ancien droit en raison de l'hypothèque générale résultant des actes notariés ; elle sera beaucoup moins fréquente sous l'empire de la législation actuelle, d'après laquelle presque toutes les hypothèques sont spéciales ; mais la décision de Baudouin serait encore applicable si on se trouvait en présence d'une hypothèque générale.

Le colon congédié peut encore éviter le remboursement immédiat des créances pour lesquelles il avait hypothéqué ses droits, en offrant aux créanciers d'autres garanties, par exemple une hypothèque sur d'autres biens ou une caution. (Baudouin, II, 397, 3° ; Aulanier 483.)

Baudouin (II, 399) donne la même solution pour le cas où l'hypothèque garantit une rente constituée au lieu d'une créance ordinaire: le congément n'a pas eu lieu par la volonté du débiteur de la rente, c'est un cas fortuit inévitable; le créancier, lorsqu'il a accepté pour garantie les droits réparatoires, savait que la propriété du colon était résoluble, il ne saurait se plaindre d'un congément auquel il a dû s'attendre. Baudouin regarde même comme nulle la clause par laquelle le débiteur d'une rente s'engagerait à rembourser s'il était congédié; à moins d'une clause expresse, le colon ne peut être contraint de remployer en immeubles les sommes qu'il reçoit en remboursement de ses droits; toutefois, si le produit du congément est absorbé par d'autres créanciers, le colon devra rembourser la rente ou fournir une caution suffisante. Le Guével, dans son Commentaire sur l'usement de Rohan, admet aussi que le congément est un cas fortuit dont le créancier ne peut se prévaloir pour exiger le remboursement de la rente; mais il considère comme valable la clause par laquelle le colon s'engage à effectuer le remboursement de la rente, au cas où il serait congédié; il décide de plus que, si le colon a promis d'employer le prix du congément en immeubles, il ne peut pas se soustraire à l'exécution de cette obligation en offrant une caution.

La solution de ces questions nous paraît beaucoup plus facile de nos jours ; l'hésitation des anciens auteurs a sa cause dans la crainte qu'on ne déguise des clauses usuraires sous les diverses formes que nous venons d'examiner. Le prêt à intérêts n'étant plus prohibé, nous n'avons plus les mêmes raisons pour hésiter, et nous devons appliquer simplement à ces hypothèses l'article 2131 du Code civil, aux termes duquel : « En cas que les immeubles assujettis à l'hypothèque eussent péri, ou éprouvé des dégradations, de manière qu'ils fussent devenus insuffisants pour la sûreté du créancier, celui-ci pourra ou poursuivre dès à présent son remboursement, ou obtenir un supplément d'hypothèque. »

Observons toutefois que c'est au colon qu'appartiendra le choix de rembourser ou de donner des sûretés nouvelles, car il n'y a point faute de sa part à se laisser congédier. Or, l'article 1188 dispose que le débiteur est déchu du bénéfice du terme, lorsqu'il diminue par son fait les sûretés qu'il avait données, mais aucune disposition législative ne prononce cette déchéance, lorsque la diminution des sûretés provient d'un cas fortuit. Nous déciderons donc que le colon congédié peut à son gré ou rembourser les rentes assises sur ses droits ou fournir des garanties nouvelles ; que la clause par laquelle le colon s'est obligé à remployer en immeubles le prix du congément est valable, et qu'il ne peut se dispenser d'exécuter cette convention en

offrant une caution ; si donc il ne fait pas ce remploi, il sera en faute, suivant l'expression de l'article 1912 ; « il manquera à fournir au prêteur les
sûretés promises par le contrat ; » en conséquence,
il pourra être contraint au rachat de la rente. (Aulanier 484.)

Selon M. Aulanier (n° 485), le colon congédié a
encore un autre moyen d'éviter l'obligation de
rembourser les rentes à la sûreté desquelles il
avait affecté les superfices : c'est de traiter avec le
congédiant pour que celui-ci consente à les prendre
à sa charge, sauf à déduire du montant de l'estimation la valeur qu'elles représentent. M. Aulanier présente cette décision comme résultant de
l'application à notre matière de l'art. 2167 du
Code civil, aux termes duquel : « Si le tiers détenteur ne remplit pas les formalités qui seront ci-
après établies pour purger sa propriété, il demeure, par l'effet seul des incriptions, obligé
comme détenteur à toutes les dettes hypothécaires
et jouit des termes et délais accordés au débiteur
originaire. » Il pense, contrairement à l'opinion
de Baudouin (II, 389), que cette convention ne
change en rien la nature de la rente et la laisse
subsister telle qu'elle était avant le congément ;
que le créancier n'a aucun intérêt ni aucun droit à
critiquer une stipulation de ce genre. Ce système
nous paraît devoir être rejeté. Baudouin prévoit à
peu près la même hypothèse, avec cette différence

toutefois, qu'il fait intervenir la convention entre le congédiant et le créancier, et non entre le congédiant et le congédié, et il décide que la rente, si elle est foncière, perd son caractère pour devenir rente constituée, autrement dit que la rente est éteinte et remplacée par une rente nouvelle ; cette solution nous paraît la seule conforme aux principes. Il est parfaitement certain que le congément fait disparaître les charges que le colon avait imposées à la tenue ; la convention des parties ne peut pas avoir pour effet de prolonger l'existence de charges que la loi déclare éteintes, elle peut seulement créer de nouvelles charges. De cette observation, il résulte d'abord que l'art. 2167 n'est pas applicable ici ; ensuite que, suivant l'expression de Baudouin, « ce ne sont plus les mêmes rentes » qui seront conservées, mais bien une rente nouvelle qui va être créée par le congédiant ; enfin nous pensons que cette convention n'est valable que si elle est acceptée par le créancier ; il nous paraît inadmissible qu'on puisse, sans l'assentiment du créancier, changer la personne du débiteur, et remplacer, par une sûreté nouvelle, celle qui vient d'être éteinte par un acte légal.

Nous avons eu l'occasion de dire que très-souvent la valeur estimative des droits réparatoires en congément est bien inférieure à celle que ferait supposer leur revenu ; aussi il peut arriver que le montant du prisage soit inférieur au capital des rentes assises sur les droits réparatoires.

Lorsque cette hypothèse se réalise, le congédié peut abandonner aux rentiers le montant du prisage pour se libérer complétement à leur égard, pourvu, bien entendu, qu'il soit simplement tenu *propter rem*, et qu'il ne se soit pas personnellement obligé au service de ces rentes. (Baudouin, II, 303.)

Cet abandon était même permis lorsque le service de la rente était assuré par une clause de fournir et faire valoir à perpétuité. Dans le droit commun de la France, le principe était que « le preneur qui s'est obligé de fournir et faire valoir la rente, et ses héritiers, demeurent obligés à perpétuité à la prestation de la rente, *ores que*, dit Loyseau (liv. IV, ch. 13, n° 2), *l'héritage fût entièrement perdu*; c'est-à-dire quand même l'héritage chargé de la rente ne subsisterait plus par une force majeure, *puta*, s'il était voisin d'une rivière qui l'eût emporté en entier. » (Pothier, Bail à rente, n° 53.) Mais en Bretagne, on décidait au contraire que « l'exponce décharge les héritiers du preneur de toute obligation personnelle stipulée relativement à la rente dans le bail primordial. Comme d'un autre côte, l'abandon du prix des superfices à l'instant du congément est un déguerpissement véritable, il est dans l'espèce proposée insusceptible de contestation. » (Baudouin, II, 405.) M. Aulanier (n° 486) pense que la jurisprudence bretonne devrait encore être appliquée dans le cas où la clause de fournir et faire valoir aurait été consentie sous l'empire de la législation ancienne. En effet, il serait inique de priver le colon du bénéfice de l'exponce lorsque la clause de fournir et faire valoir a été stipulée à une époque où elle n'avait pas pour effet d'empêcher que le débiteur pût se libérer par l'abandon de l'immeuble grevé (Code civil, art. 2) ; décider autrement serait accorder au créancier plus de droits qu'il n'avait lui-même pensé en acquérir. Mais si la clause a été consentie depuis la publication du Code civil, comme l'art. 2172 permet seulement le délaissement aux tiers détenteurs qui ne sont pas obligés personnellement, comme la clause a pour objet de créer une obligation personnelle, et que c'était seulement par une dérogation au droit commun, particulière à la coutume de Bretagne, que l'exponce produisait dans ce cas tout son effet, il faut décider que la clause de fournir et faire valoir ne permet plus au colon de se libérer en abandonnant le montant de son remboursement.

Des droits de mutation dus sur les édifices et superfices. — Pour déterminer quels droits de mutation doivent être perçus sur les édifices et superfices, il faut distinguer plusieurs hypothèses :

1° Lorsqu'il s'agit d'un bail en premier détachement, deux sortes de droits doivent être perçus à raison du double caractère de l'opération : nous avons vu plusieurs fois que le bail à convenant renferme effectivement une location du fonds et une vente des droits réparatoires; en conséquence, il y a lieu à percevoir un droit analogue à celui qui est dû pour les baux à ferme et un droit de vente.

Pour le droit de bail, la base à prendre est la rente convenancière, qui n'est en somme qu'un véritable prix de fermage; on devra donc, conformément à l'art. 69, § 3, 2° de la loi du 22 frimaire an VII et l'art. 1 de la loi du 16 juin 1816, percevoir un droit de 20 centimes par 100 francs sur le prix cumulé de toutes les années du bail. Mais cette disposition est, suivant les termes mêmes de la loi de frimaire, applicable seulement aux baux d'une durée limitée; faut-il en conclure que, si le bail à convenant ne fixe pas expressément une période d'assurance, on devra considérer le bail comme consenti pour une durée illimitée et, par conséquent, lui appliquer le § 7 2° du même article de la loi de frimaire, qui établit pour les baux dont la durée est illimitée, un droit de 4 p. 100 sur la valeur de l'immeuble loué? Non, car, à défaut de stipulation expresse, la durée du bail est toujours fixée à six ou neuf ans selon les usements; donc, lors même que les parties n'indiquent pas la durée du bail, elles n'ont certainement pas l'intention de faire un bail illimité; elles acceptent

l'usage local, en vertu duquel le premier détachement emporte une assurance de six ou neuf ans;
à l'expiration de cette période, il y aura tacite
reconduction, non pas pour un temps indéfini,
mais pour deux ou trois années suivant que l'usage
du pays sera de régler l'exploitation des terres par
deux ou trois années (loi de 1791, art. 14). Mais la
durée du bail serait illimitée dans le cas où le foncier renoncerait au pouvoir de congédier, ou ferait
dépendre l'exercice du congément d'un événement
que le colon peut empêcher (Aulanier, 497) : « Le
bail est alors véritablement indéfini, le preneur
devient propriétaire du fonds ; la redevance, quoique qualifiée convenancière, n'est en réalité qu'une
rente foncière, et bien sûrement le droit de mutation est dû sur le capital de cette rente. » Baudouin
(I, 216) établit une distinction analogue au point
de vue des lods et ventes.

A raison de la cession des droits réparatoires
contenue dans le bail à convenant, quel droit
doit être perçu? Il y a là une véritable vente
(Baudouin, I, 209, 2ᵉ aliéna), donnant par conséquent ouverture à un droit de mutation qui devra
être fixé d'après la valeur des édifices et superfices. Cette valeur est généralement représentée
par les deniers d'entrée ; ce sont donc en principe
ces deniers qui doivent servir de base à la fixation
du droit, sauf à vérifier, au moyen d'une expertise,

s'ils correspondent exactement à la valeur des superfices.

Lorsque le propriétaire, en acconvenançant, n'exige pas de deniers d'entrée, il y a lieu néanmoins à percevoir un droit sur la valeur des superfices; effectivement, dans tous les cas, les superfices sont transférés au colon; si le bail n'indique pas le prix de cette transmission, c'est que les parties ont voulu dissimuler ce prix, et alors le fisc est en droit de vérifier ce qui a eu lieu et d'empêcher une fraude ; ou bien c'est que le prix n'a réellement pas été payé, et alors il se trouve remplacé par une augmentation dans les redevances, ce qui constitue une sorte d'aliénation des superfices moyennant une rente foncière, dont il faudra tenir compte pour fixer les droits de mutation, ou enfin le foncier a fait donation au colon des superfices, et dans ce cas encore il y a lieu à un droit de mutation. Le colon doit donc toujours, s'il n'a pas fourni des deniers d'entrée, évaluer la valeur des superfices pour l'assiette des droits de mutation.

Si certains objets mobiliers de leur nature sont attachés à l'immeuble, et qu'ils soient compris dans l'acconvenancement, il doit en être tenu compte pour la fixation des droits de mutation (Baudouin, I, 214. — Aulanier, 496.)

2° Lorsque les droits convenanciers sont acquis

par le foncier en vertu de son titre (aux cas de congément, exponce, vente sur simples bannies), il y a simplement lieu à percevoir un droit de 2 0/0, car les édifices et superfices sont acquis comme meubles; de plus il n'y aura pas lieu de transcrire; comme c'est là un droit d'acte, l'administration ne peut faire de recherches.

3° Lorsque les droits convenanciers sont acquis par le foncier en dehors de son titre, c'est-à-dire au moyen d'une vente volontaire consentie par le colon, quel droit de mutation devra-t-on percevoir? Cette question se rattache à celle que nous avons examinée à propos des hypothèques consenties par le colon; la vente volontaire consentie au profit du foncier doit-elle être considérée comme vente ou comme congément? Nous avons admis que c'est une vente ordinaire; nous devons donc décider ici que le droit de mutation applicable est celui fixé pour les ventes d'immeubles, et que la transcription est nécessaire; l'opinion contraire a été admise par l'administration de l'enregistrement dans une décision du 22 juin 1818; dans ce système, où l'on regarde les droits réparatoires comme meubles envers le foncier, lors même que celui-ci n'agit pas directement en vertu de son titre, il faut décider que le droit à percevoir est de 2 0/0 et que la transcription est inutile.

4° Lorsqu'un tiers acquiert les droits réparatoires en vertu d'une faculté de congédier accordée par le foncier, ou à la suite d'une vente sur simples bannies, quoique la mutation ait lieu en vertu du titre convenancier, comme l'acquéreur n'est pas le foncier, les superfices sont immeubles, et l'acquisition donne ouverture au droit dû sur les ventes d'immeubles. M. Aulanier (499) décide que la transcription est inutile ; cette décision, exacte au temps où elle a été écrite, serait inexacte aujourd'hui ; en effet la transcription ne servait alors que comme formalité préliminaire de la purge, et comme ces sortes d'acquisitions éteignent par elles-mêmes les hypothèques, il n'y avait pas lieu de purger ni par suite de transcrire ; mais aujourd'hui la transcription, étant nécessaire pour la translation de propriété, ne pourrait plus être omise.

5° Les baillées soit d'assurance, soit de congément, ne contenant qu'une location du fonds sans vente de superfices, donnent ouverture à un droit proportionnel calculé sur les annuités cumulées, plus la commission.

6° Lorsque celui qui vient d'obtenir une baillée de congément cède cette baillée à un tiers, il y a là une sorte de sous-location donnant ouverture aux mêmes droits que la location première, et si une somme est en outre accordée au cédant comme prix de la cession, cette somme doit être ajoutée aux redevances cumulées, comme on fait pour les commissions.

7° Lorsque les droits réparatoires passent du

colon à un tiers par vente, échange, succession, donation ou autre cause, il est dû un droit de mutation, qui est fixé d'après le prix si l'aliénation est à titre onéreux, et d'après l'évaluation de l'acquéreur, sauf vérification, si l'aliénation est à titre gratuit; de plus, les aliénations entre-vifs doivent être transcrites.

Tels sont les divers droits qui peuvent être perçus sur les mutations de droits convenanciers. Il nous reste à présenter quelques observations sur les bases d'évaluation : la valeur des droits réparatoires est souvent constatée d'une façon certaine : en cas de congément, la quittance du colon ou du receveur des consignations doit servir de base; pour les ventes sur simples bannies, le procès-verbal d'adjudication; au cas d'exponce, et aux cas de mutations entre le colon et des tiers, on évaluera les droits réparatoires au denier 20 du revenu de la tenue, déduction faite de la rente convenancière.

TABLE DES MATIÈRES

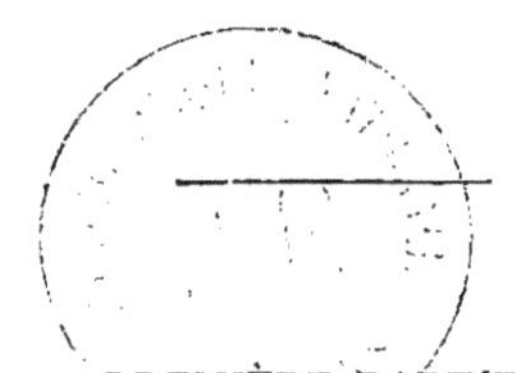

PREMIÈRE PARTIE.

DEUXIÈME PARTIE.

TROISIÈME PARTIE.

Paris. A. PARENT, imprimeur de la Faculté de Médecine, rue M.-le-Prince. 31.